集人文社科之思 刊专业学术之声

集 刊 名：非洲研究
主办单位：浙江师范大学非洲研究院
主　　编：刘鸿武　周　倩

AFRICAN STUDIES

编辑部

地　　址：浙江师范大学非洲研究院
邮　　编：321004
电　　话：0579-82287076
传　　真：0579-82286091
E-mail：fzyjbjb2016@126.com

2022年第2卷（总第19卷）

集刊序列号：PIJ-2018-294
中国集刊网：www.jikan.com.cn
集刊投约稿平台：www.iedol.cn

中文社会科学引文索引（CSSCI）来源集刊
《中国学术期刊影响因子年报》统计源期刊
AMI（集刊）核心集刊

2022年第2卷
（总第19卷）

非洲研究

S T U D I E S

浙江师范大学非洲研究院 | 主办
刘鸿武 周 倩 | 主编
单 敏 | 执行主编

SSAP 社会科学文献出版社
SOCIAL SCIENCES ACADEMIC PRESS (CHINA)

目 录

政治与国际关系

经济与发展

社会文化与教育

中非合作

书 评

政治与国际关系

非洲研究　2022 年第 2 卷（总第 19 卷）
第 3—19 页

阿尔及利亚军政危机的原因探析（1962—2019 年）

——基于军政关系协调论的视角

赵　军　马文媛

【内容提要】 军政关系是政治学的一个经典命题。军政关系协调性是这一命题中的一个重要议题。军政关系协调性观点侧重于考察军官团、政治精英和社会民众三者之间的对话、妥协和共同价值观，并试图通过构建三者之间的伙伴关系以避免军人干政。在阿尔及利亚案例中，军官团、政治精英和社会民众三者之间未能形成良好的互动与合作是该国历次军事政变的主要原因。军政关系协调论有效地解释了阿尔及利亚军政博弈不断升级的背后逻辑。未来，在民选政府（或文官政府）的统一领导下，军队保持适度的独立性与有限的干预能力仍将是阿尔及利亚军政关系难以改变的常态。

【关键词】 协调论；阿尔及利亚；军政关系；军队；政府

【作者简介】 赵军，上海外国语大学中东研究所副教授，博士，（上海，200083）；马文媛，复旦大学国际关系与公共事务学院 2022 级博士研究生（上海，200433）。

军政关系是国家政治安全实践中的一个重要内容，也是军事安全政策制定的一个基本构成要素。20 世纪中叶，如何在自由民主制度下维持大规模军队引发理论学界广泛讨论，军政分离成为主流学术观点。冷战结束后，被两极格局钳制下的国内民族族群矛盾、宗教教派冲突此起彼伏，传统的军政关系理论已难以有效解释发展中国家的实际情况。在此背景下，美国政治学者瑞贝卡·斯希夫（Rebecca L. Schiff）提出“协调论”（Theory of Concordance）以重构军政关系理论。① 与强调军政分离的主流观点不同，军政关系协调论重视历史、文化等社会性因素的作用，主张在传统的理性选择模式中引入社会学视角加以分析，强调互动过程中的“政策性协调”，即多元行为主体在具体政策目标中的相互协作，力求解释军队在国内领域中发挥作用的具体条件。协调论同时否认在军事和政治之间存在单独且明确的领域界限，提出军政关系是一种可能涉及分离、融合或其他形式的多元关系。军政关系协调论还认为，军官团、政治精英和社会民众应关注彼此之间的对话、目标与共同价值，致力于建立一种可能分离但不强制要求分离的伙伴关系，以至于三者间互动达至平衡状态，从而避免军人干政的现象发生。

阿尔及利亚独立后，军政体制的确立为国家稳定和发展提供了根本保障，但军官团、政治精英和社会民众之间的互动却始终无法实现长期有效平衡，军人干政现象不断上演。本文以军政关系协调论为基本视角，以期探讨阿尔及利亚历次军事政变发生的主要原因。

一　军政关系协调论及其分析框架

20 世纪 50 年代中期，对军政关系的系统研究已初步形成。② 这一时期的大量文献聚焦于军队对政府和社会构成的威胁，认为“军政分离”是政府应对军队胁迫的有效措施，也是其他国家应该效仿的理想模式。正如政治学者塞缪尔·亨廷顿（Samuel P. Huntington）所指出的，“理想

---

① Rebecca L. Schiff, *The Military and Domestic Politics: A Concordance Theory of Civil-Military Relations*, New York: Routledge, 2009.

② Jerome G. Kerwin, *Civil-Military Relationships in American Life*, Chicago: University of Chicago Press, 1948; Smith Louis, *American Democracy and Military Power*, Chicago: University of Chicago Press, 1951; Harold D. Lasswell, *National Security and Individual Freedom*, New York:McGraw-Hill, 1950; Arthur A. Ekirch Jr., *The Civilian and the Military*, New York: Oxford University Press, 1956; W. Millis, Harvey C. Mansfield, and Harold Stein, *Arms and the State: Civil-Military Elements in National Policy*, New York: 20th Century Fund, 1958; Samuel P. Huntington, *The Soldier and the State: The Theory and Politics of Civil-Military Relations*, Cambridge: Harvard University Press, 1957.

的军政关系应该被界定为‘主观文官控制’（subjective civilian control）与‘客观文官控制’（objective civilian control）两种基本类型”,[①]“客观文官控制”是美国军政关系的最佳模式。[②]

尽管军政分离成为学界的主流观点，但诸多学者对其质疑之声一直不断。美国政治学者梅兰·卡姆拉夫（Mehran Kamrav）认为，虽然军队会随着时间的推移不断专业化和制度化，但军队始终是政治制度不可或缺的重要组成部分，军政之间不可能实质性地分离。[③] 阿尔及利亚政治学者法乌兹·卡西（Fawzia Qasi）和阿拉比·布迈丁（Arabi Boumedienne）也提出类似观点，认为军政关系研究必须考虑到阿拉伯地区政治发展的例外性，如民事机构管理国家事务的能力、军事机构专业化的程度等。[④] 简言之，当前军政关系的主流观点主要假设了一种制度分离的情况，即把职业化军队从特定的政治范畴中剥离出来。但这种质疑军政关系实现一体化的可能性的观点也面临着一系列问题。第一，该观点成立的前提是有一套独特的政治体系来维持对职业化军队的政治控制，这种具有明显西方二分法和制度性约束的模式无法有效解释西方国家以外的发展中国家，特别是中东地区阿拉伯国家的情况。第二，数十年来美国军政关系已发生深刻变化。一方面，文官政府在“客观控制”与“主观控制”间摇摆不定；另一方面，军官团坚持“专业主义”精神并非常态，有时会因保护机构特权而将之抛弃。该观点无法从根本上解释军政关系内部的动态作用。第三，该观点弱化了历史与文化因素，包括价值观、立场倾向等在军政关系中的作用，这些因素不仅反映了国家对军队军事角色的看法，也反映了军队自身对其军事作用的看法。特别是在战后摆脱殖民统治的发展中国家，军政体制的强力色彩很大程度上来源于其本国历

① “主观文官控制”指依靠法律制度及其机制来削弱军事权力，它通过“使军队文明化”来实现其目标。在这种模式下中，军事预算被削减，军队被强制缩减规模，军事行动往往出于民事需求而出现。“客观文官控制”则具有相对自主性，指通过有限“军事化”实现文官控制，旨在将军队转变为“国家的工具”。参见左希迎《研究美国军政关系的不同理论范式》，《中国社会科学报》第 426 期，2013 年 3 月 13 日。

② 〔美〕塞缪尔·亨廷顿：《军人与国家：军政关系的理论与政治》，李晟译，中国政法大学出版社，2017，第 139 页。

③ Mehran Kamrav, “Military Professionalization and Civil-Military Relations in the Middle East”, *Political Science Quarterly*, 2000, 115 (1), pp. 67 – 92.

④ 法乌兹·卡西、阿拉比·布迈丁：《阿尔及利亚军政关系：现实统治与去军事化之间》（阿拉伯文），《阿拉伯政治》2016 年第 19 期，第 54 页。

史文化的特殊性，军政关系很难同历史与文化背景完全剥离。

基于此，美国政治学者瑞贝卡·斯希夫在质疑主流军政关系研究及其解释力局限的基础上提出了“军政关系协调”的观点，并引入影响军政关系新的分析变量，以增强主流军政关系理论对美国以外国家的解释力。与强调军政分离的主流观点不同，协调论强调多元共识平衡，聚焦军官团、政治精英和社会民众三者之间互动过程中的对话与妥协及其最终达成的共同价值观或目标。

协调论认为军政关系协调效果主要取决于军官团、政治精英和社会民众三类群体。军官团系指广义上的武装部队和狭义上的军事官员；政治精英系指总统、议会、总理及其内阁、政党领袖等政府机构和政治派别的确切职位，或是从现实中能够对军队组成、发展产生直接作用与重要影响的政府官员；社会民众系指多样的社会群体构成，通常指能够影响军队职能以及能够对军队施加影响的所有社会因素，具体表现为广泛代表社会利益的各类团体或组织。

协调论解决的主要问题是政治精英和社会民众能在多大程度上影响军队在国家中的作用。围绕这一个问题，协调论提出四项具体指标予以考察，即军官团的社会构成、政治决策过程、征兵方式和军事风格。通过以上四项具体指标来显示影响三者合作伙伴之间达成共识或分歧的具体情况，决定军事、民事和社会间采取分离、融合或其他形式与否。

军官团的社会构成是考察上述问题的首要指标。协调论认为，军政关系的一个基本要点就是军官团同国家之间的关系。军官团是军事体制中实际运作部分，并且负责国家和社会的军事安全。① 因此，在分析军政关系协调性时，就必须界定军官团的社会构成。广泛的阶层代表性是影响军官团社会构成的重要因素。例如在以色列，军官团成员通常从国家不同地区挑选，② 而在英国殖民印度时期，军官团成员则是从特定种姓和阶层中抽调而来的，鲜见从人口最多的印度农民阶层中挑选。③

① 〔美〕塞缪尔·亨廷顿：《军人与国家：军政关系的理论与政治》，李晟译，中国政法大学出版社，2017，第3页。

② Rebecca L. Schiff, “Civil-Military Relations Reconsidered: Israel as an ‘Uncivil’ State”, *Security Studies*, 1992, 1 (4), p. 4.

③ Stephen P. Cohen, *The Indian Army*, Berkeley: University of California Press, 1971, pp. 50 – 62.

政治决策过程是第二项指标。广义的政治决策是指将对各类因素的广泛认知吸收到决策过程之中，以作为决策的合法性基础。[①] 协调论则将政治决策过程限定在如下范畴：军人在一系列涉及军事预算、军备、规模以及物资分配领域中的政治参与，尤其着重考察政治精英与军官团是否就以上涉及军事方面的政治决策过程达成一致。

征兵方式是第三项考察指标。一般来说，大多数国家的征兵方式分为两种：强制性征兵和劝服性征兵。强制性征兵是指通过征兵和税收对民众提出强制性要求，以用于军事目的、满足军队需要。这种要求往往基于民众被迫违背自己意愿而进行合作，通常阻碍了军队和民众之间的协调。反之，劝服性征兵则指民众基于安全、爱国主义或任何其他国家事业的“信念”作出自愿服从兵役的选择，这将有利于促进军队和民众之间的协调。

军事风格是第四项考察指标。军事风格直接涉及军队的外在表现与内在心理结构，以及它所传达的公开而微妙的信号，以暗示一种权力或权威，通常表现为军队的社会角色与形象优劣，以及民众对军队的态度与看法，往往因时而异。

总体来看，军政关系协调论有三大基本要义：第一，重视历史、文化等社会因素的作用，主张在传统结构性或制度性等理性选择模式中引入社会学视角加以分析；第二，强调“政策协调”，即多元行为主体（军官团、政治精英和社会民众）在具体政策目标中的互动作用，力求解释军队在国内发挥作用的具体条件，即无论是通过法令或宪法建立的协议，还是基于长期历史和文化价值的协议，通常是在积极达成协议的背景下进行的；第三，否认存在唯一且明确的民事和军事界限，并引入“伙伴关系”这一概念，强调军官团、政治精英和社会民众之间的对话、目标与共同价值，认为军政关系是一种可能涉及分离、融合或其他形式的多元关系。军官团、政治精英和社会民众三者之间应致力于建立一种可能分离但不强制要求分离的伙伴关系，以至于三者达到互动平衡，从而避免军人干政的现象发生。换句话说，当军官团、政治精英和社会民众三者在军官团的社会构成、政治决策过程、征兵方式以及军事风格的四项指标形成一致时，国内发生军事干预的可能性将大大降低，并将可能带

① 〔美〕塞缪尔·亨廷顿：《军人与国家：军政关系的理论与政治》，李晟译，中国政法大学出版社，2017，第 63 页。

来一系列相关军政关系格局的重要变化。①

二 阿尔及利亚军政关系的历史演进

阿尔及利亚历史上曾多次受到外族入侵和奴役。近代阿尔及利亚在摆脱奥斯曼帝国长期统治后又被法国殖民多年，直至20世纪60年代初才获得独立国家地位。在多民族文化碰撞与融合、暴力交往互动，以及伊斯兰文明的深刻影响下，阿尔及利亚军事与民事博弈不断，冲击着民族国家的构建与发展。

（一）内战前的军政关系（1962—1991 年）

独立之初，国家人民军（People's National Army）队伍由民族解放军（National Liberation Army）改建，具有留法军事经历的成员少之又少，大部分军人之前是乡村或山区游击士兵，受教育水平较低，整体军事能力处于相对低阶水平。为了彻底清除国内叛乱并重建农村秩序与安全，总统艾哈迈德·本·贝拉（Ahmed Ben Bella）政权与国防部部长胡阿里·布迈丁（Houari Boumedienne）军权保持了一段时期较好的合作。

然而，独立后的第一年，阿尔及利亚军政关系开始出现微妙变化。一方面，本·贝拉为巩固自己的权力，在担任国家元首、政府首脑和民族解放阵线（National Liberation Front）总书记的同时，试图寻求扩大武装部队统帅职权，集民事、军事权力于一身，这促使布迈丁整合军事机构、任命其密友为军区领导人以巩固自身军事权力。1964 年，布迈丁以国防部部长法令的形式正式创建“国家人民军总参谋部”（People's National Army Staff），一系列涉及军事预算、军备、规模以及物资分配的政治决策全权由总参谋部负责，总参谋长和相关参谋官员（校级）职位由国防部部长以法令形式推荐。② 另一方面，关于军队在国家中的角色问题的政治争论日益激烈。第四军区中尉阿鲁阿什（Allouache）明确表示反对组建现代化军队，认为此举是对国家资源的一种浪费。民族解放阵

① Rebecca L. Schiff, “Civil-Military Relations Reconsidered: A Theory of Concordance”, *Armed Forces and Society*, 1995, 22（1）, p. 7.

② Willian B. Quandt, *Algerian Military Development: The Professionalization of a Guerrilla Army*, The Rand Corporation, Santa Monica, California, 1972, p. 8.

线领导人穆罕默德·希德（Muhammad Khider）也持类似立场，认为军队应该回归到军营当中，并将权力移交于民事部门。军队在国家中的角色定位受到质疑。1963 年 4 月，希德被驱逐出民族解放阵线后，布迈丁被提名为第一副总统。[①]

1963 年 10 月，卡比利亚（kabylie）地区的非法政党秘密成立武装部队并宣布起义，与此同时，边境地区的领土争端矛盾也不断激化。在内外交困之际，布迈丁决定前往苏联寻求帮助。访苏期间，本·贝拉突然任命军事领导人塔哈尔·兹比里（Tahar Zbiri）为国家人民军总参谋长，并将相关军队建设、预算、培训等一系列权力向兹比里移交。[②] 1964 年夏，为了再次削弱布迈丁势力，本·贝拉开始对其密友采取行动，要求艾哈迈德·梅德格里（Ahmed Medeghri）从内政部辞职，解除艾哈迈德·卡伊德（Ahmed Kaid）旅游部部长的职务，并将谢里夫·贝尔卡西姆（Cherif Belkacem）从教育部降级。1965 年初时，只有外交部的阿卜杜勒阿齐兹·布特弗利卡（Abdelaziz Bouteflika）继续留任政府职位。[③]本·贝拉此举引起了军队高层的强烈不满。1965 年 6 月，布迈丁采取军事行动并废止宪法。讽刺的是，最终发出逮捕本·贝拉命令的人正是其此前任命的总参谋长塔哈尔·兹比里。[④]

布迈丁上台后，在军队、前政府部长的支持下，一方面，他迅速组建新政府、成立“全国革命委员会”[⑤]、建立以其为核心的“乌吉达集团”（Oujda Group），以掌握国防、内政、外交以及金融体系；[⑥] 另一方面，他通过兼任国防部部长、设立国防部秘书职位、解散总参谋部，直接统领陆、海、空三军部队，强化了对军队的控制，军队开始成为阿尔及利亚政治体系的主导力量。1965 年 12 月，当布迈丁再次访问莫斯科寻

---

① Willian B. Quandt, *Algerian Military Development: The Professionalization of a Guerrilla Army*, The Rand Corporation, Santa Monica, California, 1972, p. 10.

② Willian B. Quandt, *Algerian Military Development: The Professionalization of a Guerrilla Army*, The Rand Corporation, Santa Monica, California, 1972, p. 11.

③ John Rudy, *Modern Algeria: The Origins and Development of a Nation*, Bloomington: Indiana University Press, 2005, p. 206.

④ Willian B. Quandt, *Algerian Military Development: The Professionalization of a Guerrilla Army*, The Rand Corporation, Santa Monica, California, 1972, p. 14.

⑤ 该委员会共 26 人，其中 22 人均为战后服役军人或军区指挥官。

⑥ Helen Chapin Metz, *Algeria: A Country Study*, Washington, D. C., Federal Research Division Library of Congress, December 1993, p. 254.

求军事帮助时，阿尔及利亚军费开支达到独立后的最高点1.05亿美元，[①]阿尔及利亚也首次实现没有任何政治条件限制的军队现代化。此外，布迈丁还允许军人在政府中担任重要的非军事职务，参与国家发展与社会主义建设。随着技术官僚和军队人员在社会中影响力的日益增强，军事对社会事务的影响无处不在。

1979年总统沙德利·本杰迪德（Chadli Ben-Djedid）上台后，为了实现“去布迈丁化”，其一方面重新在国防部下设立总参谋部，为集成化的军队运作制订计划；另一方面开始逐步对社会主义计划经济模式进行改革。[②] 随着经济领域改革的不断深入，社会矛盾的日益激化最终使本杰迪德政府开启政治体制改革。

1989年3月，经民众投票批准后，军队高层集体撤出民族解放阵线中央委员会和政治局。然而，军队的政治影响力并未随之结束。在军事领导人哈立德·内扎尔（Khaled Nezzar）的主持下，军队内部开始设立特别办公室，自主与各政党联络。与此同时，情报部门也秘密渗入主要政党之中。1990年7月，内扎尔集中改组军队分支机构，成立“情报与安全部”（Department of Intelligence and Security），[③] 该机构是在军队内部建立的一个独立于国防部控制的自主政治权力和决策中心，这使总统本杰迪德失去了军队控制权。

随着政治体制转型的深入，阿尔及利亚开始进行公开的地方选举和议会选举。当伊斯兰拯救阵线（Islamic Salvation Front）在市政和地区选举中首次获胜后，为了维护世俗政权，军队立即中断选举进程、取消选举结果、宣布国家进入紧急状态，并组建最高国务委员会、取缔并抓捕伊斯兰拯救阵线主要领导人。[④] 为了打击极端伊斯兰武装势力，在军队的主导下，革命家穆罕默德·布迪亚夫（Muhammad Boudiaf）出任最高国务委员会主席一职，并联合世俗性党派，组建全国爱国联盟（Rassemblement

① World Bank, “Algeria Military Expenditure”, World Bank, https://data.worldbank.org/indicator/MS.MIL.XPND.CD?locations=DZ, accessed 2021-04-27.

② Carlos Echeverría Jesús, “The Algerian Armed Forces: National and International Challenges”, *Mediterranean & Arab World/ Defence & Security*, No.8, 2004, p.4.

③ Hugh Roberts, “Demilitarizing Algeria”, *Carnegie Endowment for International Peace*, No.86, 2007, p.5.

④ William Zartman, “L'armée dans la politique algérienne,” in Centre national de la recherche scientifique ed., *Annuaire de l'Afrique du Nord*, Paris: Centre national de la recherche scientifique, 1968, p.270.

Patriotique National)，与民族解放阵线一同打击政治伊斯兰力量。1992 年 6 月 29 日，布迪亚夫在安纳巴文化宫演讲时，不幸遇刺身亡。[①] 随着宗教极端武装势力针对政府、军队甚至平民的暴力事件不断升级，以军队为支撑的政府最终未能在作出有限让步和通过暴力维持控制之间取得平衡，阿尔及利亚深陷内战之中。

（二）内战后的军政关系（2002—2019 年）

1999 年，布特弗利卡当选新一任总统。在他主持通过《民族和解法》(*Civil Comcord Referendum*)[②] 后，内战逐渐平息。在布特弗利卡政府进一步扩大民主、深化改革的背景下，民族解放阵线的政治影响力大大削弱，无法将国家政治资源全部占为己有，阿尔及利亚政坛逐渐形成了以民族解放阵线为首、执政联盟为基础的政治合作格局。实际上，民主制度的实施更多的是为了隐藏真正的权力中心，以便其在幕后非正式地发挥影响力。

第一，以总参谋部和情报与安全部为中心的高级军官维护政治格局。内扎尔退休后，任命穆罕默德·拉马里（Muhammad Lamari）为军队总参谋长，全权负责军队内部事宜;[③] 穆罕默德·麦地那（Muhammad Mediène）[又称“陶菲克”（Toufik）] 为情报与安全部负责人，全权负责军队安全事宜。[④] 此时国防部不再归总统控制，而是由总参谋部组成的军队高层接管。1993—1998 年，以总参谋部和情报与安全部为核心的军事机构始终由拉马里和麦地那指挥，逐渐形成了旷日持久的“双重权力”局面。尽管总统布特弗利卡上台后一直试图削弱军队的影响力、扩大总统权力、提升政治权威，但其下台却标志着“去军事化”的失败，军队以仲裁者和决策者的身份继续维护政治格局。

① 《穆罕默德·布迪亚夫——被暗杀的阿尔及利亚总统》（阿拉伯文），半岛电视台网站，2016 年 3 月 23 日，https://www.aljazeera.net/encyclopedia/icons/2016/3/23/محمد-بوضياف-رئيس-الجزائر-المغتال，最后访问日期：2021 年 4 月 30 日。

② 该法案规定，至 2000 年 1 月底前，允许恐怖主义团体成员向政府设立的专门委员会投诚，阿尔及利亚政府对其不予起诉，并为其提供重返社会的便利。

③ Hugh Roberts, “Demilitarizing Algeria”, *Carnegie Endowment for International Peace*, 2007, 86, p. 8.

④ Hugh Roberts, “Demilitarizing Algeria”, *Carnegie Endowment for International Peace*, 2007, 86, p. 9.

第二，前执政党民族解放阵线继续主导政治体系。尽管民族解放阵线的选举基础因内战而严重受损，但其强大的历史合法性仍具有广泛的影响力。政治多元化时期，民族解放阵线积极主导与各政党派别开展对话，推动政治和解以争取进入执政联盟。1997 年 6 月，民族解放阵线在国民议会选举中获得票选位居第三，[①] 与民族民主联盟（Rassemblement National Démocratique）顺利组阁；在 2002 年的议会选举中，民族解放阵线重新恢复第一大党执政地位；[②] 2005 年后，民族解放阵线在国家和地方的历次立法选举中均取得胜利，再次在多元化的政治体系中发挥深刻影响力。

第三，民族民主联盟发挥制衡作用以释放政治空间。1997 年 1 月，在总统利亚米纳·泽鲁阿勒（Liamine Zéroual）的授意下，阿尔及利亚总工会负责人阿卜杜·哈格·本·哈穆达（Abdelhak Benhamouda）组建民族民主联盟，并在当年国民议会中赢得 40% 的席位，一跃成为阿尔及利亚当时的第一大党。[③] 在泽鲁阿勒的倡导下，政治立场与执政理念无根本差别的民族民主联盟与民族解放阵线结成执政联盟。为了巩固这一联盟，布特弗利卡在政府内部权力分配中采用了总理职位由结盟两党负责人轮流担任的方式以平衡两党关系，使之互相牵制。[④]

为了维护中心权力不受侵害，以上三种力量相互牵制、彼此依赖，并通过一系列方式严格控制多元政治体系，其中包括采取庇护、镇压手段分化反对派政党和民间社会组织；选择性地松绑某些经济部门以建立和维护与军事和政治精英密切联系的私营企业阶层；提拔政权支持者，边缘政权反对派。为了在做出适度让步和避免根本性变革之间保持平衡，阿尔及利亚政权不断通过分化、合作、拖延或牵制策略来确保政治制度的连续性，即通过“改革”来限制“改革”，这成为阿尔及利亚维护政治体系平稳发展的关键方式。

---

① Willian B. Quandt, *Between Ballots and Bullets: Algeria's Transition from Authoritarianism*, New York: Brooking Institution Press, 1998, p. 140.

② 《解读阿尔及利亚立法选举结果》（阿拉伯文），宣言报网站，2002 年 6 月 18 日，https://www.albayan.ae/opinions/2002-06-18-1.1317024，最后访问日期：2021 年 5 月 3 日。

③ Frederic Volpi, *Islam and Democracy: The Failure of Dialogue in Algeria*, London: Pluto Press, 2003, p. 77.

④ 黄慧：《中东剧变中的阿尔及利亚政局透视》，《阿拉伯世界研究》2012 年第 2 期，第 68 页。

2019 年，布特弗利卡再次寻求第五任期，阿尔及利亚爆发自独立以来最大规模的示威游行抗议活动，军队总参谋长艾哈迈德·盖德·萨拉赫（Ahmed Gaid Salah）继续延续干预传统，支持民众呼吁布特弗利卡下台，这不仅代表着布特弗利卡多年执政生涯的结束，也标志着多年军政格局的再次重组。

综上，内战前，阿尔及利亚军政关系始终呈现出一个显著特征，即政治以军事为依托，领袖人物从武装力量中产生或推选出，掌握党、政、军等一切国家权力，军事的正式权威与非正式影响都被深入扩展至外交与内政之中；内战结束后，虽然阿尔及利亚军政关系一定程度上表现出了相对的灵活性和适应性，但军队已逐渐采取一种更为隐蔽的方式发挥作用，保证国家与社会的稳定始终是军队的首要关注与根本利益。阿尔及利亚军政关系正在发生相较于过去更为深刻和复杂的变化。

三　阿尔及利亚军政关系的协调论分析

（一）军官团的社会构成

如前所述，协调论的第一项指标是军官团的社会构成。然而，在阿尔及利亚跻身于军官行列是一件十分不易的事情。

首先，从招募条件来看，拥有军事才能是成为军官的第一要求。满足此项条件的潜在对象大多是殖民地时期生活于城市中的中产阶层、宗教贵族以及丧失部落特征并接受过法国教育因而获得向上晋升先决条件的农民，底层民众无法获得平等的被招募机会。其次，从培养方式来看，毕业于军事院校的专业人员成为优先培养对象。但是，进入军事院校成为候选人的选拔过程非常严格，不仅要求申请者身体素质良好，还需其有较高的受教育水平，完成 12 年的在校学习并持有学位证书，在通过各项竞争性考试后才可获得候选资格。[①] 拥有较多教育资源的城市青年相较于农村青年更容易成为主体候选对象，而来自底层的农村青年则无法获得平等的被选拔机会。最后，从军官阶层来看，军官往往将其自身视为

① 阿尔及利亚国防部：《谢尔谢里军事学院》（阿拉伯文版），阿尔及利亚国防部网站，https://www.mdn.dz/site_cft/sommaire/recrutement%20et%20formation/amc_ar.php，最后访问日期：2021 年 4 月 27 日。

不同于社会其他阶层的群体，他们以国家“管理者”的身份评判国家的行动方案、实施安全决策。当其以行政官僚身份参与政治时，军官身份与政治精英身份难以区分，也都是为争取政治权力而相互竞争，难以真正代表社会底层民众并表达其诉求。因此，阿尔及利亚军官团的社会构成并不具有广泛的阶层代表性。

（二）政治决策过程

协调论的第二项指标是政治决策过程，即军队人员在一系列涉及军事预算、军备、规模以及物资分配过程中的政治参与。其关键问题是：政治精英与军官团是否就以上过程达成一致。[①]

如前文所述，阿尔及利亚绝大多数涉及军事预算、军备、规模以及物资分配的政治决策始终全权由军官团负责，特别是在布迈丁时期，军队无须与其他合作伙伴达成相关协议。为了加强军队管理，布迈丁取消了总参谋部，与军事预算、军备、规模和结构相关的参谋事宜由国防部秘书直接向总统负责，国防部成为唯一的最高军事权力机构。尽管本杰迪德致力于实现“去布迈丁化”，在国防部机构下重新设立国家人民军总参谋部，负责为集成化的军队制订运作计划，负责预算、信息和交通、后勤和行政支持、动员和征兵工作，以削弱国防部对军队的垄断权，然而，情报与安全部的成立意味着军事精英绝对权力的回归。1999年，布特弗利卡上台后传达出必须改善军政关系、限制军队权力的讯息，[②] 并试图通过一系列机构改革以削弱军队在政治结构中的权力。2019年总参谋部继续延续干预传统，这标志着军事中心的控制权再次回归总参谋部，军政权力格局被打破。可以说，自1992年以来，阿尔及利亚历届总统始终面临着一支不可控制且无法取代的军队强权力量，军政博弈不断演变。所有一系列涉及军事预算、军备、规模以及物资分配的政治决策过程始终由军官团全权负责，政治精英在很大程度上对其无从置喙，双方没有就此过程达成一致。

---

① Rebecca L. Schiff, “Civil-Military Relations Reconsidered: A Theory of Concordance”, *Armed Forces and Society*, 1995, 22 (1), p. 14.

② 拉希德·蒂莱姆察尼：《布特弗利卡及军政关系》（阿拉伯文版），卡内基国际和平基金会网站，2008年8月23日，https://carnegieendowment.org/sada/21347，最后访问日期：2021年4月27日。

（三）征兵方式

协调论的第三项指标是征兵方式。斯希夫指出，强制性的征兵方式往往阻碍了军政关系的协调。反之，劝服性的征兵方式则代表了一种和谐有利的状态。①

1967 年以前，阿尔及利亚完全依靠志愿军来保证维持基本的军队规模。随着以色列在中东战争中不断取得胜利以及阿尔及利亚对阿拉伯民族主义者的承诺，阿尔及利亚国内开始对征兵政策进行重新思考。1968 年 4 月，阿尔及利亚政府签署通过第 68—82 号《国民服务法令》（*National Service Art*），规定所有年满 19 岁的阿尔及利亚男性公民有义务服两年兵役。② 1974 年 12 月，政府正式颁布《国民服役宪章》（*National Service Charter*），要求所有年满 25 岁的男性公民必须出示在完成义务服役期后发放的“国民服役卡”，以证明按时完成国民服役。③ 由于制度性设计以及实际操作阻碍，阿尔及利亚义务兵役也存在一些问题。

一方面，大量适龄青年错失就业、出国机会，造成失业率上升，尽管阿尔及利亚历任总统时常会在适当时刻宣布特赦举措，但特赦往往具有时间与年龄限制，无法从根本上解决因服役带来的就业问题；另一方面，每年可以参加服役的名额有限，而实际需要的服役人数超过限制人数，许多适龄青年往往因为被迫排队而浪费一年时间。除了参与黑市交易外，大量青年被迫成为无所事事的失业者，徘徊于清真寺和运动场。强制性的征兵方式在一定程度上造成了失业率的上升与社会公平正义的缺失。

（四）军事风格

第四项指标是军事风格，即军队在社会中的角色扮演与民众对军队的认知态度。④ 阿尔及利亚独立后，军队通过多种正式与非正式手段作用

---

① Rebecca L. Schiff, “Civil-Military Relations Reconsidered: A Theory of Concordance”, *Armed Forces and Society*, 1995, 22（1）, p. 15.

② 阿尔及利亚国防部：《1968 年法律和法令》（阿拉伯文版），阿尔及利亚国防部网站，https://www.mdn.dz/site_principal/sommaire/service/images/textes_ar/03.pdf，最后访问日期：2021 年 4 月 27 日。

③ 《国民服役宪章》（阿拉伯文版），阿尔及尔：阿尔及利亚政府 1974 年版，第 1246 页。

④ Rebecca L. Schiff, “Civil-Military Relations Reconsidered: A Theory of Concordance”, *Armed Forces and Society*, 1995, 22（1）, p. 15.

于社会，主要表现在以下三点。

首先，在和平时期，军队通过相关议会机构举办有关国防的议会讲习班①、设立有关国防的议会日活动②、不断修订有关国防的军事立法③等方式缓解军队与民众之间的矛盾，促进军政关系的协调发展；其次，在和平时期，军队通过媒体立法确定军队在新闻行业中的权威性，通过举办论坛、设立学校加强军队在媒体与信息传播中的领导作用，④ 通过控制监管媒体机构保证军队在社会中的影响力等方式加强军队对民众的信息严控，保持军政关系的健康发展；最后，在动荡时期，军队通过取缔非法政党、逮捕极端分子、制造派别矛盾等方式加强军队对民众在行为和意识形态上服从领导方面发挥的作用，保证军政关系的稳定发展。对此，民众对军队的态度存在明显的两极化。一方面，亲政府的宗教党派、工会人士积极支持军队在国家与社会中发挥的调节作用，并配合服从军队；另一方面，反政府的宗教党派与工会人士采取申诉、抗议甚至极端方式反对军队幕后势力发挥作用，并不断要求扩大政治参与来加强民事作用。⑤

此外，阿尔及利亚民众对军队还存在一种模糊心理，即对“信任军队与否”问题不予表态。随着阿尔及利亚军队军事能力的增强，阿尔及利亚民调显示，当前民众信任军队的人数正在逐年增加。相较于过去，民众对军队认知态度的两极化趋势已进一步明显（见图 1）。⑥

---

① 阿尔及利亚国民议会：《国防委员会及其职能》（阿拉伯文版），阿尔及利亚国民议会网站，2013 年 8 月 22 日，http://www. apn. dz/ar/instance-et-organes-ar/les-commissions-permanentes-ar/2013-08-22-14-20-51/788-2014-07-23-09-38-46，最后访问日期：2021 年 5 月 4 日。

② 阿尔及利亚国民议会：《国防委员会组织议会日——新国际恐怖主义：规则与机制》（阿拉伯文版），阿尔及利亚国民议会网站，2014 年 6 月 25 日，http://www. apn. dz/ar/plus-ar/travaux-commission-permanentes-ar/227-2014-06-25-12-39-34/2087-2015-06-17-13-41-43，最后访问日期：2021 年 5 月 10 日。

③ 阿尔及利亚国民议会：《国防委员会听取关于国民服役相关法律草案的介绍》（阿拉伯文版），阿尔及利亚国民议会网站，2014 年 6 月 25 日，http://www. apn. dz/ar/plus-ar/travaux-commission-permanentes-ar/227-2014-06-25-12-39-34/746-2014-06-25-14-34-49，最后访问日期：2021 年 5 月 10 日。

④《萨利赫强调媒体和通讯对加强军事机构作用的重要意义》（阿拉伯文版），阿尔及利亚之声网站，2018 年 9 月 27 日，https://www. radioalgerie. dz/news/ar/article/20180927/151065. html，最后访问日期：2021 年 5 月 10 日。

⑤ Human Rights Watch, “Algeria: Workers' Rights Trampled”, *HRW*, May 27, 2014, https://www. hrw. org/news/2014/05/27/algeria-workers-rights-trampled, accessed 2021 - 05 - 25.

⑥ Belkacem Elguettaa, “The Military's Political Role in the New Algeria”, *Carnegie*, https://carnegie-mec. org/2021/03/17/military-s-political-role-in-new-algeria-pub-84076, accessed 2021 - 05 - 15.

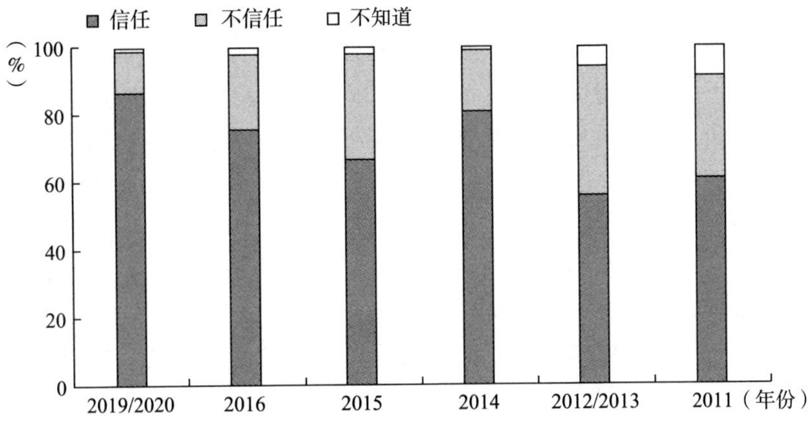

图 1　阿尔及利亚民众对军队的信任度统计

资料来源：Belkacem Elguettaa，“The Military's Political Role in the New Algeria”，Carnegie，https://carnegie-mec. org/2021/03/17/military-s-political-role-in-new-algeria-pub-84076, accessed 2021 - 05 - 10。

利用协调论的四项指标进行分析，可以看出，阿尔及利亚军政关系之所以难以实现真正协调，其主要原因在于：一是阿尔及利亚政府倾向于将军队视为一种制度化的暴力威胁，存在军队参政不利于国家与政治民主化发展的主观认知；二是作为政权结构中的独立力量，军队始终通过强有力的手段来实现国家对社会组织和个人的管理，以此发挥促进或阻碍社会发展的绝对性作用。在民选政府的统一领导下，军队保持适度的独立性与有限的干预能力仍是未来一段时间阿尔及利亚军政关系难以改变的常态，维护国家的稳定和民主政治的健康发展也离不开军队的支持。

结　论

军政关系协调论是当前军政关系理论的重要议题。它强调军官团、政治精英和社会民众之间的对话、妥协和共同价值观，试图建立一种可能分离但不强制要求分离的伙伴关系，以至于三者间互动达至平衡状态，从而避免军人干政的现象发生。

阿尔及利亚的案例为军政关系研究提供了一定的经验。在 1991 年内战之前，阿尔及利亚存在一个显性的、强大的军事机构，政治以军事为依托，领袖人物从武装力量中产生或推选出，掌管党、政、军等一切国家权力。内战结束以后，这一范式从显性转变为隐性。军队在新的政治历史背景下继续保持适度的独立性与有限的干预能力，以继续施加作用。此时，军队干预政治更多的是出于传统习惯与历史合法性，而不是政府机构的无能与孱弱。军官团、政治精英和社会民众三者之间未能形成良好的互动与合作，是该国历次军事政变的主要原因。这在一定程度证明了协调论的有效性与适用性。然而，需要指出的是，阿尔及利亚的案例也表明协调论仍具有一定的局限性。

第一，从理论建构来看，该理论更多是一种静态理论，缺乏对变化的预测，行为者内部自身的变化也有可能引起最终结果的改变，如“军队内部分歧”“政治领导风格”“经济因素”等，均有可能造成三者失调。此外，尽管该理论提出了评判协调的四项指标，但没有指出导致军事干预的必要性指标，存在一定模糊性。

第二，从主体划分来看，协调论将国内群体划分为军官团、政治精英与社会民众过于简单。首先，军官团内部纷繁复杂。军官是一个科层制的职业，也是一个科层制的组织。[①] 他们不仅按军种（陆军、海军和空军）划分，还按等级划分为将官、校官和尉官，只有少数的高级官员拥有政治参与资格。在阿尔及利亚，军官团内部矛盾重重，老将军官往往具有革命传统，主张保守；而新晋上层军官往往有留学经历，接受西方民主平等价值观，富有创新精神。有时，军事干预甚至是基于军官个人或团体对政治权力的追求，很难界定个人或团体偏好对军官团集体行为的影响。其次，难以明确政治精英与军事精英的准确身份。协调论认为，总统、总理、政党领袖、议会成员都是政治精英的可能形式，其都可以对军队施加影响。然而，在军政体制国家，特别是阿尔及利亚布迈丁时期，高层军官几乎全被列入政治精英名单，无法与民事政治精英区分开来。最后，社会民众缺乏同等权利。协调性理论将社会民众视为军官团和政治精英的平等伙伴。但事实上，只有足够强大的社会团体才能够有机会与军官团和政治精英进行谈判，就自身利益与军队达成一致。

第三，从四项指标来看，军官团的社会构成、政治决策过程、征兵方式以及军事风格无法充分衡量发生军事干预的可能性。首先，协调论认为，

① 〔美〕塞缪尔·亨廷顿：《军人与国家：军政关系的理论与政治》，李晟译，中国政法大学出版社，2017，第 15 页。

军官团的阶层代表性是影响军政关系达到协调的重要指标。事实上，军官团作为一种职业化团体，部分军官在军队职业生涯中获得令自己足够满意的职位后，其阶层身份发生转变，并出现代表该机构的意识形态，其社会背景影响将逐渐减弱。其次，协调论认为政治精英和军官团达到协调的标准是双方必须就涉及军事预算、军备、规模以及物资分配的政治决策过程达成一致。[①] 这一指标缺乏一定的有效性。在阿尔及利亚独立后的大多时间里，军官团始终垄断绝大多数决策过程，政治精英无从置喙。内战结束后，相较于预算、规模、材料或结构等具体事宜，如何恢复历史合法性、免于人权审判起诉成为军队的首要任务。[②] 此外，协调论认为强制性的征兵方式阻碍伙伴关系的协调。[③] 这项假设不具有足够的因果关系。在阿尔及利亚，征兵政策一直与促进国家发展与社会和谐联系在一起，以增强社会民众对国家认同和军事机构的信心，同时军队优渥的生活条件和薪资待遇使得许多山村贫困地区的青年渴望加入军队，强制性的征兵方式在一定程度上适时迎合了社会民众的普遍需要。最后，协调论认为社会民众如何认识军队在社会中的作用是影响协调的重要因素。[④] 鉴于当前阿尔及利亚民众对军队的认知存在支持、反对与摇摆的三种心理，这种分歧是否足以导致军队发动军事干预仍未可知。该指标仍有待进一步细化讨论。

随着军政关系理论研究的外溢，越来越多发展中国家的军政关系成为重要研究对象。尽管协调论仍有诸多不足之处，但该理论已为未来研究明确了方向，并为如何避免出现军事政变与干预提供了新的理论范式与研究方法。

【责任编辑】宁彧

① Rebecca L. Schiff, "Civil-Military Relations Reconsidered: A Theory of Concordance", *Armed Forces and Society*, 1995, 22 (1), p. 14.

② 2014 年人权观察发表的《阿尔及利亚：工人的权利受到践踏》一文，指出“当局经常以政治动机不端正为由采取报复性停职、开除公职等行为，甚至任意逮捕和起诉工会活动人士”。原文参见《阿尔及利亚：损害工人的权利，国际劳工组织应该要求阿尔及利亚允许独立工会自由运作》（阿拉伯文版），人权观察组织网站，2014 年 6 月 2 日，https://www.hrw.org/ar/news/2014/06/02/253956#，最后访问日期：2021 年 5 月 15 日。

③ Rebecca L. Schiff, "Civil-Military Relations Reconsidered: A Theory of Concordance", *Armed Forces and Society*, 1995, 22 (1), p. 15.

④ Rebecca L. Schiff, "Civil-Military Relations Reconsidered: A Theory of Concordance", *Armed Forces and Society*, 1995, 22 (1), p. 16.

非洲研究　2022年第2卷（总第19卷）
第20—37页

英国对卢旺达发展援助的策略与成效分析*

金芳颖　楼世洲

【内容提要】英国对卢旺达的发展援助被双方认为是国际援助的一个成功案例和典范。英国国际发展部称卢旺达方案是“模型”、“尝试”和“创新”，具有“开拓性”“突破性”的实践意义，是实现从项目性援助到政府预算资助转型的“变革原型”。英国对卢旺达发展援助取得的最具标志性的成效是卢旺达在2009年加入英联邦，卢旺达政府还将英语列为最主要的官方语言，在基础教育课程体系中将英语和卢旺达语一起作为中小学的基础语言，英语逐步替代法语成为卢旺达的国家通用语言，从而促进了英国对非洲的影响力从传统英联邦国家向非洲其他国家扩展。

【关键词】英国；卢旺达；发展援助；援助策略

【作者简介】金芳颖，浙江师范大学教育学博士研究生，浙江传媒学院国际文化传播学院讲师（金华，321004）；楼世洲，教育学博士，浙江师范大学教授，博士生导师，主要从事比较教育研究、非洲教育研究等（金华，321004）。

一　卢旺达种族和解后国家发展与国际发展援助

1994年的卢旺达大屠杀是自第二次世界大战以来世界上最严重的

* 本文系笔者受浙江师范大学博士启航奖学金资助赴英国爱丁堡大学访学成果；2019年国家社科基金后期资助项目“国际社会对非洲教育援助的比较研究”（项目批准号：19FJKB001）的阶段性研究成果之一。

种族灭绝事件之一。种族和解后，政府面临的最初压力是将卢旺达恢复为正常运作的国家。经过多年的努力，卢旺达的目标从重建国家制度和提供基本社会服务逐渐转向促进经济转型和增长，并取得了令人瞩目的成就，被国际社会认为是非洲大陆最具经济活力的国家和发展典范。尽管卢旺达在 2020 年在联合国人类发展指数收录的 189 个国家中位列第 160，仍是最不发达国家之一，[①] 但自 21 世纪初以来，该国成功地将极端贫困人口减少了 24%，使约 100 万人摆脱贫困（卢旺达人均国内生产总值及农业就业情况见图 1）。[②] 2004—2019 年，卢旺达的年平均经济增长率约为 8%。在世界银行公布的“营商环境宽松指数”（ease-of-doing-business index）中，卢旺达是唯一低收入经济体（190 个国家中排第 29 位）。卢旺达被誉为“非洲的新加坡”，世界银行和卢旺达政府于 2018 年联合发布《卢旺达增长的未来驱动因素：创新、整合、集聚和竞争》报告，认为卢旺达的发展模式

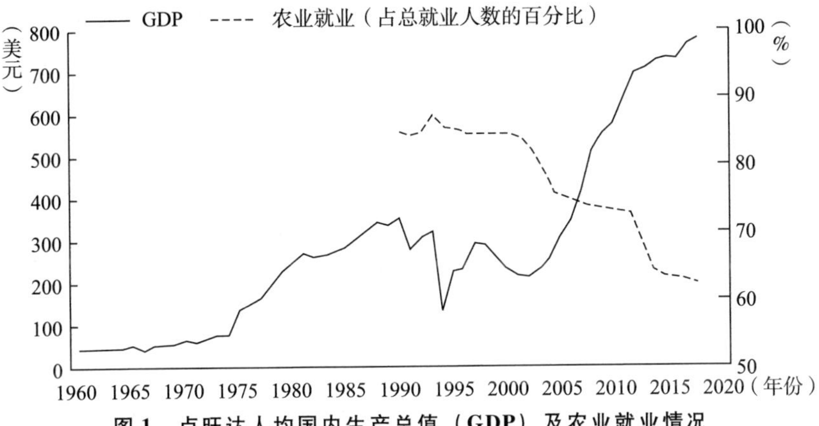

图 1　卢旺达人均国内生产总值（GDP）及农业就业情况

资料来源：Stefan Trines，“Education in Rwanda”，*World Education News + Reviews*，October 15，2019，https://wenr.wes.org/2019/10/education-in-rwanda, accessed 2019-12-30。

① UNDP，“Latest Human Development Index Ranking”，*Human Development Reports* 2020，http://hdr.undp.org/en/content/latest-human-development-index-ranking? utm_source = EN&utm_medium = GSR&utm_content = US_UNDP_PaidSearch_Brand_English&utm_campaign = CENTRAL&c_src = CENTRAL&c_src2 = GSR&gclid = EAIaIQobChMIhuLZirGz9QIVV3RgCh0JJgPuEAAYASAAEgJxZ_D_BwE, accessed 2021-12-15.

② Stefan Trines，“Education in Rwanda”，*World Education News + Reviews*，October 15，2019，https://wenr.wes.org/2019/10/education-in-rwanda，accessed 2019-12-30.

符合“非洲崛起”的方向，是其实现跨越式发展的国家建设目标的正确选择。

尽管卢旺达的经济持续稳步发展，但在发展中仍然严重依赖国际发展援助，是接受国际援助较多的非洲国家之一。国际援助不仅反映了世界对卢旺达内战和种族灭绝后建立新的政治与社会制度的支持，同时多元化的发展性援助对卢旺达新政府的对外关系以及对国际援助政策和模式的变革产生了积极的影响。

（一）卢旺达接受援助的总体情况

1994 年种族屠杀事件后，许多援助国都停止了对卢旺达的双边援助，大多数援助国选择通过联合国机构和非政府组织提供人道主义援助。直到 1995 年卢旺达新政府成立后，国际社会对其双边援助才逐渐恢复。援助国对卢旺达的援助在很大程度上受到对新政府治理与合作成效的评估影响，呈现一种高峰和低谷交替的波动式增长态势。1994 年卢旺达种族事件突发，国际社会对卢旺达援助净额激增，从 1993 年的 3.5 亿美元增长到 1994 年的 7.1 亿美元，为自 1960 年以来其接受援助资金最多的一年。但 1995 年卢旺达新政府成立后，国际社会对卢旺达新政府的不信任导致援助金额急剧下降，至 1997 年跌至谷底（2.3 亿美元）。随着卢旺达政府的发展计划得到国际社会的逐步认可，国际发展援助又进入持续增长阶段（见图 2）。

近年来，卢旺达政府坚持自主发展的决心非常强，接受援助金额占总预算的比例有所下降。2010 年，外国援助占卢旺达政府支出的 45%。[①] 而卢旺达政府 2021—2022 年度预算数据显示，卢旺达共获得 12.47 亿美元的援助支持，外国援助占卢旺达政府总预算比例已下降至 33.2%（其中 16.1% 为赠款，17.1% 为贷款）。[②] 尽管如此，卢旺达政府 2010 年以来每年仍接受不少于 10 亿美元的援助（除 2012 年，当年跌至 8.79 亿美元）。

---

① J. Brookland, "With Aid Cut, US Loosens Rwanda's Hold on Foreign Assistance", July 2012, https://www.devex.com/news/with-aid-cut-us-loosens-rwanda-s-hold-on-foreign-assistance-78756, accessed 2021-10-20.

② MINECOFIN, "Government Outlines Spending Priorities for FY 2021-22", Ministry of Finance and Economic Planning (Rwanda), May 12, 2021, https://www.minecofin.gov.rw/news-detail/default-f4d7602305, accessed 2021-11-30.

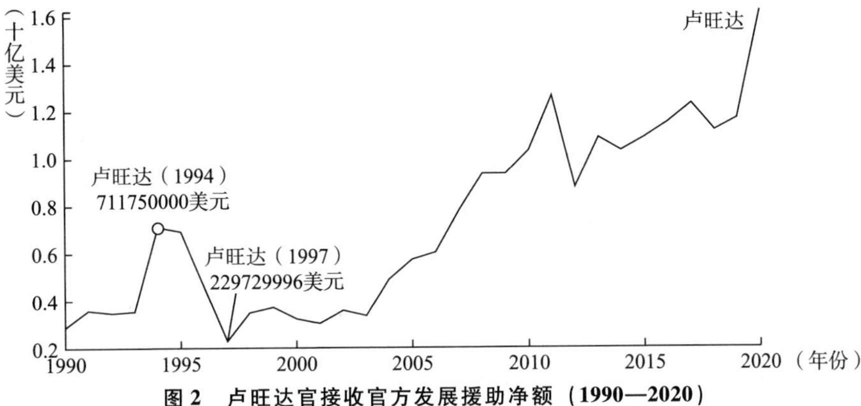

图 2　卢旺达官接收官方发展援助净额（1990—2020）

资料来源：The World Bank，“Net Official Development Assistance and Official Aid Received (current US$)-Rwanda”，https://data.worldbank.org/indicator/DT.ODA.ALLD.CD?locations=RW, accessed 2021-10-15。

（二）卢旺达主要双边援助国的更替

1993—2017 年，卢旺达的主要双边援助国发生了较大变化。1993 年曾占据前三大援助国地位的德国、比利时和法国已被美国、英国和荷兰取代（见表 1）。

表 1　主要双边援助国的援助对比

单位：百万美元

援助国	1993 年总援助	援助国	2003 年总援助	援助国	2017 年总援助
德国	38.6	美国	52.6	美国	170.4
比利时	36.7	英国	42.9	英国	53.9
法国	35.5	荷兰	23.0	荷兰	39.1
美国	26.0	比利时	20.8	德国	36.3
瑞士	20.2	德国	13.9	比利时	29.2
日本	14.9	瑞典	13.1	中国	25.9
加拿大	11.2	法国	10.9	日本	25.6
荷兰	7.9	加拿大	10.8	韩国	23.8

资料来源：R. Hayman, *The Complexity of Aid: Government Strategies, Donor Agendas and the Coordination of Development Assistance in Rwanda 1994-2004*, Ph. D diss., University of Edinburgh, 2006, p. 43; Government of Rwanda, *Rwanda Official Development Assistance Report: An Extended Review 2015/2016 Fiscal Year*, Ministry of Finance and Economic Planning, January 2017, p. 13, http://www.devpartners.gov.rw/fileadmin/user_upload/ODA_report_201516_2_.pdf。

1999 年经合组织的一份报告将卢旺达的援助国分为“传统”援助国和“新”援助国。“传统”援助国是指那些长期对卢旺达开展双边援助的国家，如法国、比利时、德国、加拿大和瑞士。“新”援助国是那些在种族灭绝之前在卢旺达没有强大影响力的国家，如荷兰、挪威、英国和瑞典。①

2003 年，英国、荷兰、瑞典分别向卢旺达提供 4290 万美元、2300 万美元和 1310 万美元的双边援助。到 2017 年，英国和荷兰提供的双边援助经费提升到 5390 万美元和 3910 万美元。而在 1993 年，英国和瑞典没有提供对卢旺达的双边援助，它们仅通过多边机构或非政府组织提供对卢旺达的援助，援助金额分别为 120 万美元、780 万美元。② 种族屠杀事件是促使它们加强对卢旺达双边援助的主要原因。

（三）对卢旺达增加援助支出的援助国及援助特点

1991 年至 2003 年，比利时、法国、德国、加拿大、瑞士和日本这些卢旺达的“传统”援助国对其资助总额反而不断减少。对卢旺达增加援助的国家主要有英国、美国、荷兰和中国等。1994 年卢旺达发生内战和大屠杀后，英国为卢旺达应对危机提供了大量人道主义援助。1995 年，英国在卢旺达的代表处仅有一名工作人员，到 2003 年代表处已发展成一个直接隶属于英国国际发展部的特别办事处。英国对卢旺达援助稳步增加，成为卢旺达“新”援助国中增加援助最多的国家之一。

美国对卢旺达提供的援助金额不断增长，2003 年和 2017 年，美国对卢旺达官方援助资金排名第一（见表 1），是卢旺达最大的资金和物资援助国。与其他援助国相比，美国对卢旺达的援助受种族屠杀事件影响较小。在种族屠杀事件发生后不久，美国曾被指责对新政府的认识迟缓，且美国最终给卢旺达提供援助的金额远低于其给卢旺达境外难民营提供的援助金额。③ 可见卢旺达不是美国重点关注的非洲国家。

---

① A. Baaré, D. Shearer, and P. Uvin, *The Limits and Scope for the Use of Development Assistance Incentives and Disincentives for Influencing Conflict Situations*, *Case Study: Rwanda*, Paris: OECD, 1999, pp. 11 – 12.

② R. Hayman, *The Complexity of Aid: Government Strategies, Donor Agendas and the Coordination of Development Assistance in Rwanda 1994 – 2004*, Ph. D diss., University of Edinburgh, 2006, p. 42.

③ F. Terry, *Condemned to Repeat? The Paradox of Humanitarian Action*, Ithaca and London: Cornell University Press, 2022, p. 172.

20 世纪 90 年代初期，荷兰提供的援助是通过非政府组织而不是作为双边计划提供的。1994 年后，荷兰成为卢旺达新政府的重要政治盟友，且荷兰也是联合国信托基金（UNTF）的主要支持者，该基金会为卢旺达重建项目提供资金。1999—2002 年，援助金额稳定在每年 2000 万美元左右。①

从 1981 年起中国便开始援助卢旺达，前期主要以劳务承包工程为主，强调以平等互利为原则，注重基础设施建设和民生领域的援助，在当时并未产生较大的国际影响力。2006 年，在中非合作论坛框架下，中国对卢旺达的援助范围进一步扩大。到 2017 年，中国已成为对卢旺达援助的主要双边援助国之一。

表 2 援助国增加援助支出的动因和形式

援助国	援助历史	援助原因	援助目标
英国	1994 年至今	最初是对种族大屠杀的反应，后来转向减贫	通过加强机构建设和预算资助实现减贫； 关注减贫与教育
美国	20 世纪 60 年代至今	安全稳定； 1994—1996 年人道主义援助	促进经济发展； 加强治理； 减贫
荷兰	1994 年至今	强烈支持种族大屠杀后的重建	促进和平、安全与稳定； 减贫
中国	1981 年至今	早期是劳务承包，互惠互利； 1994—2004 年支持卢旺达重建； 2006 年后中非合作论坛框架下的援助	加强硬件设施建设（医院和学校）； 减贫

资料来源：根据各援助国政府官网及卢旺达政府官网整理。

就援助目标而言，安全与稳定是荷兰和瑞典等援助国最为重视的。随着联合国千年发展目标、可持续发展目标的提出，卢旺达也在 2002 年和 2013 年分别出台两份减贫战略文件（Poverty Reduction Strategy Paper），上述国家也随之从应对种族大屠杀的紧急援助转向更加支持减贫。除上述援助国外，也有国家认为，实现千年发展目标和支持卢旺达减贫战略

① R. Hayman, *The Complexity of Aid: Government Strategies, Donor Agendas and the Coordination of Development Assistance in Rwanda 1994 - 2004*, Ph. D diss., University of Edinburgh, 2006, p.45.

比其他目标更为重要。例如，英国的方案与实现千年发展目标和执行卢旺达的减贫战略文件明确挂钩。不过，美国虽然支持减贫，但其很少提及减贫战略文件。

美国虽然是卢旺达当下最大的双边援助国之一，但卢旺达并非美国重点关注的受援国，而英国、德国、荷兰、加拿大、瑞士和瑞典等国都将卢旺达视为其优先援助的国家。援助国的政治参与对卢旺达的利益和发展有一定影响，如卢旺达制定预防冲突及减贫等发展目标，一定程度上就受到援助国的影响。尽管卢旺达政府认为其对项目援助的控制有限，但所有的援助国都坚称，双边项目的决定权在卢旺达政府。事实上，国际社会对卢旺达促进经济增长、社会福利和政治变革方面的国家政策和方案干涉较多，而且援助国的政策制定指导及技术援助不总是有利于卢旺达政府机构内部的能力建设。这种依赖外部财政和技术资源的状况，促使卢旺达政府在国家发展愿景中坚持以其自身为主导的发展导向，将市场化经济原则与可持续的发展模式结合起来。卢旺达政府强调对国际援助的管理和控制能力，加强对国际援助的自主协调性，在过去几年里，已经建立了一系列运行监控机制，以有效地协调国际社会关注的问题，引导各援助国（机构）越来越多地把援助的重点与卢旺达政府确立的发展战略相结合。这些举措得到了西方国家的广泛认可，从而使卢旺达成为国际援助的重点关注对象之一。①

二　英国对卢旺达发展援助的政策框架

英国在 1994 年之前没有对卢旺达进行过双边援助，因此 1994 年之后其参与卢旺达事务不会受前政府的影响，“我们在卢旺达没有历史遗留问题，因此我们受到信任，被认为是中立的”。② 没有历史双边关系影响被认为是在大屠杀之后英国立即取得卢旺达新政府信任的关键因素。

1994 年后，英国向卢旺达提供军事和人道主义援助。1996 年，英国与卢旺达政府进一步加强合作，为后者的财政计划提供预算资助。尽

① 张永蓬：《国际发展合作与非洲：中国与西方援助非洲比较研究》，社会科学文献出版社，2012，第 194 页。

② DFID, *Country Strategy Paper: Rwanda*, Department for International Development, 1999, p. 5.

管英国在 1994 年至 1996 年资助的额度不大,[①] 但英国认为，这种预算资助的援助方式与其他国家的援助有很大的不同，表达了英国对卢旺达政府的积极支持，而非对卢旺达政府妄下判断或期待卢旺达迅速产生变化。在当时，虽然大部分援助资金流向了卢旺达边界以外的难民营，但英国坚持认为，应对卢旺达政府表达“合作意愿”，相信卢旺达政府能够“做正确的事情”。在卢旺达的“传统”援助国都在降低援助金额之际，英国却进一步提高援助额并强化与卢旺达政府间的合作。英国在 2004 年国家援助计划中，进一步强调要致力于成为卢旺达最主要的双边发展伙伴。[②]

英国政府的总体国际发展目标主要来自四份白皮书：《消除世界贫困：21 世纪面临的挑战》、《减贫、千年发展目标、通过协调和预算资助提高援助效力》、《消除世界贫困：让治理为穷人服务》和《消除世界贫困：建设我们共同的未来》（见表 3）。这些文件概述了英国的援助通过促进善政和市场主导的改革、投资教育和技能、解决贸易和环境问题以及提高援助效力等一系列措施，推进减贫和千年发展目标的实现。1997 年和 2009 年的白皮书主要代表了英国国际发展援助的理念，2000 年和 2006 年白皮书则清晰地阐明了英国国际发展援助的主要路径。[③]

表 3　英国官方对卢旺达援助的基本框架

总体目标（白皮书）	消除世界贫困：21 世纪面临的挑战（1997 年白皮书）； 减贫、千年发展目标、通过协调和预算资助提高援助效力（2000 年白皮书）； 消除世界贫困：让治理为穷人服务（2006 年白皮书）； 消除世界贫困：建设我们共同的未来（2009 年白皮书）
援助历史	1994 年之前无历史联系； 1995 年底大使馆建成后常驻卢旺达； 1997 年起合作方案大量增加； 1999 年成为卢旺达最主要的双边援助国，提供的双边援助占卢旺达接受双边援助总额的约 25%； 2003 年下放权力至办事处，实施大规模预算资助方案

① 1994 年仅 100 万英镑，1995 年增至 300 万英镑。

② DFID, *Rwanda Country Assistance Plan*, Department for International Development, 2004, p. 15.

③ K. King and S. McGrath, *Knowledge for Development? Comparing British, Japanese, Swedish and World Bank Aid*, Cape Town/London and New York: HSRC Press/Zed Books, 2004, pp. 118 - 119.

续表

援助目标	减贫； 民主化
援助方式	大部分都是预算资助； 少量通过大型项目和小规模的非政府组织提供援助； 在教育、财政、性别、土地等部门提供短期和长期技术援助
合作部门	卢旺达教育部和财政部（较强影响力）； 性别和土地部（有顾问）； 主要关注机构和规划系统
与卢旺达政府的合作与对话	以备忘录为框架的总体方案，其中规定合作伙伴的相互承诺； 与卢旺达政府基于政策开展密切对话的方案制定方法； 发展合作官员经常到访； 没有高级外交官员访问卢旺达
协作	英国教育部门领导积极参与预算； 支持协调小组工作； 与英国非政府组织或卢旺达民间社会有限的接触
人员配备	在国家办事处配备政策分析员和计划工作人员； 在相关部门配备大量技术助理

资料来源：R. Hayman, *The Complexity of Aid: Government Strategies, Donor Agendas and the Co-ordination of Development Assistance in Rwanda 1994 - 2004*, Ph. D diss., University of Edinburgh, 2006, p. 151。

英国对卢旺达除提供预算资助之外，还提供制度支持，核心内容是加强卢旺达政府的财政能力框架建设。为此，英国不仅支持卢旺达财政部的建设，还帮助卢旺达设立国家税务局，并采用中期支出框架提供公共援助资金，对卢旺达教育部制度建设和预算实施提供指导。同时，英国还帮助卢旺达建立各种监管机制，加强卢旺达政府的治理能力和问责制建设，确保国际援助资源得到良好利用。英国在向卢旺达政府提供预算资助的同时，还提供专项援助计划的额外资助，如为卢旺达提供短期和长期技术援助。此外，英国政府帮助卢旺达政府推动国家发展战略实施，如制定2002年国家减贫战略文件（PRSP，Poverty Reduction Strategy Paper）与实施规划，协助卢旺达政府构建各政府部门协同机制、中期支出评估框架、各部门的实施重点内容和任务分工等。不过，在上述援助项目的具体执行过程中，由于卢旺达政府的国家治理能力不足，并非所有政府部门都能接受这样的援助政策框架，故预期成效难以落实。

尽管英国政府许多官员认为，英国对卢旺达的援助方式具有创新性，其援助战略强调受援国政府的“自主性”，但英国政府内部对此存在一些质疑。有学者指出，英国对卢旺达的援助在行政、政治和财政上存在风险。然而，卢旺达政府非常认可英国的援助政策，认为若非英国对卢旺达政府采取积极的态度，种族冲突可能会再次爆发。英国国际发展部官员称卢旺达方案是“模型”“尝试”“创新”，具有“开拓性”“突破性”，填补了国际援助的“空白”，构建了预算资助模式的“良好模型”。①

英国对卢旺达援助最具有标志性的成效是卢旺达在2009年加入英联邦，卢旺达是继非洲南部国家莫桑比克之后，英联邦第二个没有英殖民背景或宪制联系的非洲成员国。并且，卢旺达政府将英语列为最主要的官方语言之一，在基础教育课程体系中将英语列为卢旺达语后的第二语言，逐渐替代法语成为卢旺达的通用语言。

三　英国对卢旺达发展援助转型的特征与问题

英国基于对卢旺达发展援助的框架，即一致性、协调性、伙伴关系、结果导向和循证管理等，构建了一种发展援助的新模式。尽管英国与卢旺达之间并非典型的“援助—受援”关系，② 但鉴于援助框架是全球性的，这种新的发展援助模式也会影响国际社会对非洲其他国家的援助转型。

（一）英国对卢旺达发展援助的特征

英国对卢旺达的援助模式具有一定的创造性和建设性，总体特征表现为“提升卢旺达的自主权”，主要通过三种机制发挥作用。

一是从国际合作看，构建了“部门工作组”工作机制。在21世纪初期，国际社会对卢旺达援助的协调工作主要是由英国推动，并由其负责召集其他援助国政府部门进行协商。到2016年前后，卢旺达政府为了协调和实施国际援助的各项目标与任务，建立了由多部门组成的“部门工

① R. Hayman, *The Complexity of Aid: Government Strategies, Donor Agendas and the Coordination of Development Assistance in Rwanda 1994 - 2004*, Ph. D diss., University of Edinburgh, 2006, p. 75.

② B. Knutsson, "Responsible Risk Taking: The Neoliberal Biopolitics of People Living with HIV/AIDS in Rwanda", *Development and Change*, 2016, 47 (4), pp. 615 - 639.

作组”。“部门工作组”每季度召开一次会议，会议召集所有主要合作伙伴，包括政府机构、双边和多边援助机构、国际非政府组织和民间社会组织。“部门工作组”的首要任务是围绕各个部门的战略计划进行协调和支持，[①] 这些技术工作小组分别由卢旺达不同的机构及援助国共同负责。“部门工作组”是一种多方利益相关者参与的合作治理方式，这与《巴黎宣言》中所阐述的基本理念相符合。[②]

二是从援助双方看，形成援助国和受援国共同主导的协调机制。依据《巴黎宣言》的精神，英国与卢旺达在部门层面建立伙伴关系，共同协商，共同治理。在此过程中，政治竞争被淡化，更多的是专业技术管理者之间的技术合作。英国和卢旺达的关系与一般援助国和受援国的关系不同，卢旺达政府被认为在接受援助时拥有足够的自主权。根据笔者对英国援助官员的访谈，英国援助官员强调卢旺达政府在英国的援助框架中拥有很强的自主权。

> 卢旺达政府有很强的自主意识。他们会参与援助项目的各个环节——政策的商讨、项目的实施及项目的评估。这也是为何英国政府对卢旺达政府的援助采用的是预算资助而非项目资助的方式。英国政府的援助经费直接交给卢旺达政府，再通过卢旺达政府组织官方教育机构或非政府组织实施具体的改革或项目。[③]

贝尼亚明·克努特森（Beniamin Knutsson）和乔纳斯·林德伯格（Jonas Lindberg）在对卢旺达援助部门官员的访谈中发现，卢旺达政府在援助体系中拥有较高自主权。他们认为，卢旺达已经具有较高的执行能力，政府在接受国际援助尤其是英国的援助中一直处于“主导地位”，这

---

① Ministry of Education, “Education Sector Strategic Plan 2013/14 - 2017/18”, *MoE of Republic of Rwanda*, 2013, p. 29, https://www.globalpartnership.org/sites/default/files/2015_01-rwanda-education-sector-plan.pdf.

② J. Wilson and E. Swyngedouw, eds., *Spaces of Depoliticisation, Spectres of Radical Politics*, Edinburgh: Edinburgh University Press, 2014, pp. 109 - 125.

③ 资料来源于笔者 2020 年 2 月 13 日下午 4：30 在英国爱丁堡 British Council 四楼办公室对 Alison Girdwood［时任 British Council 证据、评估和学习主管（Director of Evidence, Evaluation and Learning），曾任英国国际发展部驻卢旺达教育顾问（Education Adviser, DFID Rwanda, 2009—2010 年）］的访谈。

样有助于实现援助国（机构）与卢旺达政府在优先事项上保持一致。[①] 卢旺达政府部门善于借用外部的专业技术、能力和资源来帮助其落实政策，实现政府管理体制的有效运作。因此，援助国（机构）及国际非政府组织帮助卢旺达政府成为一个积极的、负责任的政府，推动卢旺达政府朝着以结果为导向、“循证”方向发展是值得认可的。这种援助模式使卢旺达政府增强了内驱力和自主权，同时也体现了当代国际援助的新理念，是一种符合援助国和受援国共同利益的援助框架结构。

三是从管理模式看，推行以预算资助为主的经费分配机制。2016年克努特森和林德伯格的研究指出，针对卢旺达的主要援助国及国际机构的政策特征，德国、比利时和法国等援助国的援助模式保持不变，而另一些援助国则发生了转变，如英国和瑞典。其中瑞典作为英国的“沉默伙伴”，主要配合英国的援助计划对卢旺达进行援助。[②] 大部分援助国在卢旺达采用项目援助的方式，而英国则采用以预算资助为主的援助方式。以美国和德国为代表的一些国家采取项目援助方式，其主要出于问责制的考虑。比利时、加拿大、法国、荷兰等援助国对其他受援国均提供预算资助，但对卢旺达则采用项目援助的方式，主要是出于对卢旺达政府自治能力的担忧，以及担心资源被用于军事国防等其他领域。只有英国和瑞典对卢旺达采用预算资助的方式，支持卢旺达宏观经济政策和规划（见表4）。

表4　各援助国对卢旺达援助方式比较

援助国	对卢旺达提供预算资助	对卢旺达提供项目援助	对其他受援国提供预算资助
英国	是	少量	是
美国	否	是	否
德国	否	是	否
比利时	否	是	少量

① B. Knutsson and J. Lindberg, “The Post-politics of Aid to Education: Rwanda Ten Years after Hayman”, *International Journal of Educational Development*, 2019, 65, pp. 144 - 151.

② B. Knutsson and J. Lindberg, “The Post-politics of Aid to Education: Rwanda Ten Years After Hayman”, *International Journal of Educational Development*, 2019, 65, pp. 144 - 151.

续表

援助国	对卢旺达提供预算资助	对卢旺达提供项目援助	对其他受援国提供预算资助
加拿大	否	是	是
法国	否	是	是
荷兰	否	是	是
瑞典	是*	少量	是

* 在教育和宏观经济方面作为英国的“沉默伙伴”向卢旺达提供资助。

资料来源：R. Hayman, *The Complexity of Aid: Government Strategies, Donor Agendas and the Coordination of Development Assistance in Rwanda 1994 - 2004*, Ph. D diss., University of Edinburgh, 2006, pp. 52 - 53。

（二）国际援助理念转型与英国对卢旺达的发展援助

20 世纪 80 年代，由西方国家主导的非洲经济结构体制改革导致非洲国家经济的全面衰退，国际援助不但没有促进非洲国家的发展，反而还加剧了非洲国家的债务和贫困。① 非洲民间甚至认为，援助是使非洲贫困加重的根本原因，从而在这一背景下提出了一个如何提高国际援助有效性的问题。这种从政治主导转向经济发展的观点被称为援助现实主义。② 现有的国际援助理念是以 2002 年联合国发展筹资大会所形成的《蒙特雷共识》为基础，之后通过《巴黎宣言》、《阿克拉行动议程》和《釜山宣言》等不断发展，最终形成发展有效性的援助体系。这一体系提倡由专业技术官员共同协商的治理方式，从而避免政治竞争。在国际援助体系中，援助国和受援国的利益诉求并非二元对立或“零和博弈”，政府自主权的加强不以牺牲援助国的影响力为代价。③ 基于上述认识，英国与卢旺达似乎建立了一种基于援助国和受援国共同利益的“和谐框架”，符合“全球合作伙伴关系”的理念。基于共识的治理系统虽注重提升受援国的自主权，但在实践中也存在一些问题。

① D. A. Brăutigam and S. Knack, “Foreign Aid, Institutions, and Governance in Sub-Saharan Africa”, *Economic Development and Cultural Change*, 2004, 52 (2), pp. 255 - 285.

② 〔英〕乔纳森·格伦尼：《良药还是砒霜？援助并非多多益善——非洲援助之惑》，周玉峰译，民主与建设出版社，2015，第 3—7 页。

③ B. Knutsson and J. Lindberg, “The Post-Politics of Aid to Education: Rwanda Ten Years after Hayman”, *International Journal of Educational Development*, 2019, 65, pp. 144 - 151.

一是“部门工作组”工作机制存在缺陷与不足。“部门工作组”是一种多方利益相关者参与的治理机制。在这种机制中，政治竞争在很大程度上被淡化，重点在于达成共识，旨在促进专业管理者之间的技术交流，符合《巴黎宣言》的精神。但“部门工作组”机制存在两方面问题。一是对话与沟通内容存在局限性。尽管“部门工作组”的合作伙伴在决定优先事项方面具有一定的自主权，但自主权仅限于在卢旺达财政和经济计划部规定的结果范围内进行调整。二是真正需要沟通的内容被回避了。事实上，“部门工作组”建立的治理机制使不同伙伴之间的重要会议和日常对话均回避了对涉及重大利害关系事项的讨论与处置。以卢旺达教育合作与发展为例，尽管卢旺达《2030 年可持续发展议程》中明确指出各级各类教育都应得到发展，但如何平衡各级各类教育经费支出仍存在争议，对此，“教育部门工作组”未能讨论与解决此矛盾。其结果是，卢旺达财政和经济计划部在进行预算编制时，不仅没有增加基础教育的经费百分比，反而将有限的资金重点用于高等教育。

二是援助国和受援国共同主导的协调机制具有局限性。英国将不同的优先事项分配给卢旺达的不同部门，如果不同部门之间存在冲突或者分歧，则交由“技术工作组”处理，这符合《巴黎宣言》中避免重复工作的原则，也符合发展有效性援助理论中的阻止敏感话题政治化的要求。不过，分组的方式让持不同意见的合作伙伴仅专注于自身的优先事项，以避免产生正面冲突。这样的努力并非真的通过协调达成一致，而是通过技术手段使其变得和谐。

三是以预算资助为主的经费分配机制具有一定风险性。与项目援助相比，预算资助的优势在于使受援国拥有较大所有权和支配权，资金可以统一调配，项目之间的协调性因此增强。但这样的经费分配方式也存在一些风险。根据扬华（Janjua）等的研究，预算资助可能使援助资金未必用于援助国最初想要援助的领域或用途。此外，受援国财务及经济管理能力较弱，或者官员腐败，这些都可能导致资金流失，从而使援助无法达到最大效度。另外，计划援助通常带着援助方的条件，尽管援助条件设立的初衷是为提高援助效力，但援助条件并未区分不同国家不同文化，其也可能不利于受援国的真正发展。①

① P. Z. Janjua et al.,“Impact of Project and Programme Aid on Economic Growth: A Cross Country Analysis”, *Pakistan Development Review*, 2018, 57 (2), pp. 145 - 174.

综上所述，尽管英国对卢旺达的援助旨在提高卢旺达政府的自主权，但卢旺达政府的实际自主权仍存在局限性。受援国的自主权实际上是一种政府实践，而非政府所拥有的某种权力。虽然卢旺达政府一直被认为拥有足够的自主权，但根据海曼（Hayman）的研究，卢旺达在早期所拥有的自主权非常有限，是援助国允许下的自主权，之后逐渐转变为“援助国—卢旺达政府”联合自主权，卢旺达政府虽有更多的自主空间，但在主要问题上更多体现了援助国的意愿。[①] 因此从某种意义上说，这种“全球合作伙伴关系”的执行机制是不完善的。

尽管经济合作与发展组织（OECD）发展援助模式转型在一定程度上避免了援助国与受援国的冲突，但由于西方国家在国际援助执行中始终占据支配性地位，因此援助国与受援国之间的利益冲突无法从根本上解决。例如卢旺达财政部部长在釜山会议上提出，非洲国家极力要求援助国最迟至 2013 年应停止所有“捆绑式”援助，主张在 2015 年前废除所有有附加条件的援助，但发达国家认为很难做到这一点。从某种意义上说，英国对卢旺达的援助可以被视为“政治因素”干扰“发展秩序”的典型案例。这些援助计划虽然一定程度上体现了英国 2005 年发起的“让非洲的贫穷成为历史”运动的基本精神，但这些援助行为的背后也包含一定的政治因素，如对卢旺达种族大屠杀的反应。尽管非政治化的努力可以在一定程度上管理或避免持续冲突，但它无法完全解决冲突，因为“政治”是人类社会的组成部分。按照莫夫（Mouffe）的说法，是否有可能创造一个包容性的援助环境，让“政治”采取更民主也更具竞争性的形式？[②]这是国际发展援助需要关注和思考的问题。

四 英国对卢旺达发展援助的成效及趋势

通过比较，在 2006 年时，英国和世界银行是卢旺达最主要的援助方。至 2016 年，英国依然是卢旺达最主要的援助国之一，但世界银行却缩减了对卢旺达各领域的援助。此外，联合国儿童基金会原先就是卢旺达的

① R. Hayman, “Rwanda: Milking the Cow. Creating Policy Space in Spite of Aid Dependence”, In L. Withfield ed., *The Politics of Aid: African Strategies for Dealing with Donors*, Oxford: Oxford University Press, 2010, pp. 156 - 184.

② C. Mouffe, *Agonistics: Thinking the World Politically*, London: Verso, 2013.

主要援助机构之一，世界银行逐渐退出之后，该组织逐渐成为卢旺达教育部门最大的国际援助机构，并与英国一起主要负责卢旺达政府的战略沟通及其他协调工作。2012—2013 年，中国和印度大幅增加对卢旺达的援助，主要参与了职业技术教育等相关活动，但两国未加入“部门工作组”，原因可能是两国都没有支持《巴黎宣言》。[①] 英国在过去 20 年中向卢旺达提供了 10 亿英镑（13 亿美元）的发展援助，这使卢旺达成为英国发展援助的最大受援国之一。英国发展援助的重点是支持可持续和包容性的经济增长、社会保护、农业、教育和土地保有权问题。通过一份来自国际社会对卢旺达援助有效性研究报告可知，2009—2010 年度参与评估工作的 14 个援助国（机构）平均得分为 59.3（满分 100），2010—2011 年度平均得分为 57.9，但英国得分遥遥领先，在 2009—2010 年度得 100 分，2010—2011 年度得 86.4 分，[②] 可见英国对卢旺达援助成效显著。

英国对卢旺达的援助成效主要体现在以下三方面。第一，大力推动卢旺达实现可持续发展目标。英国对卢旺达援助的首要目标是减贫，自 2005 年以来，英国的援助使卢旺达约 200 万人摆脱贫困。同时，英国通过营养方案惠及卢旺达 45 万多人，卢旺达儿童也获得体面的教育。第二，支持卢旺达社会实现可持续转型。英国帮助卢旺达实现从农业经济向私营部门主导的增长转型，帮助其改善社会基本服务及提高政府建设能力，增加国家对公民的问责制，也推动卢旺达向更开放更包容的社会过渡。第三，稳步促进卢旺达经济发展。英国积极投资消除贸易壁垒，使卢旺达更具竞争力，并帮助确保未来的包容性和可持续增长，支持卢旺达出口总值增长，提高金融体系的能力，并为更多的就业者创造更好的经济机会。[③]

作为传统的对外援助大国，英国对外援助政策对全球国际援助的发展发挥了重要的影响。然而受“脱欧”及新冠疫情的影响，近年来英国经济下滑，已于 2020 年缩减其国际援助预算支出，并于同年将自 1997 年布莱尔

---

① B. Knutsson and J. Lindberg, “The Post-politics of Aid to Education: Rwanda Ten Years after Hayman”, *International Journal of Educational Development*, 2019, 65, pp. 144 – 151.

② P. Abbott and J. Rwirahira, “Aid Effectiveness in Rwanda: Who Benefits?” IPAR-Rwanda, 2012, p. 79.

③ DFID, *Summary of DFID's Work in Rwanda 2011 – 2016*, Department for International Development, February 2015, p. 2, https://assets.publishing.service.gov.uk/government/uploads/system/uploads/attachment_data/file/412396/Rwanda-Summary.pdf.

政府成立的国际发展部（DFID）并入外交与联邦事务部，成立了一个新的部门——外交、联邦与发展部（FCDO）。受减少预算支出和部门合并双重影响，结合相关数据，英国对卢旺达援助未来短期内可能呈现以下趋势。

第一，缩减对卢旺达的援助经费。近两年，随着经合组织国家 GDP 的调整，双边援助有所下降。[①] 根据英国政府官网的数据，2020 年英国经济遭受 300 年来最大的衰退，当年政府借款近 3000 亿英镑，债务占 GDP 的 14.3%，是二战以来的最高水平。因此，英国政府在 2020 年底宣布，2021 年将国际援助预算从国民总收入（GNI）的 0.7% 削减至 0.5%，2021 年英国整体对外援助削减约 25%。[②] 尽管如此，英国目前仍是七国集团中国民总收入中国际援助预算占比第三大援助国，也是世界上第三大双边人道主义援助国，[③] 英国仍每年拿出 100 多亿英镑用于改善全球健康、消除贫困和应对气候变化。在英国最新教育援助计划《让每个女孩都上学、安全、学习：2021—2026 年全球行动五年计划》（Every Girl Goes to School, Stays Safe, and Learns: Five Years of Global Action 2021 - 26）中，外交、联邦和发展部表示，"我们仍将是全球教育最大的双边和多边捐助者之一，在财政状况允许的情况下，我们将恢复将国民总收入的 0.7% 用于官方发展援助"。可见，英国表达了恢复对外援助经费开支的决心，希望保持自身作为全球对外援助大国的影响力，但英政府措辞使用的"在财政状况允许的情况下""将"等模糊表达策略，也在一定程度透露出英国短期内对于提升援助经费缺乏信心。因此，未来短期内英国在缩减对外援助经费的过程中很有可能会缩减其对卢旺达的援助经费。

第二，继续增加内涵式援助。英国早已尝试在卢旺达开展不同于其他传统受援国的援助策略，通过更为"隐性"的内涵式援助方式，缩

① UKFIET, "Correspondence between UKFIET and FCDO Following Announcement about Intended Cuts to the International Aid Budget", *The Education and Development Forum*, December 9, 2020, https://www.ukfiet.org/2020/correspondence-between-ukfiet-and-fcdo-following-announcement-about-intended-cuts-to-the-international-aid-budget/, accessed 2021 - 10 - 19.

② S. Hares and P. Rose, "As It Assumes Leadership of the Global Education Agenda, The UK Slashes Its Own Aid to Education", *The Education and Development Forum*, April 26, 2021, https://www.ukfiet.org/2021/as-it-assumes-leadership-of-the-global-education-agenda-the-uk-slashes-its-own-aid-to-education/, accessed 2021 - 10 - 19.

③ HM Treasury, "Government Sets out Conditions for Returning to 0.7% Aid Target", *UK Government*, July 12, 2021, https://www.gov.uk/government/news/government-sets-out-conditions-for-returning-to-07-aid-target, accessed 2021 - 10 - 16.

减援助经费开支并提高援助成效。这主要体现在以下两个方面。一是通过减少项目援助、增加预算资助的方式，将援助经费直接交予卢旺达政府，由卢旺达政府参与制定具体的援助项目方案。其目的在于提高受援国政府的积极性、“自主权”及能力建设，并减少英国对外援助人员投入、经费投入，减少由于不同项目而产生重复建设的情况，提高援助效率。二是采用“无旗帜飘扬”策略，继续增加内涵式援助，提高国际发展援助的成效。英国政府在卢旺达参与的援助方案或项目都不用DFID或British Aid的标志。以教育的内涵式援助为例，英国政府从促进教学语言的转变、提供教材、师资培训、数字化资源及工具包共享，到线上线下相结合、提高教育管理者对学习的领导能力、加强教育系统能力建设等方式都突出了援助方式的“润物细无声”，此举促使卢旺达的教学语言从比利时殖民时期的法语逐渐转为英语，卢旺达也是第二个未受英国殖民却加入英联邦的国家。英国援助有效地提高了卢旺达学生对于英国、英语及英国文化的认可度，提升了英国在卢旺达的软实力，从而促进了英国对非洲的影响力从传统英联邦国家向其他非洲国家扩散延伸。

【责任编辑】宁彧

非洲研究　2022 年第 2 卷（总第 19 卷）
第 38—53 页

东共体法在成员国国内适用问题刍议*

王　婷

【内容提要】 经济一体化的有效性很大程度上取决于调整经济一体化关系的共同体法在成员国国内被接受和实施的方式及程度。如何确保共同体法在成员国国内得到有效实施，是非洲区域经济组织在实现经济一体化议程时面临的主要法律挑战。东共体法作为调整东共体内外部关系的法律制度，由于法律文本在认定东共体法至上性、直接适用性和直接效力性层面规定的缺位，在成员国国内的实施效果欠佳。在东共体法的实际适用过程中，成员国主张宪法至上以对抗东共体法的法律地位，导致东共体法适用的不统一和无效性，这不利于东共体创建一个稳定公平、促进经济贸易增长的区域投资法律保护机制。

【关键词】 东共体法；法律适用；法律挑战；经济一体化

【作者简介】 王婷，北京外国语大学非洲学院讲师，主要研究方向是非洲法（北京，100089）。

运行良好的共同体需要具备调整其内外部关系的、完善的法律制度，以期实现创建一个合法、规范、高效的投资营商环境，促进经济一体化朝着更高阶段发展。[①] 共同体法在成员国国内能否有效适用，是衡量共同体法律制度是否有效地调整了其与成员国间互动关系（特别是内部关系）

---

* 本文系国家社科基金冷门绝学研究专项课题“非洲本土化立法研究”（项目编号：19VJX062）和北京外国语大学校级课题“后疫情时代下非洲大陆自贸区对中国投资的影响研究”（项目编号：283500121003）的阶段性成果。

① 〔加纳〕理查德·弗林蓬·奥蓬：《非洲经济一体化的法律问题》，朱伟东译，社会科学文献出版社，2018，第 66 页。

的一大因素。东非国家共同体（以下简称东共体）作为非洲联盟（以下简称非盟）承认的 8 个经济共同体之一，是目前非洲经济一体化程度最高的区域经济组织。东共体法是东共体运行的主要司法依据，包括了东共体创建的基础条约、附属初始条约、修订条约、条约议定书等主要法律规范以及根据《创建东非国家共同体条约》（以下简称《东共体条约》）或者根据其他的法律授权而由东共体机构颁布的法律文件等次要法律规范。其中，共同体法律规范体系中“基础性的”共同体法律规范占据最高级别。本文主要针对东共体法的基础性法律规范，即《东共体条约》进行深度剖析，旨在考察东共体法在成员国国内的适用问题，知悉非洲经济一体化发展在区域层面面临的法律障碍，也尝试为未来非洲大陆自贸区的成功运行提供可借鉴的完善方案。

一 东共体法在成员国国内的法律地位

经济一体化的有效性很大程度上取决于调整经济一体化关系的共同体法在成员国国内被接受和实施的方式及程度。[①] 如何确保共同体法在成员国国内得到有效实施，是非洲区域经济组织在实现经济一体化议题上面临的一个法律挑战。[②]东共体法作为调整经济一体化活动的法律制度框架，是实行共同体政策的一个重要工具。它在成员国国内能否有效实施与东共体法的至上性、直接适用性和直接效力性三个影响因素密切相关。

（一）东共体法的至上性

共同体自治是协调共同体与成员国以及其他国际组织关系的核心。特别是在经济一体化发展较为成熟的阶段（这里指的是共同市场以上的经济一体化阶段），个人参与经济一体化进程较为频繁，一个自治的共同

---

① Maurice Oudor, “Resolving Trade Disputes in Africa: Choosing between Multilateralism and Regionalism: The Case of COMESA and WTO”, *Comparative and International Law Journal of Southern* Africa, August 2005, 13 (3), p. 184.

② Nsongurua J. Udombana, “A Harmony or a Cacophony? The Music of Integration in the African Union Treaty and the New Partnership for Africa's Development”, *Journal of Mckinney Law*, April 2002, 27 (12), p. 49.

体可以提供一个不受共同体外其他机制的“宪法干涉”的环境。[①] 有学者将此称为“解释的自治性”，强调自治的共同体对其宪法性原则和法律规则具有排他的、唯一的宪法解释权。[②] 解释的自治性是确保共同体法院在解释和适用共同体法时的唯一性，提前规避了共同体法和其他法律规则作用的冲突和不一致。[③]

共同体的法律地位又是审查共同体自治性的一个重要方面，即如何评定共同体的法律地位或共同体法是否具有至上性特点。一般情况下，可以通过考察共同体创立条约的相关法律规定或共同体法院从判例发展出的法理来确定共同体法的法律地位。《东共体条约》是组建东共体的重要法律文件，但它并未就东共体法的至上性作出明确规定。有学者认为，可以从创立条约的相关条文规定中推断出东共体法具有至上性特点。[④] 例如，《东共体条约》第 8 条第 4 款规定，“东共体法应优先于成员国国内与本法规定的相似的任何事项的立法规定”；第 5 款规定，“根据本条第 4 款规定，各成员国需要采用必要的法律文书以确保东共体法在成员国国内的优先适用”。换言之，东共体法具有优先适用性的前提是东共体法具有至上性。东共体法的至上性特点可以确保共同体法适用的优先等级、一致性和有效性，这是创建一个有利于商业决策发展的、安全稳定的法律框架的重要保障。

但是东共体法具有优先适用性不等同于东共体法具有“绝对的”至上性。从《东共体条约》的法律规定可知，对东共体法绝对至上性的认定存在法律层面的局限性和模糊性。首先，根据《东共体条约》第 8 条第 4 款和第 5 款规定，“相似的”（similar）这一限定词对东共体法至上性的认定带来了疑问，即如何判定如下问题：当成员国国内尚未就某个具

① 〔以〕尤瓦·沙尼：《国际法院与法庭的竞合管辖权》，韩秀丽译，法律出版社，2009，第 182 页。

② 〔以〕尤瓦·沙尼：《国际法院与法庭的竞合管辖权》，韩秀丽译，法律出版社，2009，第 183 页。

③ Yuval Shany, “No Longer a Weak Department of Power? Reflections on the Emergence of a New International Judiciary”, *European Journal of International Law*, August 2009, 210 (73), p. 76.

④ Naomi Gichuki, “Analysis of the Approximation of Commercial Laws in Kenya under the East African Community Common Market Protocol”, August 2018, http://www.tgcl.uni-bayreuth.de/resources/documents/TGCL-Series-5-Table-of-Contents.pdf, accessed 2021 - 07 - 12.

体问题予以相应法律规定，如何判定东共体法和国内法律就该问题的适用效力等级；东共体与成员国一直就相似的问题存在矛盾冲突吗；若东共体法和国内法律就关乎共同体利益的不同问题产生法律适用冲突，东共体法是否得到优先适用。以欧盟法为例，虽然《欧洲共同体条约》也没有就欧盟法的绝对至上性给予明确法律条文支持，但是欧盟法院通过自创的“全新的法律秩序”概念诠释了欧盟法的最高效力。[①] 根据欧盟法院的观点，“欧盟法具有绝对至上性”，“任何与欧盟法相冲突的各成员国宪法的法律效力让步于欧盟法和欧盟的解释自治权”。换言之，欧盟法的绝对至上性体现在欧盟法院是解释和适用欧盟法的唯一司法机构，对涉及共同体利益的事项具有排他的、绝对的管辖权；共同体法的效力只能依据共同体法来判定。欧盟法不仅具有最高效力，而且成员国宪法与欧盟法发生冲突时，欧盟法优先适用。比较而言，东共体较之欧盟的做法就显得不那么积极了，《东共体条约》没有就东共体法院有关东共体法的适用和解释的专属管辖权作出明确的规定。虽然安阳勇案件[②]后新修订的《东共同条约》第 27 条规定，“排除东共体法院就条约允许成员国予以保留的事宜的管辖权”，但由于条约尚未规定东共体法院的专属管辖权和成员国主张保留管辖事宜的范围，导致各成员国就东共体法院对条约事项是否拥有绝对管辖权或专属管辖权的认定存在异议。东共体法院缺乏专属管辖权是东共体法缺乏至上性的体现，这一现状也不利于东共体法院发展共同法理，促进东非经济一体化的发展。

（二）东共体法的直接适用性

共同体法律的直接适用性原则体现了共同体法无须国内立法程序可直接成为国内法律体系的一部分。直接适用性保留了共同体法律在成员国国内法律体系中的独特性。若国际法通过国内立法程序而成为国内法

① 李靖堃：《议会法令至上还是欧共体法至上？——试析英国议会主权原则与欧共体法最高效力原则之间的冲突》，《欧洲研究》2006 年第 5 期，第 76 页。

② 2006 年 11 月 27 日，安阳勇教授等十位法律教授（原告方）援引《东共体条约》第 30 条赋予个人权利的主张，声称肯尼亚司法部（被告方）在选举东非立法大会代表的程序上违反了《东共体条约》第 50 条的规定，请求东共体法院颁布一项临时禁令，禁止由肯尼亚议会选出的 9 名代表于 11 月 29 日就职担任东非立法大会代表。该案中，东共体法院和成员国法院对肯尼亚选举东非立法大会成员的事宜是否属于东共体法院的管辖权界定范围产生异议，即二者对如何界定东共体法院管辖权问题出现了争议。见王婷《东共体法院管辖权制度评析》，《国际经济法学刊》2021 年第 4 期，第 108 页。

的一部分，实则是国际法国内化了，那么所带来的消极法律效果便是使得国际法在国际层面具备的优势在其并入国内法律后“不复存在”了。

非洲没有任何一个区域经济共同体就共同体法的直接适用性予以规定，东共体也不例外。① 由于东共体法缺乏直接适用性规定，东共体法在成员国国内的适用效果表现欠佳。例如，在安阳勇案件中，肯尼亚法院就拒绝承认东共体法的直接适用性效力，主张东共体法被纳入肯尼亚国内法后自然成为国内法的一部分，考虑到肯尼亚宪法在国内的至上性以及后法优于前法的原则，即认定两种情境：一是与肯尼亚宪法相冲突的东共体法（已是国内法的一部分）无效；二是在东共体法成为国内法的一部分后，新订立的肯尼亚法律与东共体法产生法律规范冲突，适用后法优于前法的解释规则而使东共体法在国内的适用无效。这就造成东共体法国内化后反而丧失了东共体法在区域层面的独特性，破坏了东共体和成员国之间的纵向关系，不仅阻碍了东共体法的统一适用，也导致了东共体法在国内适用的无效性。此外，东共体关税法的国内适用也面临同样困境。虽然《东非关税同盟议定书》第39条规定，“共同体关税法应统一适用于包括所有成员国的整个关税同盟”，但是考虑到上述东共体法国内化后面临独特性丧失的情况，利用后法优于前法的解释法律规范冲突原则或将导致东共体关税法在各成员国国内适用的不统一，破坏东共体统一的关税制度设想。

虽然非洲国际法学家在起草《东共体条约》时曾建议赋予东共体法直接适用性，但基于国家主权敏感性考虑，加上国际法和国内法关系的“二元论”法律文化背景的影响，立法者最终还是设定通过国内立法程序给予东共体法国内适用的效力。例如，《东共体条约》第14条第5款规定，“理事会应使其根据本条约制定的所有规章和指示在共同体宪报上公布；除另有规定外，上述规定或指示自公布之日起生效”。虽然这一规定表明东共体法在国际层面具有直接适用性，主要表现是东共体法的规定均为“在共同体宪报上公布”，而非“在国内官方宪报或公报上”，但同时《东共体条约》第8条第5款规定，“根据本条第4款规定，各成员国需要采用必要的法律文书以确保东共体法在成员国国内的优先适用”。此条规定强调了东共体法在国内的适用依赖于国内立法程序，即东共体法

① 〔加纳〕理查德·弗林蓬·奥蓬：《非洲经济一体化的法律问题》，朱伟东译，社会科学文献出版社，2018，第78页。

能否在成员国国内得到优先适用应取决于成员国国内立法规定。再结合其第8条第4款的规定，东共体法只是在与成员国国内法就相似问题都持有规定时才具有优先适用性，这会使人产生如下疑问：东共体法是否在不同问题领域也存在优先适用的特性。这种立法的模糊性和冲突性会导致共同体法不能在成员国国内得到很好的贯彻和实施。因此，有学者指出，东共体法缺乏直接适用性是导致东共体经济一体化进程缓慢的法律阻碍之一。[①] 成员国可能受到国内政治因素的影响，延迟或拒绝通过国内立法程序适用东共体法。个人作为国内法律权利的受益方，东共体法赋予个人的权利保护可能会因国内政治因素干预而无法实现。由于个人是经济一体化的主要活动参与者，因此此举也不利于鼓励个人积极参与东非经济一体化的发展进程。

（三）东共体法的直接效力性

共同体法具有直接效力可以为个人创设在国内直接援引共同体法的权利。但非洲经济共同体都未在法律层面对共同体法的直接效力作出明文规定，东共体也不例外。《东共体条约》第152条规定，“条约在成员国批准并在秘书处提交法律文书后生效”。东共体法在成员国国内生效的法律效力取决于成员国的国内立法程序是否予以批准和并入，即东共体成员国批准《东共体条约》后，条约即刻在共同体层面生效，但“除非各成员国议会予以批准”，否则条约在国内层面仍然不具有法律效力。[②]

但是，不同于其他非洲区域经济共同体，《东共体条约》以及东共体法院的实践判例中似乎暗藏着“东共体法具有直接效力性”的假设。这主要体现在三个方面。一是，《东共体条约》中有关“先行裁决”程序规则的规定，即个人可以在国内法院援引东共体法的规定，国内法院可就东共体法的解释和适用请求东共体法院作出先行裁决。此举可以理解为东共体立法者制定“先行裁决”程序的法律逻辑，是以东共体法具有直接效力性作为前提依据的。若东共体法不具有直接效力性，则会与该条

① Mugerwa Steve Kayizzi, John C. Anyanwu and Pedro Conceição, “Regional Integration in Africa: An Introduction”, *African Development Review*, October 2014, 26 (12), pp. 413 – 427.

② John Eudes Ruhangisa, “The Scope, Nature and Effect of EAC Law”, *The Legal Framework of the EAC*, Netherlands: Nijhoff Press, 2017, p. 365.

法律的设计产生悖论。[①] 二是，东共体法院的司法权威性主张（judicial dicta）。若《东共体条约》赋予个人的权利遭到非法侵犯，个人则具备在东共体法院出庭的法律权利。[②] 学者詹姆把东共体法院这一做法称为“司法权威性主张”。[③] 在东共体法院受理的多起案件中，法院不止一次主张将个人无须举证其权利受到不法侵犯作为个人出庭的前提条件。只要东共体法赋予个人的合法权利遭到了实际侵犯，个人就可使用东共体法院这一司法补救路径。因为直接效力性决定了共同体法在国内法律体系中是否创造出执行力，共同体法具有直接效力性体现在它能够给予个人在国内层面援引共同体法的权利。[④] 个人可以根据《东共体条约》赋予的权利直接在国内层面提起诉讼，这种宽泛的个人出庭资格不失为东共体法直接效力性的体现。三是，《东共体条约》的部分规定暗示了东共体法在成员国国内的法律效力。《东共体条约》第 8 条第 2 款规定，“各成员国在签署《东共体条约》后的十二个月内应通过国内的相关立法确保东共体法在国内生效，特别是（一）赋予东共体法律效力和法律人格以执行其职能；（二）赋予东共体发布的法律、条例、指令在东共体区域内以法律效力”。根据该条的规定，东共体成员国需要采取相应的国内立法程序以保证东共体法在成员国国内的法律效力。例如肯尼亚 2003 年通过国内立法程序颁布了《东共体法令》，赋予东共体法在肯尼亚国内适用的法律效力；[⑤] 乌干达 2002 年通过国内立法程序颁布了《东共体法令》，赋予东

① 〔加纳〕理查德·弗林蓬·奥蓬：《非洲经济一体化的法律问题》，朱伟东译，社会科学文献出版社，2018，第 176 页。

② Jame Otien-Odek, “Law of Regional Integration—A Case Study of the East African Community”, October 2018, http://erepository. uonbi. ac. ke/bitstream/handle/11295/105756/Makaka _ Regional% 20Integration% 20In% 20Africa% 20 - % 20A% 20False% 20Promise% 20The% 20Case% 20Study% 20Of% 20The% 20East% 20African% 20Community. pdf? sequence = 1&isAllowed = y, accessed 2021 - 07 - 24.

③ Jame Otien-Odek, “Law of Regional Integration—A Case Study of the East African Community”, October 2018, http://erepository. uonbi. ac. ke/bitstream/handle/11295/105756/Makaka _ Regional% 20Integration% 20In% 20Africa% 20 - % 20A% 20False% 20Promise% 20The% 20Case% 20Study% 20Of% 20The% 20East% 20African% 20Community. pdf? sequence = 1&isAllowed = y, accessed 2021 - 07 - 24.

④ John Eudes Ruhangisa, “The Scope, Nature and Effect of EAC Law”, *The Legal Framework of the EAC*, Netherlands: Nijhoff Press, 2017, p. 365.

⑤ 肯尼亚 2003 年《东共体法令》第 2 条第 2 款。

共体法在乌干达国内适用的法律效力；[①] 坦桑尼亚 2001 年通过国内立法程序颁布《东共体法令》给予东共体法在坦桑尼亚国内适用的法律效力。[②]因此，虽然《东共体条约》并未明示东共体法的直接效力性原则，但从其他相关的法律规定中仍可间接推断出东共体法具有直接效力性的特点。

二 东共体法在成员国国内的具体适用

文本上的法律规定是一回事，在实际法律运用中东共体法的实际效力是否发挥作用又是另外一回事。上述部分重点分析了《东共体条约》有关东共体法律地位的相关规定。这些规定在实践中运用效果如何，则需要结合成员国国内法院的相关案例予以判断。

（一）东共体法在乌干达国内的具体适用

乌干达法院审理的穆候子诉乌干达总检察长案[③]涉及东共体法至上性问题。原告穆候子（合法持有移民护照）于 2011 年 4 月 13 日从肯尼亚乘坐肯尼亚航空公司飞机前往乌干达境内，但在乌干达机场被乌干达机场移民局拒绝入境并予以拘留。乌干达移民局随后出具一份《遣返禁止人员通知》，告知穆候子将被遣返回肯尼亚。乌干达移民局声称，根据乌干达法律相关规定，乌干达移民局不承担任何告知被遣返回国人员遣返理由的法律义务。因此穆候子被拒绝告知其被遣返理由。事后，穆候子将乌干达政府上诉至东共体法院，认为乌干达移民局的做法违反了《东共体条约》第 104 条有关“东共体各成员国承诺保证在东共体内各成员国人员、服务、资本、劳工的自由流动”的规定。[④]

---

① 乌干达 2002 年《东共体法令》第 3 条第 1 款。

② 坦桑尼亚 2001 年《建立〈东共体条约〉法令》第 1 条第 2 款。

③ 详情可见案例：*Mohochi v A. G. of Republic of Uganda & Anor*（Reference No. 5 of 2011）［2018］EACJ 8，May 2013，https://africanlii. org/sites/default/files/2013. 05. 17_ Mohochi_ v_ Atty_ Gen_ Uganda. pdf，accessed 2021 - 7 - 29。

④ 原告在该案中主张：（一）乌干达政府有关否认原告（作为东共体成员国合法公民）进入乌干达且不通过任何合法的法律程序告知原告原因的做法违反了乌干达承诺遵守《东共体条约》中的第 6 条第 4 款和第 7 条第 2 款；（二）乌干达政府有关否认原告进入乌干达境内的原因是不合法的，其做法违反了《东共体条约》第 104 条和《东共体共同市场协定》第 7 条。

乌干达政府辩称，“主权是一个独立国家最高的政治自治权，因此乌干达政府的主权并不附属于东共体之下”。[①]《东共体共同市场议定书》第 7 条第 3 款规定，“确保对人员的保护应符合成员国国内法的规定”，以及该议定书第 7 条第 9 款规定，“该议定书的实施需和该议定书的附件——《有关人员自由流动条例》的规定相一致”。综合上述条款规定，需要根据成员国国内法以确定个人在成员国国内的流动问题。因此，乌干达政府认为《东共体共同市场议定书》应与“国内法一致”并“尊重主权原则”，乌干达移民局的行为符合乌干达宪法的规定，乌干达政府不构成对原告权利的不法侵害。

从双方的主张中可以看出，乌干达政府援引国家主权至上性否认东共体法至上性，旨在对抗东共体法在其国内的有效适用。这种做法对经济一体化的实现产生了消极影响。一方面，虽然乌干达于 2002 年通过国内立法程序给予东共体法效力，但是并入乌干达国内法的东共体法却也丧失了其作为共同体法的特殊性，东共体法在成员国国内的法律效力让步于国内宪法。在其他成功的共同体法律（例如欧盟法）适用实践中，国内法院仍倾向于给予尚未纳入国内法律的共同体法以直接效力，目的是保证共同体法的统一适用和至上性。乌干达在纳入东共体法后却间接否认了东共体法的至上性，降低了东共体法的法律适用效力，也使得东共体法丧失了其作为共同体法的独特意义。乌干达承诺履行东共体法赋予的法律义务（即为实现经济一体化的目标而让渡主权）带有“面具性”。另一方面，乌干达上述做法打破了东共体法在成员国国内的统一适用，不利于东共体构建一个统一的、公平的区域共同体法律制度框架，降低了投资者对东共体区域贸易的投资热情和信心。维持东共体法至上性的另一个重要原因是为了确保东共体法无差别、不受政治因素干扰地在各成员国国内予以统一的适用。若有成员国以国家主权至上性拒绝适用东共体法，这就对切实履行条约的其他成员国而言不公平，也打击了经济一体化各利益攸关方对东共体法律制度的司法信心。如果一个共同体不能提供公平、有效、合法的法律制度，参与经济活动的主体可能出于对共同体司法保护力度不佳的担忧而降低参与区域内贸易活动的热情。

值得一提的是，东共体法院在维护东共体法至上性层面发挥了积极

① 可见案例 *Mohochi v A. G. of Republic of Uganda & Anor* 判决书，第 39 条。

的司法引领作用。东共体法院在处理上述法律争议时指出，该案件需要关注的两个核心问题是：乌干达主权在东共体法（《东共体共同市场议定书》第52条和《东共体条约》第104条和第7条）规定下的行使范围以及关于东共体法的至上性界定，即在国内法律体系等级中是否优先适用的问题。[①] 首先，东共体法院认为东共体法在乌干达国内具有法律效力且可适用，乌干达国内宪法在采用并入措施使得东共体法生效的情况下受限于东共体法。东共体法院肯定了乌干达政府有关乌干达是独立主权国家的主张，认为乌干达政府拥有拒绝他人入境的国家权利，此举是乌干达国家主权的体现。[②] 但是法院重申，这并不意味着乌干达可以无限制地主张绝对的国家主权以违反东共体法的规定。乌干达在2002年通过国内立法程序给予东共体法在国内实施的法律效力。[③]《东共体条约》第3条第1款规定，"根据本法规定适用的东共体法在乌干达国内具有法律效力"。[④] 东共体法院认为，"东共体法作为区域共同体法不仅对乌干达具有法律约束力，同时也应该平等地看待东共体法的司法地位……乌干达国内通过立法程序给予东共体法效力的同时也承认了国家主权的行使会受到东共体法的限制"。[⑤] 其次，东共体法院借鉴欧盟法院对维护共同体法至上性的积极做法，重申了东共体法具有至上性，主要体现在东共体法优先适用于国内法。[⑥] 东共体法院认为"像其他东共体成员国一样，一旦《东共体条约》或东共体相关议定书在乌干达国内通过国内立法程序确立

① 东共体法院就"《东共体条约》和《东共体共同市场议定书》是否夺走了乌干达政府在有关东共体成员国公民（这里的公民指的是乌干达政府不想让进入乌干达境内的人）是否可以进入乌干达境内的主权"问题予以判定。换句话说，东共体法院就东共体法效力是否优于国内宪法予以裁决。

② 可见案例 *Mohochi v A. G. of Republic of Uganda & Anor* 判决书，第45条、第46条。

③ 可见案例 *Mohochi v A. G. of Republic of Uganda & Anor* 判决书，第47条。《东共体条约》最先在国内生效，之后《公民和移民控制法案》生效。

④ 《东共体条约》还对"东共体法"予以界定，规定东共体法指的是，"1999年11月30日签署的《东共体条约》，该条约在坦桑尼亚、乌干达、肯尼亚国内生效，以及对该条约进行修订的任何条款等；《东共体共同市场议定书》生效于2009年11月"。

⑤ 可见案例 *Mohochi v A. G. of Republic of Uganda & Anor* 判决书，第49条。东共体法院是这么评论的，"东共体法作为区域法不仅对乌干达具有法律约束力，同时也应该平等地看待东共体法的地位"。

⑥ 详情可见案例：*Costa vs Enel*，Case 6/64。欧盟法院主张"在各成员国经过国内立法程序转化共同体法律效力后，这就代表各成员国永久限制各自的主权，以反对与共同体法规定不一致的法律的适用"。

了法律效力，那么《东共体条约》或东共体相关议定书在成员国国内具有至上性，且与国内宪法发生冲突时优先适用”。[1]

（二）东共体法在肯尼亚国内的具体适用

肯尼亚法院审理的伊凡·玛丽安案、肯尼亚诉奥孔达案以及安阳勇案等均涉及东共体法在肯尼亚的适用问题。其中，1969年的伊凡·玛丽安案是肯尼亚以国内宪法至上性对抗共同体法效力的第一起案件。[2] 肯尼亚和东共体在此案中的争议在于如何界定《东非关税和转移管理法》（*East African Customs and Transfer Management Act*）（东共体的一项立法）中“侵犯”（offenses）的概念。东共体法院认定“侵犯”的概念仅适用于对关税条款的违反。《东非关税和转移管理法》第174条规定，“若关税委员长判定何人违反了该法案有关罚金的规定，则他/她将被认定构成对该法案的侵犯，并承担支付不超过200先令的罚款处罚”。但肯尼亚法院却持有不同意见，主张“侵犯”的概念不仅指违反关税条款，更是包括了刑事侵犯。因此，肯尼亚法院认为《东非关税和转移管理法》第174条与肯尼亚宪法第77条内容不一致，在解决东共体法与肯尼亚宪法的法律冲突规范时第一次明确表态，“如果存在任何与肯尼亚宪法不一致的法律，肯尼亚宪法都将优先适用，且与宪法不一致的法律自始无效”。[3]

1970年肯尼亚诉奥孔达案再次表明了肯尼亚就东共体法和国内宪法的法律效力何者为先的司法态度。该案的背景是肯尼亚总检察长在未经东共体法律顾问同意的情况下下对两名东共体官员提出指控，案件争议在于肯尼亚总检察长此举是否符合东共体法律规定。[4]《1968年东共体官员秘密法》第8条第1款规定，对东共体官员提出指控前需要得到东共体法律顾问的同意。那么肯尼亚总检察长是否可以根据肯尼亚法律

---

① 可见案例 *Mohochi v A. G. of Republic of Uganda & Anor* 判决书，第50条。乌干达《东共体法令》也尚未对东共体法的效力适用作出任何保留，因此乌干达政府主张主权的观点站不住脚。

② 详情可见案例：*In the Matter of an Application by Evan Maina*（*Miscell*），Case No. 7/1969。详情可以参考论文：Yash P. Ghai，“Reflections on Law and Economic Integration in East Africa”，*Nordiska Afrikainst: Scandinavian inst. of African Studies*，1976，p. 34。由于案件年份较早，笔者基于盖里（Ghai）的分析获取该案件的相关信息。

③ 《肯尼亚宪法》第77条第1款规定，“如果任何人被指控犯有刑事侵犯，除非案件被撤销，案件应根据法律的规定在合理的时间通过公正的法庭举行公平的审理”。

④ 《1968年东共体官员秘密法》（*1968 Official Secrets Act*）第556条。

对这两名官员提出指控呢？肯尼亚法院作出了肯定的答复，认为“肯尼亚宪法高于任何法律，这些法律包括肯尼亚国内的其他法律、共同体法、在肯尼亚国内适用的外国法；且任何与肯尼亚宪法相冲突的法律自始无效”。①

而2006年安阳勇案是将东共体法院划分为两个法庭（初审法庭和上诉法庭）的导火索，引发了后续对《东共体条约》的修订。该案件的背景是安阳勇教授等十位法律教授声称肯尼亚司法部在选举东非立法大会代表的程序上违反了《东共体条约》第50条的规定。该案涉及东共体法的直接效力性问题，即个人是否可以援引被并入肯尼亚法律体系的东共体法，并入后的东共体法是否具备共同体法的独特性。肯尼亚法院认为，首先，个人只能在共同体层面根据共同体法赋予的权利寻求司法救济；其次，被并入肯尼亚国内法律体系的共同体法，已经成为国内法的一部分，当国内法与国家宪法发生冲突时，仍优先适用肯尼亚国家宪法。因此，肯尼亚法院认为，《东共体条约》制定的国内选举程序法，是将东共体法并入为国内法的一部分，承认了东共体法的法律效力，但是出于宪法主义至上的观点，任何与宪法相冲突的法律在国内自始无效。

在此后涉及东共体法和肯尼亚宪法法律适用的冲突的多起案件中，肯尼亚法院也多次表明国内宪法优于东共体法的态度，拒绝承认东共体法的至上性。肯尼亚在2005年修订《肯尼亚宪法》，在新修订的宪法第3条中规定“东共体法只是肯尼亚法律中的一部分且东共体法应与肯尼亚宪法一致”，表明了东共体法在肯尼亚国内具体适用“形同虚设”的地位。

从上述案例中可以看出东共体法在肯尼亚国内实施的困难。肯尼亚以国家宪法至上性否定东共体法至上性，破坏了共同体法律适用的有效性。区域经济共同体法律框架和非洲国家法律间的关系的积极互动对非洲经济一体化的发展而言至关重要，② 但是肯尼亚僵硬划分国内法和共同体法律体系的做法破坏了共同体法和国内法律体系间的纵向互动关系。③从法律制度的统一性角度来看，东共体法至上性不仅是在共同体层面具

---

① 详情可见案例：*Kenya vs Okunda*，Case 561，1970，第555条至第556条。

② Yuval Shany，“How Supreme Is the Supreme Law of the Land? Comparative Analysis of the Influence of International Human Rights Treaties upon the Interpretation of Constitutional Texts by Domestic Courts”，*Brooklyn Journal of International Law*，2006，34（4），pp. 341 - 404.

③ 〔加纳〕理查德·弗林蓬·奥蓬：《非洲经济一体化的法律问题》，朱伟东译，社会科学文献出版社，2018，第196页。

有直接适用性和直接效力性，在国家层面亦是如此。东共体立法者在制定条约之初考虑到维护东共体法的法律权威，在《东共体条约》中规定了具体时效以敦促成员国加快适用东共体法，试图规避成员国宪法对东共体法适用的政治因素干扰。例如，《东共体条约》第 8 条第 2 款规定，“成员国应在签署该条约起的十二个月内通过国内立法程序有效执行本条约，特别是（一）确立东共体法律能力和法律人格；（二）根据条约规定，东共体的法律、条例、指令在东共体区域内具有法律效力”。[①] 但是通过国内立法程序确定东共体法在成员国国内的法律效力和适用极大地抵消了在时间层面敦促成员国加快适用东共体法所起到的积极作用。此外，东共体法应区别于一般的国际条约，不应取决于通过国内立法程序并入国内法的时间。东共体法无论何时并入国内法，都应享有作为区域共同体法至上性的独特地位，这样才能保证东共体法在共同体层面和国家层面具备同等的法律效力。

三　东共体法在成员国国内适用效果对东非经济一体化的影响

成员国和共同体间的互动随着经济一体化的深入发展而越发频繁。共同体须提供更为复杂且精细化的法律框架以调整成员国和共同体在经济一体化发展的不同阶段所面临的法律问题。[②] 东共体法作为调整东共体内外关系的法律制度，在促进东非经济一体化发展目标实现上仍存在许多问题。

（一）东共体法缺乏绝对至上性，不利于东共体营造一个有效的区域司法环境

由于东共体法缺乏绝对至上性，东共体成员国以国家主权至上为由抗衡东共体法在成员国国内的具体适用，破坏了共同体法和国内法的良好互动关系。首先，《东共体条约》对东共体法至上性的模糊规定加剧成

① John H. Jackson, “Status of Treaties in Domestic Legal Systems: A Policy Analysis”, *The American Journal of International Law*, September 1992, 86 (16), pp. 310 - 340.

② 〔加纳〕理查德·弗林蓬·奥蓬：《非洲经济一体化的法律问题》，朱伟东译，社会科学文献出版社，2018，第 89 页。

员国对东共体法在国内适用的消极态度。目前根据东共体处理涉及东共体法和国内法效力等级的案件可知，成员国在处理东共体法国内适用路径时所采取的方式大致可分为两种。一是直接拒绝型，各成员国主张国内宪法的绝对至上性，直接拒绝承认东共体法在国内的适用效力。这种情况一般出现在东共体经济一体化发展前期，由于共同体和国家在经济一体化的发展互动过程中存在较大的对抗性因素，成员国对东共体法国内化适用的表现较为敏感。二是灵活拒绝型，随着经济一体化发展的不断成熟，东共体和国家间的互动关系越发频繁且密切，为了不破坏良好的互动关系，部分成员国采取“面具式”方式，即灵活拒绝适用东共体法。这种方式带有伪装适用的“面具”，即仅限于在共同体层面承认东共体法的至上性。换言之，成员国主张一切违反东共体法的司法救济只能在共同体层面予以实施。落实到国家层面，还是需要以国家宪法作为适用的批准条件。无论是上述哪种方式，都是成员国对东共体法不具备绝对至上性的消极反应，降低了区域内的司法保护力度。①

（二）东共体法缺乏直接适用性和直接效力性，不利于东共体创建统一适用的共同体法律制度框架

《东共体条约》缺乏有关东共体法直接效力性和直接适用性的明确条文规定，造成东共体法在共同体和国家层面的适用混乱。首先，《东共体条约》规定通过国内立法程序给予共同体法国内适用的效力，但是无论是《东共体条约》还是成员国国内法都未就东共体法作为独特的、区别于一般国际法的共同体法予以界定，即尚未给予东共体法区别于普通国际条约或国际协定的特殊地位。这就为东共体法在成员国内的适用埋下了矛盾的种子。若成员国将《东共体条约》归入国际条约或国际协定的范畴，采用相同的方式并入国内法法律等级中，那么根据解释法律规范冲突原则，使用后法优于前法或宪法至上性方法解决东共体法与国内法的适用冲突，则共同体法仅在共同体层面具备适用效力，所导致的结果

① Tumaini Joe Lugalla, *A Thesis in the Field of International Relations for the Degree of Master of Liberal Arts in Extension Studies*, Doctoral Thesis of Harvard University, November 2016, https://thesis.extension.harvard.edu/files/thesis/files/effects_of_political_legal_and_governance_challenges_case_study_of_the_east_african_community.pdf, accessed 2021-08-01.

必然是东共体法在成员国国内适用的无效性和无意义。[①]

其次，东共体法在国内和共同体层面适用的不统一。《东共体条约》规定，所有成员国必须“自共同体法案在共同体公报公布之日起”依托国内立法程序制定相关法律给予“共同体法以法律效力”。《东共体条约》自身的规定限制了其在成员国国内法律体系中的至上性和直接效力性。依托国内立法程序给予共同体法效力是造成经济一体化进程缓慢的主要原因之一。国内立法程序受到来自国内政治因素的影响，可能拖延或拒绝给予东共体法效力。同时，通过国内立法程序纳入国内法律体系的东共体法在国家层面才具有法律效力，也间接否认了东共体法在并入前作为共同体法的法律效力。

最后，对个人投资者的保护缺位。个人是经济一体化的主要参与者，在促进经济市场运行层面发挥着积极作用。若共同体法具有直接适用性和直接效力性，一方面能赋予个人在国家层面直接援引共同体法的权利，另一方面则通过个人援引共同体法，可以起到监督成员国是否切实有效地履行和遵守共同体法。[②] 但是由于东共体法缺乏直接适用性和直接效力性，不仅造成对个人权利保护的缺位，也打击了个人充当共同体内私人监督角色的积极态度，更不利于东共体创建一套统一适用于各利益攸关方的区域法律体系。[③]

综上，经济一体化的一个主要挑战在于如何确保共同体法对经济一体化各利益攸关方提供切实有效的司法保护。只有确保东共体法的绝对至上性、直接适用性和直接效力性，其才能在成员国国内抵消政治因素干扰而得到有效的实施，对东共体法权利保护对象提供共同体和国家层面的一致的司法保护效果。[④] 但是就目前东共体法律制度的不完善现状而言，未来在该区域内创建一个强有力的监督和执行机制仍道阻且长。

---

① 〔加纳〕理查德·弗林蓬·奥蓬：《非洲经济一体化的法律问题》，朱伟东译，社会科学文献出版社，2018，第 165 页。

② 王婷：《东非共同体法院的管辖权扩张及司法意义——以审理个人案件为例》，《中南民族大学学报》（人文社会科学版）2022 年第 8 期。

③ Elvis Mbembe Binda, *The Legal Framework of the EAC*, Netherlands: Nijhoff, 2017, p. 342.

④ Jaime de Melo, Yvonne Tsikata, "Regional Integration in Africa: Challenges and Prospects", Célestin Monga, Justin Yifu Lin ed., *The Oxford Handbook of Africa and Economics: Vol. 7: Policies and Practices*, 2016, pp. 123 - 145.

总　结

在经济一体化发展进程中，“调整其活动的规范和成员国法律间的关系对于经济一体化的发展至关重要”。[①] 共同体法的有效实施能够在共同体、成员国和个人之间创建法律桥梁，促进经济朝着更高阶段的一体化迈进。相比非洲其他区域共同体法，东共体法在维护共同体法至上性和效力方面的表现略胜一筹，但它仍存在诸多法律层面的挑战。首先，无论成员国主张国际法“一元论”还是“二元论”，其均未在本国宪法中提及东共体法在国内的具体适用，也没有确认东共体法作为区别于其他国际条约的独特性，这就对东共体法在成员国内的具体适用增加了不确定性。通过国内立法程序并入国内法律体系中的东共体法失去了作为共同体法的独特性，也丧失了国家并入共同体法的实际意义。一方面，经济一体化各利益攸关方在国家层面无法得到《东共体条约》赋予的权利保护；另一方面，也不利于共同体法治权威的树立。其次，《东共体条约》并未明文规定东共体法具有绝对至上性、直接效力性和直接适用性等专属特点。共同体法绝对至上性的体现是当东共体法和成员国国内法发生法律适用冲突时，凡是涉及东共体利益的事宜，东共体法因具有至上性而享有优先适用效力。但是，在实际操作中，由于东共体法缺乏绝对至上性，国家宪法凌驾于东共体法之上，导致东共体法适用的不统一和无效性，这将不利于创建一个稳定的、公平的、促进经济贸易增长的区域共同体法律制度框架。

【责任编辑】李雪冬

① John H. Jackson, “Status of Treaties in Domestic Legal Systems: A Policy Analysis”, *The American Journal of International Law*, September 1992, 86 (16), pp. 310 – 340.

经济与发展

非洲研究　2022 年第 2 卷（总第 19 卷）
第 57—73 页

非洲工业发展的新态势：表现、原因和趋势

梁益坚

【内容提要】 2000 年以后许多非洲国家重启工业化进程，工业增加值增长迅速，并呈现出一些新的发展态势。其主要表现为不再过分依赖西方发展理论的指导，而是依托大型基础设施推动工业园建设，运用新技术提升传统产业和开拓新兴产业，积极借鉴新兴工业化国家的成功经验。新特点产生的原因主要包括西方发展理论对非洲工业发展造成的长期负面影响、新兴经济体崛起为非洲带来的新机遇、新技术在非洲的广泛应用、对非洲造成严重影响的全球气候变化和生态环境问题。21 世纪非洲迎来人口红利"机会窗口"和技术革命"机会窗口"的"双窗口"发展机遇。非洲工业部门将不断扩大劳动密集型产业的规模，追赶第四次工业革命浪潮，努力实现跨越式发展，促进"数字非洲"和"创新非洲"建设，推动工业增长与绿色发展的协同双赢，为实现包容和可持续的工业发展目标而努力。

【关键词】 非洲工业化；绿色发展；跨越发展

【作者介绍】 梁益坚，云南大学非洲研究中心副研究员，主要从事非洲可持续发展和中非经贸合作研究（昆明，650091）。

工业部门是非洲经济增长和社会发展的重要引擎，是创造就业、减少贫困和实现结构转型的关键领域。但从独立以来，非洲工业发展之路却行进得并不顺利。20 世纪六七十年代，许多非洲国家在获得政治独立之后积极制定并实施工业发展战略，推动民族工业发展，希望在获得政

治独立之后尽快实现经济独立，但是低效率、高消耗的进口替代工业化战略并未使其走上工业化的道路，反而给许多非洲国家带来较为沉重的负担和负面影响。20世纪八九十年代，在西方主导的“结构调整计划”的影响下非洲工业处于停滞不前的状态，许多非洲国家甚至出现“去工业化”的现象，撒哈拉以南非洲的工业增加值从1981年的1370亿美元下降到1999年的1034亿美元，① 原有的工业基础遭到严重侵蚀。2000年以后，随着新兴经济体的快速崛起和非洲劳动力数量的快速增加，许多非洲国家重启工业化进程，工业增加值迅速增长，并表现出一些新的发展态势。本文将阐述非洲工业发展新态势的主要表现，并分析其产生的主要原因，进而研判非洲工业的未来发展趋势。这对准确把握非洲工业发展方向和促进中非产业合作的高质量发展具有较为重要的现实和战略意义。

一 非洲工业发展新态势的表现

2000年以后，越来越多的非洲国家重新制定并实施了工业发展战略，将工业作为促进经济增长的基础和创造就业岗位的关键。虽然2000年以后非洲工业增加值占GDP的比例有所下滑，但这并不表示非洲工业停滞不前。这主要是由于2000年以后非洲服务业和农业发展较快，使工业增长对GDP的贡献看起来不明显。实际上，2000年以后非洲工业增加值和制造业增加值都实现了快速增长，例如撒哈拉以南非洲工业增加值从2000年的1183亿美元增长到2020年的4519亿美元，制造业增加值从2000年的542亿美元增加到2020年的1882亿美元；制造业出口额从2000年的245亿美元增长到2019年的886亿美元。② 因此，2000年以后是非洲工业快速发展的时期，不能忽视非洲工业发展的强劲势头，更不能忽视非洲工业发展正呈现出的一些新特点和新动向。

（一）理论层面：不再过分依赖西方发展理论，更加注重科学决策和评估

冷战结束后非洲工业发展的一个显著特点就是不再过分依赖所谓

① 参见世界银行数据库，https://data.worldbank.org.cn，最后访问日期：2021年12月30日。

② 参见世界银行数据库，https://data.worldbank.org.cn，最后访问日期：2021年12月30日。

“有效”的西方发展理论。在过往半个多世纪的反复实践和挫折之后，越来越多的非洲国家已不再全盘接受西方发展理论的指导，而是更加注重探索符合自身国情的发展道路。例如，西方创导的“善政”（Good Governance）发展理论，在过去很长一段时间里不仅在非洲区域组织和政府精英中，而且在非洲民间社会的活动家、评论员和思想领袖中都有很大的影响力。该理论认为如果非洲缺乏良好的“西式”民主体制，那么做任何事情都将无法成功，工业发展更无从谈起。但越来越多的非洲人在实践中发现“善政”的定义和内涵太过宽泛，其提出了一些不言而喻和普遍期望的、抽象的治理清单，却掩盖了目前许多尚未解决的真正问题和需要重视的关键领域。[①] 随着东亚经济腾飞，特别是中国经济的快速发展，越来越多非洲国家认识到西式“善政”理论并不是国家实现发展的前提条件。许多工业发展较快或农业转型较快的国家并没有把西式“善政”作为发展的起点和重点，而是将经济转型和工业发展作为国家中长期建设目标，并构建了较为高效的、能在内部达成共识和进行问责的管理制度。越来越多的非洲国家开始制定重点突出的工业发展战略，提出了国家中长期发展目标和重点发展领域来实现政策的连贯性。

非洲学者和政策制定者对于主流的西方经济理论也不再全盘接受，而是保持批判吸收的态度。例如，埃塞俄比亚学者、政策决策者阿尔卡贝·奥克贝（Arkebe Oqubay）在《非洲制造：埃塞俄比亚的产业政策》一书中认为，非洲现实情况很复杂，许多并非理论上的问题，而是实际执行中需要解决的问题较多、较复杂。他不赞成西方经济理论中关于非洲国家应该依靠优势领域进行跟随发展的观点，认为应在优势领域实现从简单生产到高科技生产的升级，引入新技术进行创新发展，而非简单的“雁型发展”。[②]

2000 年以后，非洲开始自主制定工业发展战略、规划工业发展蓝图。在区域层面，制定了《加速非洲工业发展行动计划》《2063 年议程》《2015—2063 年南共体工业化战略和路线图》等发展战略，强调工业政策和工业化的重要性，将工业化作为区域一体化和经济转型的重要驱动力。

① T. Binns, K. Lynch and E. Nel, *The Routledge Handbook of African Development*, London: Routledge, 2018, pp. 603 - 611.

② 〔埃塞〕阿尔卡贝·奥克贝：《非洲制造：埃塞俄比亚的产业政策》，潘良、蔡莺译，社会科学文献出版社，2016，第 234—235 页。

在国家层面，至少26个非洲国家重新制定并实施了本国的工业发展战略，① 更加注重创新驱动和务实发展，注重政府与市场的双管齐下，充分激发国家发展的潜能，努力在实践中探索符合自身国情的发展道路。目前，博茨瓦纳、加纳、毛里求斯和南非等非洲国家在实施产业政策方面取得了较好成绩。其工业发展战略有以下一些特点：依托自然资源和劳动力资源优势将轻工业作为重点发展领域；超越仅以制造业为发展目标，在促进劳动密集型产业发展的同时促进高新技术部门的发展；注重区域内工业制成品的流通，强化原产地原则。

在产业政策制定上，非洲国家积极采取科学的决策和评估方法。有研究表明，非洲国家的产业政策制定已经逐渐形成一套较为科学的决策和评估体系，② 其重要特征是注重从政策制定、检验成效到再评估的反馈循环，以实现工业战略和产业政策的动态调整。通过科学评估和不断的实践调整，2000年以后非洲国家在工业战略的制定和实施上呈现出以下一些特点：一是在国内达成共识，将经济转型和工业发展确立为国家发展目标，使其共同的承诺超出一个选举任期的时间范围；二是由一个主管部门牵头实施，以克服部门间权力交叉和职能重叠的问题；三是建立规章制度，以多种方式支持重点工业领域的发展，并协调公共部门和私营部门的关系；四是通过设立试点、总结经验和及时纠错来探索在不同地区适用的产业政策。③

（二）政策层面：积极借鉴新兴工业化国家的成功经验

2000年以后非洲经济实现持续较快增长，越来越多非洲国家已经不把重点放在支持或反对产业政策的意识形态辩论上，而是积极借鉴新兴工业国家的成功经验，更多关注“做什么”和“如何做”，提高产业政策的针对性和有效性。非洲国家在借鉴的基础上采取一系列新政策来促进工业发展。一是以维持宏观经济稳定来改善工业发展环境。2000年以后许多非洲国家在借鉴和总结的基础上，把维持宏观经济稳定作为改善工

① AfDB, OECD and UNDP, *African Economic Outlook 2017: Entrepreneurship and Industrialisation*, 2017, p. 189.

② UNCTAD and UNIDO, *The Economic Development in Africa Report 2011: Fostering Industrial Development in Africa in the New Global Environment*, 2011, p. 35.

③ T. Binns, K. Lynch and E. Nel, *The Routledge Handbook of African Development*, London: Routledge, 2018, pp. 603 - 611.

业发展环境的重要举措，改善公共财政状况，降低通胀、稳定汇率和控制外债规模，为工业发展营造一个良好的内部环境。例如，加纳、埃塞俄比亚、塞内加尔、莫桑比克、乌干达、坦桑尼亚等国家都在其工业发展战略中突出宏观经济稳定的重要性，将改善工业投资环境作为主要目标，将宏观经济政策、贸易政策和监管框架改革作为重要举措。[①]

二是以加大政府公共投资来降低工业生产成本。非洲地区国家政府公共投资长期低于东亚地区，这是非洲经济增长缓慢的原因之一。[②] 薄弱的基础设施制约着非洲工业发展，随着冷战结束后非洲政治经济局势趋于稳定，非洲国家通过加大公共投资来改善铁路、公路、机场和港口等基础设施条件，显著降低了工业成本，提高了产品的国际竞争力。过去 15 年中，非洲国家有意愿也有资金渠道不断加大公共投资，其投资额稳步增长。[③]

三是以增加出口和吸引外资来减少对外国援助的依赖。非洲对外援的依赖很容易形成一种恶性循环：储蓄低—投资低—生产率低—收入低—援助依赖。一些非洲国家曾长期依靠外援来维持国内政治经济稳定。例如，坦桑尼亚曾经年度预算的 40% 依赖外援，马拉维和布隆迪的外援资金有时超过政府年度预算的一半。[④] 目前非洲国家获得的外援正在减少，估计到 2050 年传统援助者提供的外援将消失，取而代之的是平等双赢的合作。[⑤] 东亚和拉丁美洲的经验表明，工业应将增加出口和吸引外资作为重要增长引擎。2000 年以后，非洲国家也更积极采取措施来促进出口和吸引外资，并制定国家中长期发展战略来推动工业发展，带动出口贸易的增长，改善政府财政状况，进而减少对外部援助的依赖。

---

① C. Newman, J. Page, J. Rand, A. Shimeles, M. Söderbom and F. Tarp, *Made in Africa: Learning to Compete in Industry*, Washington, D. C.: Brookings Institution Press, 2016, pp. 49 – 52.

② S. Onyeiwu, *Emerging Issues in Contemporary African Economies: Structure, Policy and Sustainability*, London: Palgrave Macmillan, 2015, p. 232.

③ K. Lakmeeharan, Q. Manji, R. Nyairo and H. Poeltner, *Solving Africa's Infrastructure Paradox*, New York: McKinsey & Company, 2020, p. 2.

④ N. Munk, *The Idealist—Jeffrey Sachs and the Quest to End Extreme Poverty*, New York: Doubleday, 2013, p. 104.

⑤ 〔美〕西奥多·阿勒斯等：《2050 年的非洲》，陈默等译，中国大百科全书出版社，2015，第 58—59 页。

（三）实践层面：依托大型基础设施建设工业园，注重培育本土企业和企业家

随着非洲人口数量的快速增长，如何创造更多就业岗位就成为非洲工业发展急需解决的问题。由于非洲经济长期依赖初级产品出口，工业生产加工能力较弱，大量劳动力在非正规经济部门就业。2000 年以后非洲国家的工业实践突出表现在以下两个方面。一是以大型基础设施为依托，加快工业园区和出口加工区建设，这是非洲国家进行的一种新的实践探索，有助于基础设施与工业发展相互促进、相辅相成。目前，许多非洲国家都在积极推动铁路、公路、港口和机场的建设改造，希望通过大型基础设施建设来改善重点区域的配套条件，进而在其附近建设工业园区和出口加工区，改善工业环境来促进工业发展。例如，亚吉铁路为埃塞俄比亚的对外交通和工业发展提供了极大的便利，大量纺织业、皮革加工、农产品加工和电子装配等企业落户沿线工业园。分别于 2015 年和 2017 年建成通车的安哥拉本格拉铁路和肯尼亚蒙内铁路也是类似的例子。

二是以企业孵化的方式积极培育本土企业和企业家。企业和企业家是工业化的具体推动者，非洲国家和区域组织都不断加大对其的培育力度。2001 年的《非洲发展新伙伴计划》强调了企业家作为创新推动者的重要作用。2016 年的《2016—2025 年非洲工业化战略》将人才、能力和企业家精神确定为关键驱动因素。加纳、纳米比亚、坦桑尼亚和乌干达等一大批非洲国家尝试通过企业孵化来助力本土企业生存和企业家成长，其中肯尼亚、尼日利亚和南非在企业孵化方面已取得较好成绩。肯尼亚将企业孵化视为加速国家工业化的重要手段，专门设立促进出口加工区发展的“企业孵化器”，助力企业创新和本土企业家成长。尼日利亚至少建有 27 个企业孵化中心，促进本土创新企业发展。南非积极利用企业孵化来增加小型企业的技术获取、开发和转让机会。2012 年南非启动“孵化支持计划”，帮助中小微企业生存，创造就业岗位，促进本土企业家成长。随着南非企业孵化器项目的增多，企业生存率达到 80% 以上，其中 81% 的企业由本土企业家创立。①

---

① T. Binns, K. Lynch and E. Nel, *The Routledge Handbook of African Development*, London: Routledge, 2018, pp. 532 – 541.

（四）技术层面：用新技术提升传统产业和开拓新兴产业

2000 年以后，非洲国家更加重视新技术的关键作用，将新技术融入具体工业产业，制定加快新技术推广应用的政策措施。随着非洲劳动力优势日益凸显，大量外资涌入，在促进非洲工业快速发展的同时，也在技术层面上提升了传统产业的生产效率，为新兴产业的发展创造了条件。目前，新技术在非洲工业增长中发挥的作用越来越大，主要表现在以下一些领域。一是在传统产业领域使用新技术提升生产效率、产品质量和在全球产业链中的位置。例如，2005 年摩洛哥启动工业发展倡议，积极在汽车、航空、离岸外包和纺织业等传统产业中使用新技术、新工艺，使其传统产业在全球产业链中形成新的竞争优势。乌干达皮革企业使用新的生产技术减少污染物排放、降低生产成本，带来良好的环境和经济效益。加纳的木材加工企业运用新技术创建绿色产业链，大大减少资源损耗量，获得国际相关认证，开拓了国际市场，提高了出口总量。[①]

二是运用新技术促进新兴产业领域的发展。新技术在非洲工业领域的广泛运用，也带动了现代通信、数字经济、新能源和绿色制造等一大批新兴产业的发展。例如，非洲海底光缆的大量敷设和现代通信技术的广泛应用促进了电信业和数字经济的快速发展。目前非洲正兴起一场数字创业的热潮，诞生了众多科技初创企业，还培育了一大批创新型企业家。例如，苏丹的莫·易卜拉欣（Mo Ibrahim）已经成为非洲电信业快速发展的重要推动力量；尼日利亚的麦克·阿德曼加（Mike Adenuga）正在积极推动该国电信业和银行业的现代化发展；南非的马舒杜·拉马诺（Mashudu Ramano）成为推动非洲电影业快速发展的先驱；尼日利亚的阿利科·丹格（Aliko Dangote）成为非洲制造业领域的杰出企业家。[②] 这些非洲本土企业家推动了新技术在非洲的广泛应用，许多新兴产业也代表着该地区未来发展的方向。

三是在能源领域使用新技术推动“绿色发展”。能源部门是非洲工业的基础部门，随着非洲工业发展和人口增长，许多非洲国家积极使用新技术提高能源效率、扩大能源供给和改善能源结构。与此同时，南非、

① UNECA, *Greening Africa's Industrialization*, 2016, pp. 102 - 107, 168 - 174.

② S. Onyeiwu, *Emerging Issues in Contemporary African Economies: Structure, Policy and Sustainability*, London: Palgrave Macmillan, 2015, p. 147.

尼日利亚、肯尼亚和埃塞俄比亚等国积极使用新技术促进新能源产业的快速发展。南非作为非洲在能源领域使用新技术的先行者，出台了一系列政策措施来推动新技术的运用。2012 年以来南非已经启动至少 64 个新能源项目，投资超过 1000 亿美元。南非新能源产业集群已粗具规模，在太阳能、风能、小水电、沼气、地热和生物质能等领域都取得较为突出的成绩，南非也因此被评为世界新能源产业最具吸引力的投资目的地之一。[①] 目前，南非的开普敦、尼日利亚的拉各斯和肯尼亚的内罗毕成为非洲能源领域新技术企业的总部汇聚地，推动新技术在周边地区的广泛应用。世界银行也在非洲国家的能源领域积极推广新技术，通过气候投资基金支持 27 个非洲国家开展新能源项目，预计到 2040 年新能源将为非洲提供 40% 以上的发电量。[②] 新技术已经成为促进非洲能源产业“绿色发展”的重要推动力。

二　非洲工业发展新态势产生的原因

非洲工业发展之所以呈现出新的发展态势，除了宏观政治经济环境改善、劳动力数量增加和区域一体化加快等方面的因素之外，还有以下四个较为重要的原因。

（一）西方发展理论对非洲工业发展造成的长期负面影响是新态势产生的历史缘由

在殖民时期，非洲就开始受西方发展理论的影响。19 世纪末欧洲的发展模式被认为是非洲实现发展唯一值得借鉴和推广的方式。[③] 在获得政治独立后，非洲经济长期受到西方发展理论的影响和主导，对非洲工业发展造成长期负面影响，这也成为非洲国家不再过分依赖西方发展理论、更加注重科学决策和评估的重要历史缘由。独立后非洲人也试图从自己的传统文化中探寻发展道路和方式，当开始思考自主发展的经济道路时，

---

① I. Adeleye and M. Esposito, *Africa's Competitiveness in the Global Economy*, London: Palgrave Macmillan, 2018, pp. 313 – 316.

② UNECA, *Greening Africa's Industrialization*, 2016, p. 46.

③ 见 J. Ki-Zerbo, *Histoire générale de l'Afrique*, Paris: Hatier, 1978。

他们又被带回到西方一个新的“神话”（市场经济）之中。从非洲国家获得独立到2000年之间，西方发展理论对非洲的影响大致可以分为以下三个阶段。

一是20世纪六七十年代的制度主义发展理论阶段。制度主义发展理论几乎主导了该时期的非洲工业发展政策。该理论认为，劳动力从传统部门到非传统部门的较高流动是经济增长的驱动力，政府作为政策制定者应该建立相应的机构来推动市场投资和新的市场活动。布基纳法索独立后的工业发展政策就受到该理论的较大影响，该国在1963—1967年的发展计划中明确指出，为了尽快进入更高发展阶段，应该从国外引进现成技术和训练有素的工作人员，特别是来自发达国家的技术、文化和现代管理经验，实现工业、技术、文化和行政体系的现代化。[①] 然而，到70年代末该理论主导下的发展规划并没有实现其承诺的普遍繁荣，这种模式仅让少数人获益，并未使工业实现快速发展，也没能使大多数人的生活条件得到改善。

二是20世纪七八十年代的依附理论阶段。该理论认为国际体系远不能保证发展中国家的繁荣，并迫使发展中国家依附于现存体系，非洲国家需要通过政府干预来推进工业化进程和调整经济结构，主张采取进口替代和贸易保护主义的“国有化”工业政策。该理论主导下的进口替代战略对许多非洲国家工业化起到一定的推动作用，但也造成较为严重的负面影响：通过农业反哺工业导致城乡发展不平衡，农业发展长期停滞；国有企业效益较低，占用大量国有资源，并成为后来改革的阻力。

三是20世纪八九十年代的新古典发展理论。该理论主导了该时期非洲经济政策的话语权，认为市场能够实现内部协调和资源优化配置，非洲发展问题可以通过市场的“药方”来解决，其实质是全盘西化。其间大多数非洲国家实施了由西方主导的“结构调整计划”。该计划认为非洲进口替代工业化战略是错误的，不应通过政府干预来促进工业发展，要求政府调整工业政策，推动国有企业私有化，取消政府补贴，减少政府在工业发展中的作用。虽然该计划促进了宏观经济稳定，但对非洲工业化进程造成巨大冲击，迫使非洲国家放弃工业发展战略，原有的工业基础遭到侵蚀，早年建立的民族工业在私有化浪潮中损耗殆尽，出

① 见 J. Gaillard，*La coopération scientifique et technique avec les pays du Sud：Peut-on partager la science？* Paris：Karthala Editions，1999。

现严重的“去工业化”现象。至今非洲工业发展仍无法完全摆脱该计划的阴影。

（二）新兴经济体带来的发展机遇是新态势产生的现实动因

自世纪之交以来，南方国家出现新的经济增长极，发达工业国家持续出现经济问题。新兴经济体的迅速崛起给非洲国家带来挑战，同时也创造了前所未有的发展机遇。其主要表现在以下几个方面。一是世界财富的分布开始出现结构性变化，为发展中国家创造了新的发展机遇。自2000年以来，世界经济增长一半以上的动力来自非经合组织国家。虽然2008年之后全球经济增速放缓，但世界财富从发达国家向发展中国家转移已经成为一种结构性趋势。新兴经济体成为世界经济增长的主要推动力，同时也促使世界财富不断从发达国家转到发展中国家。经合组织国家占世界经济总量的比例从2000年的81.8%下降到2020年的61.5%。1990年以来世界贸易额增长近4倍，但南南贸易却增长了10倍以上。①

二是新兴经济体的创新能力和投资能力不断增强。中国、印度等新兴经济体逐渐成为快速发展的工业国家，并通过不断创新来打造一流的产业链。与此同时，新兴经济体也成为其他发展中国家新的投资来源国，特别是中国、印度和巴西等国家近年来对非投融资额不断增加。中国在工程承包、基础设施建设、工业园区建设等方面具有较为明显的优势，印度在提供廉价药品和消费品以及服务业方面具有比较优势，巴西在现代农业和扩展农业产业链方面具有较大优势。这些国家为非洲工业发展提供了更多的资金来源、更适用的新技术、更物美价廉的机械设备和基础设施项目。

三是新兴经济体中产阶层数量的快速增长开辟了新的消费市场。在这个过程中，非洲作为发展中国家最集中的大陆，将迎来一个中产阶层人口迅速增加的需求驱动时代，并将成为非洲工业增长的内生动力之一。根据非洲开发银行的中产阶层标准（日均消费超过4美元），撒哈拉以南非洲的中产阶层人数超过1亿，这意味着其每天的潜在消费能力超过4亿美元。② 新中产阶层的消费能力能够有力促进非洲工业发展，银行储蓄的

---

① 参见世界银行数据库，https://data.worldbank.org.cn，最后访问日期：2021年12月30日。

② H. Blerk, “African Lions: Who Are Africa’s Rising Middle Class?” February 2018, https://www.ipsos.com/sites/default/files/2018-04/african_lions.pdf，最后访问日期：2021年12月30日。

增加也能够成为工业投资的资金来源。通过利用自有资金和专业技能，中产阶层的出现也有助于非洲产生一批本土企业和企业家。中产阶层崛起也推动了非洲房地产市场的繁荣，带动冶金、建材和家居等工业部门的快速发展。

（三）新技术的广泛应用是新态势产生的主要推动力

新技术正日益成为非洲经济的重要推动力。2000 年以后以信息通信技术等为代表的新技术在非洲实现广泛应用，助力非洲经济增长，也给非洲人的思维、生产和生活方式带来显著变化。信息通信技术是第一个在非洲迅速传播并广泛应用的新技术，它几乎已渗透到非洲最偏远的村庄。这使非洲农民能够与供应商和客户进行便捷的沟通，紧跟市场的需求并有效组织生产。特别是近年来手机银行的普及和农村电网的建设，对于促进农产品加工业和轻工业的发展、挖掘非洲农村市场潜力具有十分重要的意义。2019 年信息通信技术在撒哈拉以南非洲创造了 1550 亿美元的经济增加值（占其 GDP 的 9%），直接或间接创造了约 380 万个工作岗位。[①]

新技术也促进了非洲本土企业家的快速成长，为非洲工业发展创造了良好条件。随着各方面情况的改善，愿意投资制造业、农产品加工业和通信服务业等部门的非洲本土企业家数量越来越多，创新型企业家数量也不断增加。在肯尼亚、埃塞俄比亚和津巴布韦等国已经诞生一大批新一代的本土企业和企业家，他们将以前所未有的方式为创新型经济注入活力。与外国直接投资不同，非洲本土企业家倾向于将利润用于扩大再生产，推动本土企业的发展壮大。与以往的中产阶层希望进入政府部门不同，新的企业家群体更希望有一个良好的商业环境来进行创新创业。新技术还弥补了基础设施不足的缺陷，许多非洲国家已经通过电子政务系统、税务管理系统和移动支付等公共服务降低了管理成本，让政府服务更好地惠及弱势群体和农村人口。

（四）全球气候变化和生态环境问题是新态势产生的重要催化剂

非洲被认为是在气候变化方面最脆弱的大陆之一。日益严峻的全球气候变化使非洲成为主要的受害者。虽然非洲温室气体排放较少，但气

① GSMA, *The Mobile Economy Sub-Saharan Africa 2020*, 2020, pp. 4 - 27.

候变暖已经开始影响非洲大陆，使其面临更为严重的旱灾、洪灾和海平面上升等自然灾害，并使饥荒、疾病暴发和民众流离失所变得更加频繁。有研究显示，加纳和尼日利亚的降雨量在过去 50 年间一直在下降。[①] 2011 年的萨赫勒地区旱灾、2016 年由厄尔尼诺现象引发的南部非洲旱灾和 2019 年由热带气旋引发的南部非洲洪灾都给数以百万计的民众造成巨大损失。极端气候的恶劣影响也使越来越多的非洲国家开始关注和重视气候变化问题，并反映在工业发展战略方面。

日益突出的生态环境问题使非洲难以再走传统工业化的发展道路。撒哈拉以南非洲人口数量的快速增长已使生态环境变得非常脆弱，人均耕地面积从 1961 年到 2018 年下降了 63%，森林覆盖面积由 1990 年的 32.2% 下降到 2018 的 26.6%。[②] 在乍得湖地区，基础设施缺乏和不恰当的灌溉方式导致湖区大面积萎缩，加剧了尼日利亚北部、喀麦隆和乍得的水资源危机。[③] 人口数量的持续快速增长必然将极大考验自然生态环境的承载能力。面对自然资源匮乏和生态环境恶化的发展困境，非洲国家也认识到传统工业化增长方式可能使非洲陷入人口增长、资源短缺与环境恶化的恶性循环，因此更加注重工业发展的包容与可持续。

三　非洲工业的未来发展趋势

2000 年以后，非洲政局趋向稳定，宏观经济环境日益改善，区域经济联系不断加强，暴力冲突事件明显减少，“和平红利”开始显现。21 世纪非洲将迎来人口红利“机会窗口”和技术革命“机会窗口”的“双窗口”发展机遇，这将有助于非洲加速工业发展，实现包容、可持续的工业发展目标。非洲工业在未来发展进程中将显现如下发展趋势。

---

① S. Onyeiwu, E. Pallant and M. Hanlon, “Sustainable and Unsustainable Agriculture in Ghana and Nigeria (1960 - 2009)”, *Ecosystems and Sustainable Development*, 2011, 144, pp. 211 - 222.

② 参见世界银行数据库，https://data.worldbank.org.cn，最后访问日期：2021 年 12 月 30 日。

③ B. Mberu, et al., “Internal Migration, Urbanization and Slums in Sub-Saharan Africa”, In H. Groth and J. May eds., *Africa's Population: In Search of a Demographic Dividend*, New York: Springer International Publishing, 2017, p. 320.

（一）利用人口红利“机会窗口”发展劳动密集型产业的规模将越来越大

目前，非洲是世界上人口数量增长最快的大陆。联合国有关数据显示，撒哈拉以南非洲的人口数量将从2020年的10.9亿人增长到2050年的21.7亿人和2100年的40亿人，其占世界人口总数的比例将从2020年的14%上升到2050年的22.2%和2100年的35.8%。[①] 随着人口增长率和抚养比的缓慢下降，撒哈拉以南非洲将于21世纪中期进入人口红利“机会窗口”，并将持续到2100年以后，是世界上最后一个拥有窗口期的地区，也是世界上在窗口期拥有劳动年龄人口最多的地区之一，届时预计将有17.8亿～25.7亿劳动年龄人口。[②]

人口红利“机会窗口”将是21世纪非洲工业发展的重要机遇。随着人口数量的不断增加，加快发展劳动密集型产业已经成为大多数非洲国家工业发展战略的主要内容。目前，纺织、服装、皮革、农产品加工等劳动力密集型产业在许多非洲国家迅速发展，创造了大量工业岗位和较高工业附加值，增加了工业产品出口。特别是随着非洲大陆自由贸易区建设步伐的加快，区域内贸易加速增长成为吸引外资和推动出口多样化的重要机会，劳动密集型产业和区域市场导向型产业的发展机会也越来越多。许多非洲国家根据劳动力特点制定工业战略，发展劳动密集型产业。例如，埃塞俄比亚将皮革业、纺织服装业等与农业部门密切相关的劳动密集型产业列为优先发展的工业部门，这既能促进农业和畜牧业的发展，又能增加就业和促进出口。

（二）抓住技术革命“机会窗口”实现跨越式发展的趋势将日渐明显

目前，世界迎来第四次工业革命浪潮。这是继蒸汽技术革命（第一次工业革命）、电力技术革命（第二次工业革命）、计算机及信息技术革命（第三次工业革命）之后的又一次技术革命。在19世纪末，落后的美国和德国正是利用电力技术革命的“机会窗口”，在电力电气和重化工业等新兴产业超过英国等老牌工业化国家，成为新一轮技术革命的引领者，

① 参见联合国人口司数据库，https://esa.un.org/unpd/wpp，最后访问日期：2021年12月30日。

② 具体国名和劳动力规模，参见梁益坚、王锦《撒哈拉以南非洲人口红利及国家政策取向》，《西亚非洲》2018年第6期，第55—58页。

实现跨越式发展。而英国则受困于旧范式的路径依赖和锁定效应，工业结构长期停留在传统工业领域。在技术成熟的产业领域难有赶超的机会，美国和德国并没有依照比较优势的原则，重走英国工业化的老路，而是利用技术革命的“机会窗口”，发挥后发优势，在新兴产业领域实现赶超。日本、韩国、中国等东亚新兴经济体则是利用信息技术革命的“机会窗口”，创造了东亚经济奇迹。21世纪将是新一轮技术革命的“机会窗口”，新的技术体系尚处于早期阶段，世界各国都有机会，特别是对于非洲国家来说，没有传统工业产业的束缚，更能适应新技术经济范式的要求，更加具有后发优势。

技术革命“机会窗口”将是21世纪非洲工业实现跨越式发展的历史机遇。在第四次工业革命来临之际，作为大多处于前工业化发展状态的非洲国家而言，最大的发展优势就是后发优势。目前，许多工业化国家和新兴工业化国家都在积极推动第四次工业革命，加快制定新的工业化发展战略。面对这一发展趋势，非洲区域组织在《2063年议程》等发展战略中积极推动新技术在非洲的应用和研发，将其作为未来非洲制造业快速发展的重要推动力。非洲国家也在积极探索符合自身实际的新型工业化发展道路，力争在21世纪推动非洲工业实现跨越式发展。2019年世界经济论坛非洲峰会以“第四次工业革命下的包容增长与共享未来”为主题，启动了创新技术应用项目，预计该项目在2025年前能为非洲创造300万个就业岗位。

（三）建设“数字非洲”和“创新非洲”的速度将越来越快

以数字经济赋能工业高质量发展已成为非洲工业提质升级的重要路径。近年来，非洲加快了数字化转型步伐，降低数字支付的手续费和限额，加快数字经济发展，为“数字非洲”建设注入强劲动力。目前非洲数字基础设施正在不断改善，特别是手机和互联网用户不断增加。撒哈拉以南非洲2020年手机用户数为8.5亿，互联网用户数为3亿；4G网络使用率将从2020年的12%增长到2025年27%，5G网络也将逐渐覆盖重点地区；2020年智能手机使用率为50%，预计2025年将达到65%。[①] 非盟在“数字非洲”建设方面的目标是到2030年实现数字单一市场，为此非盟在2020年提出《2020—2030年非洲数字转型战略》和《非洲数字经

① GSMA, *The Mobile Economy Sub-Saharan Africa 2020*, 2020, p. 3.

济倡议》以推动工业、贸易和金融服务领域的数字化进程。非洲工业部门也在积极运用数字技术来提高生产效率和加速生产转型。例如，加蓬使用卫星观测技术来精准测绘和合理使用木材资源，促进木材加工业的可持续发展；刚果（金）在钴业生产流程中使用数字化手段优化矿山管理、控制生产规模和提高安全水平，通过利用区块链技术加强产品的可溯源性来增加国际市场的认可。①

以科技创新拓展工业发展的空间和潜力已成为非洲工业高质量发展的重要引擎。为了加快非洲科技创新能力的提升，《2063 年议程》、《2012—2032 年东共体工业化战略》和《2015—2063 年南共体工业化战略和路线图》等区域发展战略将科技和创新列为关键推动因素。目前非洲科技和创新基础设施正在不断改善，研发投入也不断增加，其中肯尼亚、南非、摩洛哥和突尼斯等国的研发经费占 GDP 的比重长期保持较高水平。受过良好教育的青年人口数量不断增加，其中 15—29 岁的非洲人具有高中或大专以上学历的人数从 2010 年的 4700 万人增加到 2020 年的 7700 万人，他们将成为"创新非洲"建设的中坚力量。非洲科技创新中心也在快速发展，其数量从 2016 年的 314 个增加到 2019 年的 643 个，其中作为非洲科技创新大国的尼日利亚、南非、埃及和肯尼亚分别建有 90 个、78 个、56 个和 50 个科技创新中心。尼日利亚的现代物流和电子商务、南非的数字金融和精密制造、埃及的软件技术和信息通信技术以及肯尼亚的移动支付和新能源技术应用已经初见成效，拉各斯、开普敦、开罗和内罗毕等城市已经成为非洲科技创新的区域中心和非洲与世界科技交流的中继站。肯尼亚、卢旺达、埃塞俄比亚和毛里求斯等国正在投资建设创新技术产业集群，② 这不仅将创造更多的高技术工作岗位，也将助推"创新非洲"的建设。

（四）建设"绿色非洲"和"健康非洲"的意识将越来越强

面对全球气候变化和生态环境恶化，建设"绿色非洲"和"健康非洲"已经逐渐成为非洲国家的共识。目前非洲正从区域和国家两个层面积极推动。在区域层面，非洲积极参与制定一系列国际协定来推动绿色

① AU and OECD, *Africa's Development Dynamics 2021: Digital Transformation for Quality Jobs*, Jan. 2021, p. 155.

② AU and OECD, *Africa's Development Dynamics 2021: Digital Transformation for Quality Jobs*, Jan. 2021, pp. 45 - 184.

发展，并体现在《亚的斯亚贝巴行动议程》、《2063 年议程》、《2030 年可持续发展议程》和《巴黎协定》等多边协定之中，将绿色工业增长视为可持续发展的重要手段。在国家层面，越来越多的非洲国家认识到加强"绿色非洲"和"健康非洲"建设，不仅能加快新技术应用、提高生产效率，还能通过清洁能源技术和废物回收技术减少工业对环境的影响，使其成为非洲技术创新和跨越式发展的重要推动力。例如，埃塞俄比亚制定了绿色发展战略，在避免走传统工业发展道路的基础上扩大就业和推动绿色工业化，使埃塞成为"绿色非洲"建设的领跑者；肯尼亚制定了绿色工业化战略，引导工业部门向绿色、低碳和气候适应型生产方式转型，获得比传统工业方式更稳定和可持续的增长。此外，摩洛哥、莫桑比克、卢旺达、南非等国也制定了绿色工业发展计划，推动农产品加工业、轻工业、建筑业和废弃物回收等工业部门的绿色发展和健康发展。①

结 语

非洲工业发展的新态势是良好的外部环境和稳定的内部形势共同作用的结果。这些新态势加速了非洲工业化进程，增强了非洲制造业的竞争力，对于实现非洲包容和可持续的工业发展目标具有深远意义。经过上文的分析，笔者得出以下几点认识。其一，非洲即将迎来一个工业快速发展的时期。近年来，非洲在基础设施、新技术应用、区域一体化和国际合作等方面取得显著进步，大大消除了内外因素对工业发展的结构性制约。随着非洲人口规模、市场规模的不断扩大和城市化进程的加快，非洲工业发展将明显加速，特别是 2021 年 1 月非洲大陆自贸区正式启动，将为非洲制造业优化升级和产业链完善提供重要推动力。其二，工业增长与绿色发展的协同双赢将成为非洲工业的重要发展方向。虽然新冠肺炎疫情大流行对非洲经济造成了 21 世纪以来最大的冲击，但这也显著地加速了非洲数字化、智能化和区域化的生产转型，绿色发展被视为非洲工业实现包容和可持续发展的先决条件和明确路径。其三，非洲区域性的制造业中心将逐渐显现。目前，尼日利亚、埃及、南非、摩洛哥和肯尼亚等国已成为非洲制造业发展的领跑者，随着外资流入增加、新技术

① UNECA, *Greening Africa's Industrialization*, 2016, pp. 79 – 82.

革命和“数字非洲”建设的加速，这些国家将发挥辐射带动效应，成为区域产业互联、市场互通和经济互融的重要承担者和关键推动者。其四，中非工业合作的前景非常广阔。目前中国已经成为非洲最重要的经贸伙伴之一，随着中国制造业转型升级和非洲大陆自贸区启动，非洲工业已经迎来前所未有的发展机遇，中非工业合作必将不断向纵深拓展，为非洲实现包容和可持续的工业发展目标贡献力量。

【责任编辑】胡洋

非洲研究　2022 年第 2 卷（总第 19 卷）
第 74—91 页

西非国家经济共同体货币变革的历史背景、主要动力及挑战*

游　滔　王　战

【内容提要】 从殖民时期及独立后初期的扶植和控制，到冷战时期的发展和制衡，从被迫推动非郎贬值到宣布将西非法郎更名为 ECO，作为西非国家经济共同体（西共体）最主要且唯一的共同货币，西非法郎的变革持续演进。西共体国家意图掌握自己国家的独立、主权与发展权益，摆脱法国对西非国家经济的控制是其推动西共体货币变革的主要动力。但是鉴于自身孱弱，内部一体化程度低等内部因素，以西非法郎为代表的西共体货币变革仍面临诸多挑战或不确定性，以法国为代表的外部势力对西非法郎变革的影响力可能以更隐秘的方式转移至新的货币机制中，致使西共体货币变革在去殖民化和追求独立自主性两大目标的实现上充满曲折，削弱了变革效果。

【关键词】 西共体；货币变革；西非法郎

【作者简介】 游滔，四川外国语大学法语学院副教授，河海大学西非国家经济共同体研究中心研究员（重庆，400031）；王战，华中农业大学世界农业文明研究中心主任，教授、博士生导师（武汉，430072）。

* 本文系教育部国别研究课题“西非国家政局动荡背景下西共体组织作用研究（2022，N57）”、中央高校基本科研业务专项资助（B220207016）的阶段性成果。

西非法郎[1]是西共体国家最主要且唯一的共同货币，自诞生以来它一直是西非地区具有广泛影响力的货币，虽饱受争议，但该货币体系依然屹立不倒。早在1994年，西非国家经济共同体（ECOWAS，简称“西共体”）便试图通过货币一体化计划尝试推出西非统一货币，但屡遭挫败。即便多次推迟发行，但西共体货币变革之心历久弥坚。2019年6月29日，第55届西共体领导人峰会在尼日利亚首都阿布贾召开，峰会再次将单一货币计划提上日程，决定拟于2020年发行西共体单一货币，并将新共同货币命名为“埃科”（ECO）。根据阿布贾峰会公告的设想，新货币ECO将在参考整体通胀目标的基础上采用浮动汇率。似乎伴随着西共体货币变革，西非法郎将被新的共同货币取代。然而，随着新冠肺炎疫情的暴发，西非共同货币的发行被再次推迟至2027年。需要说明的是，西共体十五个成员国中目前共有八个国家使用西非法郎（简称“西非法郎区国家”），其他七国各自使用其本国货币。

一 西共体国家共同货币变革的历史背景

受法国在西非地区的政治、经济影响力以及国际环境和西非国家内政外交等多种因素影响，西非货币变革经历了从法国殖民统治到西非国家取得独立后的20世纪后半期，及至进入21世纪以来较长的历史时期。冷战结束30余年来，具有深深殖民主义烙印的西非货币体系仍未摆脱法国主导，仍有稳固的政治经济根基。

---

① 非洲国家使用的法郎，即“非洲法郎”（简称为“非郎”），分为“西非法郎”和“中非法郎”，字母缩写均为“FCFA”。前者是西非经济货币联盟（法语：Union Economique et Monétaire Ouest Africaine，UEMOA，包括贝宁、布基纳法索、科特迪瓦、几内亚比绍、马里、尼日尔、塞内加尔、多哥八个成员国）的统一货币，在联盟内全称为“非洲金融共同体法郎”（法语：Franc de la Communauté financière d'Afrique）；后者在中部非洲中央银行［法语：Banque des États de l'Afrique Centrale，BEAC；成员包括“中部非洲经济货币联盟”（CAEMC）六个成员国，即喀麦隆、中非共和国、乍得、赤道几内亚、加蓬、刚果共和国］内流通使用，被称为“中部非洲金融合作法郎（Franc de la Coopération financière en Afrique centrale）”。本文主要探讨西共体货币变革，即“西非法郎”变革的历史和现实挑战。

（一）从殖民到独立——西非货币变革的缘起

西非法郎最早可追溯至殖民时期。一战结束后金本位体系崩溃，法国为了抗衡其他西方强国，维护其在非洲的势力范围、经济利益以及法郎的国际贷款货币地位，在非洲组建了法郎区。[①] 1945 年 12 月，为了缓冲法郎剧烈贬值对法属相关国家的冲击，法郎区官方正式创立法属非洲殖民地法郎（Colonies francaises d'Afrique，CFA），由法兰西银行负责在法国印刷并统一发行，与法国法郎实行固定汇率，1 非洲法郎兑 1.7 法国法郎。[②] 法国在殖民地独立前夕建立这样一个奇特的新殖民统治体系，目的在于维护殖民契约的优势。[③] 其通过包括西非法郎在内的非洲法郎维持着一种“邪恶的剥削制度”，不仅使得西非国家的欠发达和依赖性增加并永久化，同时也为前宗主国带来了巨大的经济利益。[④] 这一阶段货币改革的核心是法国在法属殖民地国家在经历了政治去殖民化之后，为了维系其在前殖民地地区的经济权益和管控力，通过构建新货币体系以实现对该地区进行经济再殖民，这是一种新的殖民形式。

20 世纪 60 年代，法属非洲殖民地独立，这标志着法国殖民体系的终结，以及法非“合作时代”的来临。为了维护法国在非洲的殖民遗产，独立后初期，戴高乐总统制定并实施了全方位的对非洲“合作”政策，逼迫非洲国家签订了一系列不平等的双边和多边“合作协定”。通过这些多双边合作协定，法国和非洲国家仍旧维持着政治、经济、军事、文化、外交等领域的紧密关系。这一时期，法国与非洲的经济合作主要局限于非郎区 14 个成员国（即西非经济货币联盟 8 国和中部非洲经济货币联盟 6 国）。法国对非洲法郎区成员国的经济进行了全面的渗透和控制。根据西非法郎区八国与法国政府签订的货币合作协议，一方面，法国中央银行为西非法郎区的货币提供担保，西非法郎与法国法郎挂钩，汇兑平价，并可在法郎区内自由兑换，资金移动在区内不受任何限制；另一方面，

---

① 游滔：《非洲法郎的变迁及其背后的法国非洲政策浅析》，《法国研究》2013 年第 1 期，第 14 页。

② 郭华：《非洲法郎区货币合作路径探析》，《西亚非洲》2007 年第 2 期，第 42—46 页。

③ W. Mitchell, *Preface for Africa's Last Colonial Currency* (*Fanny Pigeaud and Ndongo Samba Sylla*), Pluto Books, 2020, p. 4.

④ G. Martin, "The Franc Zone, Underdevelopment and Dependency in Francophone Africa", *Third World Quarterly*, 1986, 8 (1), pp. 205 - 235.

作为可兑换的交换条件，西非国家央行须将全部黄金及外汇储备汇入其在法国中央银行开设的运营账户，西非法郎区的货币运行机制通过运营账户实现。此外，法国还向西非国家央行董事会和中非国家银行董事会派驻法国代表，非洲法郎区区内贸易仅可用法国法郎结算，资金转移到法郎区外须经法国中央银行批准。[①] 法国当时正值二战经济崩溃后的重建阶段，需要殖民地的资源财富。法国二战后的经济恢复很大程度上仰仗于非洲原料的供给。[②] 法国在国际货币基金组织和世界银行等机构支持下构建的这一套货币体系，榨取了非洲丰富的原料，确保资源流向本国，破坏了西非国家从它们自己的资源财富中获益的机会。同时，对于活跃在西非的法国公司来说，西非法郎的货币运行机制使法国利益得到了有效的保护，不受共同货币贬值的影响。法国商业利益集团能够以较低的成本向西非国家出口和销售其产品，并借助可兑换和自由转移原则将利润汇回本国。[③] 这一时期，法国与非洲法郎区国家的贸易额占了非洲法郎区国家进出口贸易的一半份额，但其向非洲法郎区国家提供的双边援助也足足占了法国对外双边援助总额的一大半，这种援助在保障公共和私人投资方面发挥了重要作用。法国与非洲法郎区之间建立的货币合作机制在一定程度上惠及了双方，为法非经贸合作提供了极大的便利。

自西非国家逐步取得独立及至整个20世纪后半期，西非法郎一直是非洲法郎区的经济支柱，也是法国对西部和中部非洲国家施加经济影响力的重要基础。

表1　20世纪70—80年代西非法郎区国家与其他发展中国家经济运行情况对比

	1973—1981年平均	1982—1989年平均	增长/减少(百分点)
年均GDP增长（%）			
非洲金融共同体法郎区（CFA，11国）	5.7	1.6	-4.1
西非经济货币联盟（UMOA，7国）	4.0	1.4	-2.6

① 张宏明：《法郎区剖析》，《世界经济》1988年第10期，第52—58页。

② 张宏明主编《大国经略非洲研究》，社会科学文献出版社，2019，第19页。

③ Sanou Mbaye, "The CFA Franc at the Crossroads: Reforming or Dismantling?" *Dembélé and Cardoso*, 2015, pp. 61 – 70.

续表

	1973—1981 年平均	1982—1989 年平均	增长/减少（百分点）
中部非洲经济货币联盟（BEAC，4 国）	8.2	2.0	-6.2
其他：			
撒哈拉以南非洲（18 国）	2.8	1.3	-1.5
低中收入发展中国家（25 国）	5.5	6.2	0.7
年均出口增长（%）			
非洲金融共同体法郎区（CFA，11 国）	7.0	-0.4	-7.4
西非经济货币联盟（UMOA，7 国）	5.1	-0.0	-5.1
中部非洲经济货币联盟（BEAC，4 国）	9.9	-1.0	-10.9
其他：			
撒哈拉以南非洲（18 国）	1.2	2.5	1.3
低中收入发展中国家（25 国）	7.6	8.9	1.3
投资占 GDP（%）			
非洲金融共同体法郎区（CFA，11 国）	28.5	21.4	-7.1
西非经济货币联盟（UMOA，7 国）	25.5	16.3	-9.2
中部非洲经济货币联盟（BEAC，4 国）	33.0	29.1	-3.9
其他：			
撒哈拉以南非洲（18 国）	28.0	15.7	-12.3
低中收入发展中国家（25 国）	27.1	-1.4	-25.7
外债占 GDP（%）			
非洲金融共同体法郎区（CFA，11 国）	35.9	71.9	36.0
西非经济货币联盟（UMOA，7 国）	35.6	92.0	56.4
中部非洲经济货币联盟（BEAC，4 国）	36.2	51.8	15.6

续表

	1973—1981 年平均	1982—1989 年平均	增长/减少
其他：			
撒哈拉以南非洲（18 国）	15.0	58.3	43.3
低中收入发展中国家（25 国）	16.3	28.9	12.6

注：表中的“低中收入发展中国家”均为当时世界银行的标准；“非洲金融共同体法郎区”包含截至 20 世纪 80 年代西非经济货币联盟 7 个成员国（科特迪瓦、塞内加尔、尼日尔、布基纳法索、贝宁、马里、多哥）和中部非洲经济货币联盟 4 个成员国（喀麦隆、刚果共和国、中非共和国、加蓬）。现“非洲金融共同体法郎区”涵盖“西非经济货币联盟”和“中部非洲经济货币联盟”两组织的全部 14 个成员国。

资料来源：“Fixed Parity of the Exchange Rate and Economic Performance in the CFA Zone—A Comparative Study”, Country Economic Department, the World Bank, January 1992, https://documents1.worldbank.org/curated/en/778871468739197619/pdf/multi0page.pdf, pp. 13 - 14, accesed 2022 - 5 - 8。

从表 1 数据看，在 1973—1981 年和 1982—1989 年两个时间段，非洲金融共同体法郎区 11 国年均国内生产总值（GDP）增长率下降明显。比较而言，撒哈拉以南非洲 18 国两阶段年均增长率分别为 2.8% 和 1.3%，下降 1.5 个百分点，下降幅度明显低于非洲金融共同体法郎区国家。相应的，在 20 世纪 70—80 年代的 20 年间，西非和中部非洲法郎区国家的经济基础甚至不及部分撒哈拉以南非洲国家，更明显弱于多数低中收入发展中国家。

总体看，独立初期是法非关系新的培育期，也是法国在非洲新货币政策的实验期。非洲国家由于被长期殖民而经济结构单一，西非国家从投入到产出及消费的各个环节都对法国形成了严重的依赖，[①] 致使这一时期许多西非国家不得不与法国保持良好关系，以换取更多的援助和支持，而继续留在法郎区便是一大表现。西非法郎区成员国实际上已经将其货币政策的控制权交给了法国；货币供应、货币和金融法规以及最终的预算和经济政策的控制权都落入前殖民者法国之手。

（二）20 世纪 70—90 年代——西非货币政策加速调整

在 20 世纪 70 年代美苏争霸的大背景下，奉行独立自主原则以及“均势”战略的法国力图在美苏两个大国之外扮演第三势力的角色。为了

① 张宏明主编《大国经略非洲研究》，社会科学文献出版社，2019，第 17 页。

实现这一目标，法国不仅继续加强和德国的关系以推进欧洲一体化建设，还提出了以非洲为核心的“第三世界主义”，积极发展和第三世界的合作，以期借助第三世界的力量提升法国在国际上的地位和影响力。1973年，法国和西非货币联盟成员国签署了《运营账户协议》。同年签署的《货币合作协议》明确了西非法郎区各国同法国的货币合作原则，为西非法郎区货币运行机制提供了基本制度保证。根据《货币合作协议》第2条和《运营账户协议》第1条的规定，西非央行需将外汇储备的65%以央行名义存入法国国库，这意味着，西非国家外汇储备中法国法郎的比例由之前的100%降至65%。法国央行对运营账户中65%的外汇储备实行汇率风险担保。在这一时期，受国际社会主义政治思潮的影响，非洲国家捍卫国家主权的民族主义意识空前高涨，要求维护国家独立、摆脱法国控制，取消法国在非洲种种不合理的特权，法非之间一度出现信任危机，全球性经济危机和石油危机又对法国经济造成了沉重打击。因而，时任法国总统蓬皮杜在1973—1975年通过与相关国家谈判重新制定了新的合作协定。新协定减少了法国在西非法郎区中央银行董事会的代表名额，西非国家中央银行从法国巴黎迁至塞内加尔首都达喀尔，行长改由非洲人担任。这些变化在一定程度上节制了法国的特权，减轻了法国的控制力度，维护了非洲国家的主权和利益。

1. 西非国家经济共同体的成立与非洲法郎贬值

1975年5月28日，15个西非国家在尼日利亚城市拉各斯签署《西非国家经济共同体条约》，西共体正式成立。西共体的宗旨是促进西非地区国家的经济一体化，推动成员国在经济、社会和文化上的发展与合作。自20世纪70年代末，西非各国开始面临由全球金融危机和出口商品价格下跌引起的经济衰退。独立初期的强劲增长和低通胀未能挺过1986—1993年经济衰退的冲击，西非法郎被严重高估，法国财政部运营账户的赤字不断增加。西非法郎区各国越来越依赖进口原材料，国内生产停滞不前，公共债务增加，央行借贷超过法定上限，导致严重的财政失衡。国际货币基金组织（1981—1983年）和世界银行（1984—1986年）通过结构调整计划实施的大型经济和金融重组计划失败，无法使西非国家恢复经济稳定。

冷战结束后法国经济不景气，还要每年为非洲国家提供巨额的多双边援助，拿出十几亿法郎确保非洲法郎和法国法郎50 ：1的固定平价，这对于法国财政来说是巨大的负担。这一时期法国对非贸易、投资和援助均呈现下降趋势。非郎和法郎长期保持的 50 ：1 的固定平价远超其实际价值，这非常不利于以出口为主的非洲国家的贸易，导致非洲法郎区国家国际竞争力下降，进一步削弱了其偿还外债的能力。截至 1992 年底，非洲法郎区国家外债总额占各国国内生产总值的 35%—130%，到期债务高达 13570 亿非郎，占当年法郎区国家出口总收入的 47%。[①] 1993 年 9 月，时任法国总理爱德华·巴拉迪尔（Édouard Balladur）致函非洲法郎区国家政府，表示由于法国财力有限，今后只能优先考虑向那些已经同世界银行和国际货币基金组织达成结构调整协议的非洲国家提供援助。[②] 而这两个国际机构提出，向非洲国家发放贷款并协助非洲国家经济改革的先决条件是：非洲法郎必须大幅度贬值，使其接近货币本身的价值。[③] 政局动荡、债台高筑的西非法郎区国家急需获得国际机构的贷款和财政援助以稳定国内局势，安抚民心，因而不得不接受非郎贬值的决定。1994 年 1 月，非郎区 14 个国家宣布将非郎兑法郎的汇率从 50：1 下调到 100：1，[④] 西非法郎币值自此贬值 50%。

2. 美法之争与法非关系转型

如果说冷战初期美国与法国在西非地区的关系尚具有平衡、互补的性质，那么 20 世纪 70—90 年代，随着西非地区对于美法两国经济的重要性凸显，两国在该地区竞争的一面更加突出。事实上，直至 90 年代，西非国家仍然是法国仅次于欧洲的第二大市场。1998 年西非地区吸收了 159 亿美元的法国出口，占当年法国贸易顺差的 40%；当年西非和中非（包括科摩罗）的法郎区国家吸收了法国对非洲所有出口的近 50%（75 亿美元）。[⑤] 对于美国而言，西非地区同样重要。正如时任克林顿政府中负责非洲事务的助理国务卿苏珊·赖斯（Susan Rice）在向国会提交的 2000 财政年度国务院预算申请中所指出的，美国对非洲的出口自冷战结束以

---

① 转引自游滔《非洲法郎的变迁及其背后的法国非洲政策浅析》，《法国研究》2013 年第 1 期，第 16 页。

② 张宏明主编《大国经略非洲研究》，社会科学文献出版社，2019，第 50 页。

③ 赵金富：《非洲法郎贬值对法郎区国家的影响》，《国际资料信息》1995 年第 2 期，第 20 页。

④ BCEAO，"Histoire du Franc CFA"，https://www.bceao.int/fr/content/histoire-du-franc-cfa，accessed 2021 - 7 - 22.

⑤ Peter J. Schraeder，"Cold War to Cold Peace：Explaining U. S. -French Competition in Francophone Africa"，*Political Science Quarterly*，Autumn，2000，115（3），pp. 395 - 419.

来已显著增长到1997年的62亿美元。这比美国对原苏联地区国家的出口高出20%。同年，美国的直接投资，尤其是在石油和矿业领域的直接投资总额达71亿美元，投资回报率为22%。[①] 克林顿政府对非洲经济计划的基石之一是将美国在非洲的市场份额从1997年的7%提高到2002年的近10%（100亿美元）。这一增长主要是得益于美国在非洲法语地区国家市场的影响力。[②]

整个90年代，美法两国在西非地区进出口市场、石油、政治、军事等多领域展开竞争。冷战结束后美法在西非国家竞争的核心是政治主导权、经济优先权和军事控制力。其中，西非统一货币的汇率兑换制度是美法经济争夺和竞争的核心。在美国看来，如果西非法郎加入与欧元挂钩的货币体系，那么，事实上等同于法国持续掌握西非货币和经济主导权，显然不利于美元在西非地区甚至整个非洲大陆发挥影响力，不利于美国在非洲的经济战略利益。

非郎的最终贬值实际上是美国通过国际金融机构对法国和非郎区国家进行施压的结果，也在一定程度上维护了西非国家的利益。可以说，法国加入欧元区后，其对西非国家的货币政策与欧元区的新自由主义紧缩倾向一道，客观上进一步限制了西非经济繁荣的希望。非郎贬值后，货币政策越来越被视为西非国家主权的一部分，法国对西非金融货币领域的掌控权逐渐衰弱。从1987年《西非经共体货币合作计划》的启动，到2000年西非货币区（WAMZ）的成立，西非法郎区国家在区域管理和指导上虽然仍依靠法国，但其影响力明显增强，法国在法郎区金融领域的主导和控制权正在渐渐失去。[③] 法国也不再在经济合作方面囿于非洲法语地区国家，开始向非洲葡语国家伸出橄榄枝，并逐步向经济潜力和商业价值更大的非洲英语国家拓展。

（三）21世纪至今：新型法非关系构建与新共同货币推出

21世纪的法非关系受国际和国内大环境的影响，也出现了新的变化

① U. S. State Department, *Congressional Presentation for Foreign Operations* (*Fiscal Year 2000*), Washington, D. C.: U. S. Government Printing Office [GPO], 1999, pp. 2 - 3.

② T. M. Callaghy and J. Ravenhill, eds., *Hemmed in: Responses to Africa's Economic Decline*, New York: Columbia University Press, 1993.

③ 游滔：《非洲法郎的变迁及其背后的法国非洲政策浅析》，《法国研究》2013年第1期，第16页。

与转型，而西非货币变革则是这一转型的缩影。

进入21世纪以来，特别是萨科齐、奥朗德政府时期，法国仍极力维系其在西非地区的经济影响力和政治主导力，其中西非法郎发挥了重要的工具性作用。在西非地区，发行本国货币的努力和尝试都受到了法国的坚决打击和扼杀。法国的强势态度加剧了其在非洲的“形象赤字”，为了维系西非法郎货币体系，法国付出了极其高昂的政治代价。2017年马克龙总统作出与过去决裂的姿态，表达了对未来西非货币改革的开放性态度。这一态度既为法国在非洲改变形象释放出善意，甩掉殖民包袱，又有利于其利用在西非法郎区的领导性地位主导西非法郎的变革，以进一步维系法非新型特殊关系。2019年12月，法国经济和财政部部长与西共体部长理事会主席签署了《西非法郎改革协议》。[①] 法国总统马克龙与科特迪瓦总统瓦塔拉共同宣布，2020年将西非法郎更名为ECO。

对于西共体国家特别是西非法郎使用国而言，废除“殖民货币”已成为该地区国家的主流政治运动。标志性事件之一是2017年8月贝宁、法国双国籍的社会活动家卡米·塞巴（Kémi Séba）在西非国家中央银行总部门口焚烧了一张面值为5000西非法郎的纸币。2018年6月，为了表达收回经济主权的诉求，来自七个不同国家的十名歌手集体创作了一首名为《抵制非洲法郎的七分钟》（*7 minutes contre le cfa*）的歌曲。西非法郎具体改革方案之所以在2019年公布，就是因为该地区在2020年迎来了4场总统大选（尼日尔、布基纳法索、多哥以及科特迪瓦）。大选迫使该地区政府或执政党不得不采取货币改革措施以赢取民心，获得更多选票。这一时期，废除西非法郎的呼声越来越高。创立“ECO”货币是一种制度创新，但是新货币依旧与欧元保持固定汇率机制又让人觉得这是新瓶装旧酒，西共体货币改革依旧在新与旧之间徘徊，就好像法非新型关系一样，存在着新的成分但是保留着旧的特质。这一时期的货币变革的核心为推翻旧的货币形式以“去殖民化”，维持旧的汇率机制以保证新的共同货币在改革方向和利益偏好上仍然符合法国的总体利益需要。

---

① *Reform of the CFA Franc in West Africa-Introducing the "ECO"*, https://www.cliffordchance, com/content/dam/cliffordchance/briefings/2020/02/reform-of-the-cfa-franc-in-west-africa%E2%80%93introducing-the-eco.pdf, accessed 2022-5-8.

二 推动西共体货币变革的主要动力

结合历史与现实，矛盾是推动变革最主要的动力。西共体国家进行货币变革的内在动力主要体现为两种矛盾的交织与冲突：对外，前殖民宗主国的持续经济控制与西共体国家争取经济主权与发展权益之间的矛盾；对内，则体现为西共体国家对经济一体化的主观诉求与客观上区域国家经济发展不均衡、不充分之间的矛盾。两种矛盾既推动了西共体货币的重大变革，又使得这一变革不可能一蹴而就，并赋予了这一变革“长期性”和“不确定性”两个重要特征。比较明确的是前殖民宗主国的经济控制与西共体国家争取经济主权与发展权益之间的矛盾是推动西共体货币变革发生的最主要动力。

（一）西非法郎作为共同货币，推翻僵化的固定汇率是西共体国家货币改革的直接动力

西非法郎与欧元保持固定汇率虽为其保持了稳定币值但也限制其进一步发展。固定的汇率降低了西非法郎区各国的通货膨胀率，使得各国通胀率均能保持较低水平，有利于经济稳定、吸引外资，引进来自发达国家的资金和技术，加速区域内各国经济尤其贸易的发展，[①] 提高经济增长率。2018 年，在世界 GDP 增长率为 3.0%[②]的背景下，西非经济货币联盟国家 GDP 平均增长率为 6.3%，远高于同期中非经共体的 1.7%，也高于 2.9% 的撒哈拉以南国家平均水平。[③] 但是相应，这一货币制度的负面效应已经显现。由于币值强势，区域内国家在向货币弱势国家进行出口贸易时会失去竞争力，在应对外部冲击时无法自行实现货币贬值，而是人为保持汇率高位。另外，西非国家中央银行需将外汇储备的 50% 存入

① 郭华：《非洲法郎区货币合作路径探析》，《西亚非洲》2007 年第 2 期，第 45 页。

② World Bank，“GDP Growth（annual %）”，https://data.worldbank.org.cn/indicator/NY.GDP.MKTP.KD.ZG，accessed 2021-7-22.

③ IMF，*IMF Country Report No. 19/90*，https://www.imf.org/en/Publications/CR/Issues/2019/03/29/West-African-ECOnomic-and-Monetary-Union-WAEMU-Staff-Report-on-Common-Policies-for-Member-46723，accessed 2021-7-22.

其设于法国财政部的运营账户，这助长了法国对非洲经济的控制，也导致西非国家财富的消耗。西非法郎区的运作机制使得西非法郎不仅未能成为一种发展工具，反而还阻碍了西非国家的发展。[①] 一直以来，西非法郎区国家都是贫穷和就业不足的代名词，其八个成员国中的七个被列为最不发达国家（LDCs），均处于贸易赤字状态。科特迪瓦虽未被列入其中，但也经历了较严重的经济衰退。

(二）借助西非法郎改革，推动西共体国家实现良治与发展是西共体国家货币改革的内在动力

为了维护西非法郎，法国通过各种手段向试图退出该货币体系的国家元首施压。在大多数西非经济货币联盟国家政局持续动荡，一些国家元首身处或被免职或被杀害的政治环境中，为了维护自己的政府，西非一些国家的领导人不得不通过外向性政策操纵和运作各种关系。[②] 尽管如此，西非法郎区国家已经意识到该身份不利于国家良治发展和推进，也使其难以建立一个能满足大多数公民利益关切的政治制度来改善国家治理生态环境。参考 2019 年“易卜拉欣非洲治理指数”，非洲大陆的平均治理得分是 48.8 分（满分 100 分）。八个西非法郎区国家中，三个国家（几内亚比绍、马里和尼日尔）低于非洲大陆的平均治理水平，其他五个国家仅是勉强达到非洲大陆的水平（见表 2）。

表 2　2019 年西非法郎区国家治理指标（满分为 100）

贝宁	58.6
布基纳法索	54.0
科特迪瓦	53.9
几内亚比绍	41.4
马里	46.6
尼日尔	47.8
塞内加尔	63.2

① I. Taylor, “France à fric: The CFA Zone in Africa and Neocolonialism”, *Third World Quarterly*, 2019, 40 (6), p. 15.

② J. F. Bayart, “Africa in the World: A History of Extraversion”, *African Affairs*, 2000, 99 (395), pp. 217 – 267.

续表

多哥	50.1
非洲平均	48.8

资料来源："Ibrahim Index of African Governance", 2019, https://mo.ibrahim.foundation/sites/default/files/2020-11/2020-index-report.pdf, accessed 2022-3-15。

国家治理不善容易造成政治局面的不稳定，西非法郎区国家 21 世纪以来政变频仍。2000 年以来，全球共发生 20 余次规模较大的军事政变，其中大部分皆在西非地区。可以说，西非国家独立后，治理不善和国内经济不振，导致其长期受到政变问题困扰，也给其经济社会发展带来了巨大影响和阻碍。因此，西共体国家积极推进本地区货币改革，为完善经济治理体系提供一个良好的外部环境与货币制度支持。

（三）脱去西非法郎的"殖民外衣"，实现国家经济完全自主是推动西共体国家货币改革的核心动力

西非法郎一定程度上侵犯了西非国家的独立和主权，法国的经济殖民行为也引发西非国家与欧盟内部共同不满。塞内加尔发展经济学家恩东戈·桑巴·西拉（Ndongo Samba Sylla）认为，西非法郎是殖民货币体系的遗留物，促使法国继续在西非实行货币帝国主义。[①] 法国实际上通过西非国家中央银行在法国央行开设的运营账户，以及法国派驻西非国家中央银行董事会的代表监督和控制西非法郎区的货币发行和信贷发放。[②] 法国在西非国家中央银行董事会中拥有事实上的否决权，并且自 2010 年西非国家中央银行改革以来，货币政策的实施被分配给一个货币政策委员会。法国代表是该委员会的投票成员，而西非经济货币联盟委员会主席仅以顾问身份出席。这种畸形的货币合作进一步加深了法国对西非国家的控制和西非法郎区国家对法国的依赖。

经济独立是国家独立自主的重要内涵，而经济独立的必要条件便是货币独立。近年来，在非洲国家政府层面，西非国家夺回对本地区货币的控制权，维护国家经济主权的完整的愿望越来越强烈。在非洲国家社

① L. B. Ahmed, "Françafrique: est-cevraiment la fin?" Dec. 2019, https://www.aa.com.tr/fr/afrique/francafrique-est-ce-vraiment-la-fin-/1683810, accessed 2021-7-22.

② 张宏明主编《大国经略非洲研究》，社会科学文献出版社，2019，第 38 页。

会层面，反对维持非洲法郎地位、争取经济自主的声音也越来越多。2017 年以来，西非国家的著名社会活动人士包括音乐家等通过集会示威等活动公开要求废除西非法郎，称西非法郎是殖民时代的遗物，是前殖民宗主国镇压西非国家的工具。值得注意的是，2019 年 1 月意大利副总理路易吉·迪马约（Luigi Di Maio）称法国正在利用西非法郎“剥削”其在非洲的前殖民地，西非国家各界民众围绕西非法郎的辩论再次爆发，特别是西非地区年轻一代对于迪玛约的看法表示认同。[①] 在科特迪瓦的阿比让（Abidjan）和布基纳法索的瓦加杜古（Ouagadougou），越来越多的非洲年轻人走上街头抗议，焚烧西非法郎。整个撒哈拉以南非洲地区的大量失业青年成为西非法郎最强烈的反对者。他们认为非洲法郎是法国对非洲国家经济和金融统治的象征，渴望对西非法郎进行根本性的变革，要求实现非洲国家货币独立。

三　西共体货币变革面临的挑战

随着大国在非洲的博弈持续加剧，法国在非洲的传统势力范围受到威胁。法国要继续维持其作为欧洲大国的地位，更是离不开非洲的支持。实际上，此次西非法郎改革正是法国“重返非洲”战略的重要举措之一。西共体国家主观上也希望借助新共同货币 ECO 达到甩掉“被殖民”的包袱，推动区域内经济的均衡融合发展，树立起非洲次区域组织货币一体化的标杆。但是上文提到的另一个矛盾即西共体国家对经济一体化的主观诉求与客观上区域国家经济发展不均衡、不充分之间的矛盾，使得 ECO 能否成功推出仍存在变数。

（一）西共体内部缺乏大国支撑且自身运行机制羸弱

虽然西共体自成立以来一直在努力应对成员国内部危机、国家间边界危机、失业青年人数不断增加、政局高度不稳定、激进恐怖主义、农牧民冲突和网络安全等问题，但根据欧盟式制度化的定义，西共体是一

① “Africa's CFA Franc: Colonial Relic or Stabilizing Force?” https://www.dw.com/en/africas-cfa-franc-colonial-relic-or-stabilizing-force/a-48908889, accessed 2022 - 3 - 22.

种失败的区域主义模式。[①] 同为地区性统一金融货币的欧元，其成功发行的根本原因是欧盟内部拥有法国和德国两个经济强国作为担保支撑。法德两国齐心协力，携手并进，发挥了联合发动机的作用。然而西共体内部并没有国家能够担当这一角色。尽管拥有西共体一半以上人口的尼日利亚经济体量大，足足占整个西非国内生产总值的70%，但其经济发展质量不高，无法为区域统一货币的发行提供担保支撑。

为促进成员国在所有经济活动领域的协同发展，西共体制定了《西非国家经济共同体条约》，并出台了大量的相关法律及协定。但西共体并不具备超国家性质，西共体的体制结构因其权力有限而日趋薄弱，导致条约执行不力。西共体敦促成员国建立国家委员会，然而至今仅有一半成员国参照执行，成员国中有的不遵守区域核心规则，任意违背条约；有的私自关闭边境，禁止与其邻国的所有进出口贸易。体制薄弱和政府间机构的衰落使得西共体运行机构的话语权和影响力日益式微，严重影响了经济一体化政策和条约的执行进度，也使得西共体货币改革的推动受阻。

（二）西共体经济结构单一且互补性差

西共体成员国经济结构相似，均高度依赖生产和出口数量有限的初级产品。[②] 产品种类相同或接近，在各国出口产品中的地位和份额也接近，导致区域内贸易受限。此外，域内国家在发展资本、原材料市场以及技术方面高度依赖工业化国家，这又阻碍了西共体国家的工业化进程和经济结构转型。仅以西非法郎区八国为例，从产业结构看，法郎区国家农业、工业和服务业三大产业在国内生产总值中所占的比重相对均衡，没有突出的优势产业，且整体发展水平处于较低层次。可见，在西共体内部推行单纯的货币一体化，其经济收益不大，这也削弱了西共体货币改革的经济驱动力。

西共体成员国难以达到发行区域统一货币的指标要求，也是其共同货币多次推迟发行的原因之一。根据国际货币基金组织的统计数据，2017年西非经济货币联盟内国家科特迪瓦和塞内加尔的GDP增长率超过

---

① P. A. Igwe and D. Lock et al., "The Global Order, Regional Integration and Multiculturally Diverse Stakeholders: The Case of ECOWAS", *International Journal of Organizational Analysis*, 2020, p. 1.

② 见世界银行、英国经济学人（EIU, Country Report）2020年相关数据。

7%，多哥和尼日尔的 GDP 增长率却仅有 4.4% 和 4.9%。[①] 而受新冠肺炎疫情影响，2020 年西非经济货币联盟八国平均经济增长率大幅下降至 2% 以下，且不均衡性更加突出，其中贝宁增长 2.0%，但布基纳法索、几内亚比绍、塞内加尔三国经济增长率均为负值，分别为 -2.8%、-2.4% 和 -0.7%。[②] 成员国经济体发展水平的差异性使得各国对区域内发行共同货币的指标，如财政赤字不超过 GDP 的 3%、通货膨胀率不超过 10%、公共负债不超过 GDP 的 70% 等，始终存在分歧，并且西共体各国也难以达到相应的指标要求。据尼日利亚经济学家阿克潘·埃克波（Akpan Hogan Ekpo）称，截至 2019 年底，只有多哥和几内亚符合加入西共体计划中货币联盟的标准。在当前西共体各国经济发展水平不一、经济一体化程度不高的背景下，相关区域经济趋同标准几乎无法实现。加之新冠肺炎疫情导致各国经济收缩，财政困难，不确定因素进一步增加。相关国家的经济状况总体处于较差运行状态，这对原已停滞不前的地区经济一体化而言，无疑是雪上加霜。因此，想要在 2027 年推行新货币 ECO，西共体首先要从经济重挫的打击中恢复过来，提升自身的贸易一体化程度，改革贸易和体制环境，包括协调各成员国差异显著的宏观经济、实现和遵守货币一体化趋同标准、统一央行及银行立法，等等。

（三）西共体内部存在经贸、政治和意识形态的分歧

西共体国家按照官方语言分类可分为英语区和法语区两部分，英国和法国是其前殖民宗主国。殖民传统的差异，导致在对待区域经济一体化的问题上，英语区与法语区国家的意见也不尽一致：一部分（法语区）倾向于自由主义和一体化，另一部分（英语区）则倾向于干预主义和国家化。[③] 虽然自 2004 年始，西共体公民可持统一护照在各成员国境内自由流动和定居，西共体的统一对外关税也于 2015 年开始生效，但西共体内部的分歧使得成员国之间的横向联系不够密切，导致区域内部的自由

---

① IMF, *IMF Country Report No. 19/90*, https://www.imf.org/en/Publications/CR/Issues/2019/03/29/West-African-ECOnomic-and-Monetary-Union-WAEMU-Staff-Report-on-Common-Policies-for-Member-46723, accessed 2021-7-22.

② *IMF Country Report No. 22/67*, *West African Economic and Monetary Union*, https://www.elibrary.imf.org/downloadpdf/journals/002/2022/067/002.2022, issue-067-en.pdf, March 2022, accessed 2022-4-8.

③ 王战、张蓝月：《西共体一体化重在合作》，《中国投资》2018 年第 24 期，第 79 页。

流通优势未能得到充分发挥，货物、资本和人员的自由流动取得的进展有限，区域经济一体化没有获得理想中的效果，经济趋同目标的实现只得无限延期。

同时，西共体目前的政治和安全环境不够稳定。一方面，新冠肺炎疫情冲击之下西非国家治理环境恶化，时有政治事件和政治骚乱发生，如 2020 年 8 月的马里政变、10 月的尼日利亚示威活动和科特迪瓦因总统选举引发的暴力冲突等。另一方面，西非地区面临的恐怖主义安全威胁持续加剧。《2020 年全球恐怖主义指数》报告显示，恐怖组织势力向撒哈拉以南非洲地区的转移使得该地区 2019 年因恐怖主义造成的死亡总人数跃升至全球第二位，其中布基纳法索死于恐怖主义的人数从 2018 年的 86 人增至 2019 年的 593 人，以近 600% 的增幅位居世界第一。[①] 而自 2020 年初美国宣布撤出驻扎在西非的美军，并停止向在布基纳法索、马里和尼日尔地区打击武装分子的法国军队提供援助后，法国也于 2021 年 6 月宣布从萨赫勒地区撤军。在西非及萨赫勒地区已成为“伊斯兰国”和“基地”组织“重心”的背景之下，美、法等大国的抽身而退将使整个非洲的反恐形势更加严峻。[②] 分歧导致矛盾，加之西非地区的政治和安全环境始终处于动荡不安之中，内忧外患叠加使西共体国家自顾不暇，阻碍了西共体经济一体化向前推进的步伐。

结 语

西非货币变革有着复杂的历史背景。自 1945 年 12 月法郎区官方正式创立法属非洲殖民地法郎，到 20 世纪 60 年代法非合作时代西非法郎的正式形成，西非法郎完成了历史性的跨越，即由殖民体系压制下由殖民者向被殖民一方不平等转移的货币制度过渡到独立国家或区域之间的货币联系制度。正是通过一系列不平等的双边和多边“合作协定”，法国取得了对西非法郎区国家货币的主导和控制权，从而将西非法郎区国家的经济命脉控制在自己手中。由于建立在强行施加的基础上，自西非法郎区

① Institute for Economics & Peace，“Global Terrorism Index 2020：Measuring the Impact of Terrorism”，Nov. 2020，http://visionofhumanity.org/reports，accessed 2021 - 7 - 22.

② 贺文萍：《法国抽身而退，萨赫勒要重蹈阿富汗覆辙》，《工人日报》2021 年 6 月 25 日，第 8 版。

国家取得独立、国民经济在法郎体系中运行以来，这些国家的经济基础就不断受到削弱，宏观经济问题突出，经济增长率长期低于非洲平均水平，难以实现突破。更重要的是，法国通过法郎货币对西非法郎区国家经济的控制，直接影响到后者的主权与民族尊严，进而形成法国对西非法郎区国家的政治控制，这无疑与时代发展、国际趋势相悖而行，这也是西共体货币改革的历史根源所在以及追求西共体货币独立的内在诉求。同时，西非地区一体化自主发展的大趋势逐渐形成，西非国家经济共同体货币变革成为多数地区国家追求的目标。尽管如此，西非法郎及西共体货币变革仍面临诸多挑战或不确定因素。受西非国家政局变动、恐怖主义安全挑战、非洲一体化进程的整体推进、法国及欧盟对非政策等复杂因素影响，西非货币变革的前景将会充满艰难与不确定性。

责任编辑：张巧文

非洲研究　2022 年第 2 卷（总第 19 卷）
第 92—112 页

私有土地还是集体土地？加纳土地制度的演变与改革的道路选择*

冯理达　杨崇圣

【内容提要】自 19 世纪末英国逐步确立对加纳的殖民统治起，加纳土地制度的钟摆就在推广私有产权与保护习惯土地之间徘徊。殖民统治初期，殖民地政府实施土地私有化的政策，在遭到抵抗后转而寻求维持习惯土地制度；加纳独立后，经历了短暂的土地国有化，20 世纪 60 年代末，酋长控制下的习惯土地制度复位，最终以 1992 年宪法为标志，形成了以习惯土地制度为基础，推动土地使用者产权注册的改革方案。这一过程表明，加纳土地制度的演变是多线程的历史事件，它一方面反映了全球化以及国际分工生产组织形式的动态，另一方面也体现出其受到加纳国内不同社会阶层之间互动关系的影响，政府则综合国内国际压力，在平衡多方因素后作出政策选择。

【关键词】加纳；土地制度；产权；酋长

【作者简介】冯理达，清华大学社会科学院国际关系系/清华大学国际与地区研究院博士研究生，研究方向为非洲政治（北京，100084）；杨崇圣，清华大学国际与地区研究院助理研究员，研究方向为非洲经济（北京，100084）。

* 本文系 2017 年度国家社会科学基金重大项目“经济全球化波动的政治效应及中国的战略应对”（项目批准号：17ZDA169）的阶段性研究成果。

资本主义全球化不仅是生产要素在世界范围内流动的过程，也涉及私有产权制度的推广。土地是私有化的重要对象，19 世纪末，帝国主义殖民扩张加深了非洲内陆地区卷入国际分工的程度，也引入了土地私有制，① 一些非洲国家建立了以私有产权为核心的土地制度，例如肯尼亚、南非等国，通过发放个人自由保有权，引入了正式私有产权。但仍有一些国家，如加纳、乌干达、科特迪瓦，即使长期面对私有化的压力，仍未采用私有化的土地模式，而是承认以集体所有权为核心的习惯土地制度（customary land tenure），并以此为前提推动土地市场化。②

为什么当土地面临私有化压力时，一些非洲国家仍能够保持其集体产权的核心属性？围绕这一问题，包括赫布斯特③、普拉图④、布恩⑤等在内的学者都给出了自己的答案，他们的研究主要围绕殖民统治对土地所有制的影响、国际援助机构的意识形态对土地改革方案的塑造，以及非洲传统土地制度对于当代市场经济的适应性和保障农民土地占有的安全性展开。但以上解释过于突出单一性因素，对殖民政策同殖民地农业生产组织形式的关系、国家内部利益团体和国际社会之间互动对土地制度形成影响的重要性强调不足。

为解决这一问题，笔者将以加纳为案例进行分析。加纳有着典型的习惯土地制度，80% 的土地都属于习惯土地，所有权属于集体，即全体

---

① Jean-Philippe Platteau, "The Evolutionary Theory of Land Rights as Applied to Sub-Saharan Africa: A Critical Assessment", *Development and Change*, 1996, 27, pp. 29 – 85.

② Julian Quan, "Land Tenure, Economic Growth and Poverty in Sub-Saharan Africa", in Camilla Toulmin and Julian Quan eds., *Evolving Land Rights, Policy and Tenure in Africa*, London: DFID/IIED/NRI, 2000, pp. 31 – 50.

③ 杰弗里·赫布斯特认为，殖民政策对传统权威的破坏性呈现出地区不均衡的特点，在那些传统权威权力保留较为完整的国家，土地私有化的阻力更大。参见 Jeffrey Herbst, *States and Power in Africa: Comparative Lessons in Authority and Control*, Princeton: Princeton University Press, 2000, pp. 182 – 184。

④ 普拉图认为，习惯土地制度对市场有适应力，能为土地投资和经济增长提供激励。参见 Jean-Philippe Platteau, "The Evolutionary Theory of Land Rights as Applied to Sub-Saharan Africa: A Critical Assessment", *Development and Change*, 1996, 27 (1) pp. 29 – 85。

⑤ 凯瑟琳·布恩认为，20 世纪 90 年代以来，新自由主义和地方分权使政府开始撤出对基层的管理，传统权威趁机重新控制了土地权力导致了这一现象。Catherine Boone, "Property and Constitutional Order: Land Tenure Reform and the Future of the African State", *African Affairs*, 2007, 106/425, pp. 557 – 586.

社区成员及其后代，并由酋长托管。[1] 在加纳历史中，私有化力量不断挑战习惯土地制度，但未曾将其消灭，如今加纳政府既无意改变习惯土地的集体性，又强调发放个人产权证明，促进土地的市场化和投资者土地占有的安全性。目前，国内外讨论加纳土地制度的研究，大多分析了某一时期土地制度的具体形态，或土地制度变迁的历史脉络与意义。[2] 本文将在既有研究成果的基础上，强调塑造加纳土地制度的不同力量，即全球化的动态、加纳国内社会各阶层关系和在前者背景下政府决策对土地制度形成的影响，并在此基础上同时尝试回答以下问题——为什么加纳土地改革没有实现土地的私有化，而是选择保留习惯土地制度；加纳土地私有化和维持习惯土地制度的力量分别是什么。

一 殖民地时期加纳的土地制度

殖民统治时期，殖民地政府土地政策从要求大规模占有土地、建立私有产权，向保护习惯土地转变。政策变化受主导出口的可可产业生产组织模式的影响，也反映了在全球化与市场力量的驱动下，经济作物种植和商品关系扩张引发的农村社会阶层分化。

① 在北部，习惯土地由酋长或者大地牧师（tendenda）代表社区进行管理，被称为“皮地”（skin land）；在阿散蒂和东部省等地，土地由酋长代表社区托管，被称为“凳子土地”（stool land）；在大阿克拉和沃尔特地区，家长（family head）对土地拥有管辖权，但上述类型土地所有权的核心原则都是土地属于社区成员。

② 国外对于加纳土地制度的经典研究可参见 K. A. Busia，*The Position of the Chief in the Modern Political System of Ashanti: A Study of the Influence of Contemporary Social Change on Ashanti Political Institutions*，London：Frank Class and Co. Ltd Publish，1968；Gareth Austin，*Labour，Land and Capital in Ghana: From Slavery to Free Labour in Asante*，*1807 - 1956*，Rochester：University of Rochester Press，2005，以及 Poly Hill，*The Migrant Cocoa-Famers of Southern Ghana: A Study in Rural Capitalism*，Cambridge：Cambridge University Press，1963。国内学者早期重要成果可参见李安山《殖民主义统治与农村社会的反抗——对殖民时期加纳东部省的研究》，湖南教育出版社，1999；艾周昌《殖民地时期加纳土地制度的变化》，《西亚非洲》1991 年第 5 期，第 55—61 页。近些年学者对于非洲土地议题关注增多，对加纳土地制度沿革及习惯土地制度功能的研究可参见胡洋《传统与现代：加纳传统土地制度改革论析》，《西亚非洲》2021 年第 5 期，第 76—102 页。

（一）从私有化到保护习惯土地：殖民地土地政策的转变

19世纪后半叶，热带农产品作为欧洲工业生产的重要原料和产业工人的消费品来源需求剧增，[①] 欧洲商人、种植园主等资本家要求在殖民地获得更多土地，生产国际市场所需产品。在法属赤道非洲、比属刚果、南罗得西亚、肯尼亚以及亚洲的马来亚等殖民地，殖民地政府直接占有土地并让渡给欧洲种植园主、贸易公司，支持欧洲移民建立种植园，向欧洲市场供应橡胶、靛蓝、烟草、棉花等经济作物。[②] 在这一背景下，殖民地土地的集体性质，被殖民者视为发展殖民地产业的阻碍。因此，19世纪后期，逐步确立对黄金海岸殖民地统治的英国政府开始尝试推行强征土地的法案。例如在1876年，殖民地政府颁布了《公地法令》（*Public Land Ordinance*），授予政府强征土地的权力；1894年，又试图推出《皇家土地条例》（*Crown Land Bill*），意在使西部土地、林地和矿区归属（英国）女王以供殖民地政府使用。[③]

然而殖民地政府这种以建立土地私有产权为目标的土地改革倾向，到了20世纪20年代却发生了巨大变化。尤其是到了30年代后，随着黄金海岸殖民地确立起“间接统治”，政府承认并保护酋长对土地的控制与管理，并通过制约土地的市场化，防止非洲人之间土地的出售和抵押，以限制殖民地土地市场的方式，强制维持土地的集体所有属性。例如在阿散蒂，根据1940年《凳子财产保护条例》（*Stool Property Protection Ordinance*），酋长不得在未经殖民地政府同意的情况下转让、抵押任何凳子财产（包括土地）。[④]

（二）可可与社会分化：经济发展与政治稳定的悖论

殖民地土地政策的转向同两点有关。第一，在经济上，小农模式比

---

① Harriet Friedmann and Philip McMichael, “Agriculture and the State System: The Rise and Decline of National Agricultures, 1870 to the Present”, *Sociologia Ruralis*, 1989, XXIX - 2, pp. 93 - 117.

② 〔坦桑尼亚〕M. H. Y. 卡尼基：《原英属地区的殖民经济》，〔加纳〕A. 阿杜·博亨主编《非洲通史（第七卷）：殖民统治下的非洲（1880—1935年）》，中国对外翻译出版公司，1991，第315—316页。

③ 李安山：《殖民主义统治与农村社会的反抗——对殖民时期加纳东部省的研究》，湖南教育出版社，1999，第84—86页。

④ C. K. Meek, *Land Law and Custom in the Colonies*, London: Oxford University Press, 1949, p. 192.

大种植园更适应可可生产。19 世纪末，可可替代棕榈和橡胶成为殖民地主导产业，1930 年前后，种植面积已经超过 100 万英亩，占世界产量 40% 以上，为政府贡献了大量的财政收入。殖民地小农模式相对于种植园模式，成本更低，小农适应了可可的作物属性和生长规律，并在传统耕作方式的基础上，对生产技术进行了改良。从 19 世纪末到两次世界大战之间，黄金海岸南部由欧洲人控制的可可种植园迅速衰落，包括食品巨头吉百利、联合利华在内的欧洲种植园纷纷破产，最终在 20 世纪 40 年代完全消失。[①] 一家一户的小农模式相对于种植园模式更有竞争力，也能够满足殖民地出口的需求。

第二，在政治上，殖民地农民分化，产生了对土地制度持不同态度的社会阶层，其潜在的政治影响进而塑造了殖民地政府对私有化土地的反对立场。19 世纪中后期，经济作物种植的扩张加速了土地商品化。在旺盛的土地需求驱动下，农民不断开垦林地种植经济作物，更多来自北方的移民来到南方寻求获得土地。[②] 殖民地市场与商品经济的发展使殖民地民众被进一步卷入国际分工，这一趋势反过来使殖民地社会日益分化。首先，得益于旺盛的土地需求，一批殖民地酋长通过出售、出租土地以及广泛参与可可等经济作物的种植，积累了充裕的资本，酋长将土地视为资本积累的主要途径，强烈反对殖民地政府对土地的强制占有，但同时也反对建立土地私有产权，以防止土地被永久性流转给私人，破坏酋长基于土地的权力。1898 年，代表殖民地南部酋长、种植经济作物的农民、手工业者、商人利益的凯西・海福德（J. E. Casely Hayford）、约翰・门萨・沙尔巴赫（John Mensah Sarbah）等新兴资产阶级组建了土著人权利保护协会（Aborigines' Rights Protection Society），以维护传统文化和非洲人土地权利为名展开了反对土征收法案的斗争，[③] 促使政府妥协，放弃了将土地收归殖民地政府所有的计划。其次，在经济作物种植浪潮中积累了个人资本的移民农民，也反对殖民地政府对土地的直接占有。可可

① Corey Ross, "The Plantation Paradigm: Colonial Agronomy, African Farmers, and the Global Cocoa Boom: 1870s - 1940s", *Journal of Global History*, 2014, 9, pp. 49 - 71.

② 李安山：《殖民主义统治与农村社会的反抗——对殖民时期加纳东部省的研究》，湖南教育出版社，1999，第 82—83 页。

③ David Kimble, *A Political History of Ghana: The Rise of Gold Coast Nationalism, 1850 - 1928*, London: Oxford University Press, 1963, p. 345.

种植的大规模扩张使移民农民数量日益增多，尤其是在克罗博（Krobo）、阿克瓦皮姆（Akwapim）等地，一部分移民农民通过从酋长手中获得土地，并将利润再投资于扩大可可种植面积，形成了被称作“农业资本家”的富农阶层。[①] 他们担心殖民地政府强占土地会危害自身获取土地的途径，因而和酋长一道要求捍卫殖民地民众的土地权利。但与此同时，由于移民获取土地的方式，已经从传统的血缘、家族模式，转变为现金交易的商业模式，这些移民农民又支持政府采取土地私有化的措施来保护非洲人的土地产权。[②]

非洲农民对市场变化的积极反应和资本积累的需求，构成了对英国殖民者直接占有土地并转让给欧洲人计划的抵制，是殖民地土地政策变化的直接原因。而根本原因在于，随着市场关系的扩张，农村社会进一步分化带来的政治后果，对殖民地政权而言是难以接受的，这也是为什么殖民地政府不愿非洲人享有土地私有产权的缘由。

随着殖民地种植经济作物的农民和酋长阶层资本的积累，可可产区开始出现土地兼并和不在地主（absentee landlord）[③]，一些农民同时拥有几处不相邻的可可园，并雇用劳动力，买卖、抵押土地。1939 年的殖民地年报提到，一些可可产区已经有相当数量的农民拥有超过 100 英亩的土地，[④] 而小农则正在失去独立性并依附于少数富人。因而有学者指出，“可可种植不再是纯粹的小农事务……殖民地的农业经济开始出现了资本主义生产模式”。[⑤]

殖民地农民资本的快速集中，产生了两个后果。第一，资本主义农民[⑥]逐步壮大并挑战欧洲商人对可可贸易的垄断。20 世纪 20 年代至 30 年代末，加纳可可农民以及参与可可生产的酋长组织了多次拒售运动，抗

① Poly Hill, *Studies in Rural Capitalism in West Africa*, Cambridge: Cambridge University Press, 1970, pp. 21 – 29.

② Anne Phillips, *The Enigma of Colonialism: British Policy in West Africa*, Bloomington: Indiana University Press, 1989, pp. 75 – 76.

③ 此词的翻译参考了费孝通《江村经济》（中信出版集团，2019，第 173 页）一书。

④ *Annual Report on the Social and Economic Progress of the People of the Gold Coast, 1937 – 1938*, London: HMSO, 1939, p. 24.

⑤ Anne Phillips, *The Enigma of Colonialism: British Policy in West Africa*, Bloomington: Indiana University Press, 1989, pp. 88 – 89.

⑥ 这些农民种植经济作物，并且从事通过资本运作扩大再生产的资本主义必需的活动。

议欧洲贸易公司垄断可可出口、压低收购价格。[①] 第二，社会秩序恶化。伴随着可可繁荣以及越来越多的土地流转，土地交易中的多重出售、边界争端等事件产生了复杂的司法诉讼，许多酋长也因抵押土地或违背社区成员意愿滥售土地，而陷入官司、负债或遭废黜，[②] 社会秩序遭到了商业化的巨大冲击；另外，土地交易增多使土地日趋集中，占有土地的酋长和富农具有地主和资本家的双重特征，一部分农民则日趋贫困，进而佃农化，[③] 并出现了失地农民，这一现象使殖民地政府担忧无产阶级化的农民带来的劳动成本上升[④]和爆发高度组织的劳工运动的风险。[⑤] 农村社会的分化，使殖民地政府试图用压制殖民地发展来解决这些问题，一方面通过设立可可销售委员会（Cocoa Marketing Board），强化对可可生产剩余和贸易的控制，另一方面，在土地政策上持保护习惯土地、否定土地私有化的立场，企图将土地和劳动力限制在所谓的“部落”之中。

虽然要求土地私有的呼声不断，且殖民地政府并未能阻止土地的进一步市场化和社会分化，[⑥] 但主要出于对秩序的担忧，直到从黄金海岸撤退前夕，殖民地政府都没有采取任何土地私有化导向的改革措施。

---

① Gareth Austin, “Capitalist and Chiefs in the Cocoa Hold - ups in South Asante, 1927 - 1938”, *The International Journal of African Historical Studies*, 1988, 21 (1), pp. 63 - 95.

② Anshan Li, “Asafo and Distoolment in Colonial Southern Ghana: 1900 - 1953”, *The International Journal of African Historical Studies*, 1995, 28 (2), pp. 327 - 357.

③ Gwendolyn Mikell, *Cocoa and Chaos in Ghana*, Washington D. C.: Howard University Press, 1992, pp. 91 - 101. 艾周昌将拥有土地的酋长与富农定义为“非纯粹的封建地主”，他们占有生产资料（土地），以地租的形式剥削农民，同时还和市场有密切联系。参见艾周昌《殖民时期加纳土地制度的变化》，《西亚非洲》1991 年第 5 期，第 55—61 页。

④ 例如，乔万尼·阿瑞吉在对罗得西亚无产阶级的研究中指出，农民的彻底的无产阶级化给资产阶级带去了更多的麻烦，因为非洲农民生产了他们自己所需的部分资料；彻底无产阶级化的劳动力只有在拿到谋生的工资的条件下才可以被剥削。参见 G. Arrighi, “Labour Supplies in Historical Perspective: A Study of the Proletarianization of African Peasantry in Rhodesia”, *The Journal of Development Studies*, 1970, pp. 197 - 234。

⑤ 20 世纪 30 年代后，防止有组织的无产阶级对殖民地秩序的威胁，已经成为欧洲殖民宗主国对非洲统治的重要共识。相关论述可参考：Frederick Cooper, *Decolonization and African Society: The Labour Question in French and British Africa*, Cambridge: Cambridge University Press, 1996；李鹏涛《英属中部和东部非洲殖民地的城镇劳动力政策》，《世界历史》2017 年第 2 期，第 31—45 页；等等。

⑥ 1948 年的黄金海岸骚乱后，负责调查的沃森委员会（Watson Commission）承认，不受限制地让渡“部落”土地以及由此产生的失地农民，是殖民地动荡的重要原因。*Report of the Commission of Enquiry into Disturbances in the Gold Coast*, 1948, London: HMSO, 1948.

二 土地国有化与习惯土地制度的复兴

二战后，殖民体系濒临崩溃，欧洲宗主国开始实施“非殖民化”政策，此时全球化的飞速发展，给宗主国的政策调整带来机遇。以跨国公司、国际货币基金组织、世界银行、世界贸易组织等组织为代表的国际金融机构，开始在非洲推动私有化，进而控制资源和土地。在国际金融机构的话语中，推动集体土地产权正式化、规范化和私有化，有助于缓解土地冲突，提高土地使用效率和占有安全，确保农民获得贷款。[①] 1951 年联合国发布的农业报告中明确提出土地私有产权的缺乏，阻碍了发展中国家农业和经济的发展。[②] 20 世纪 60 年代后，兴起于美国的产权学派主张在发展中国家推动土地私有化。该学派作为新制度经济学的分支，强调必须将有担保的使用权、用益权和出售资产的权利结合，确保承担投资成本的人获得正向收益，避免出现过度使用资源的“公地悲剧”。[③] 同殖民时代的全球化不同的是，二战后的全球化主要是由美国驱动的。由于美国并非传统的殖民帝国，因此在全球殖民体系中不占主导地位。为了同英法争夺在前殖民地国家的霸权，美国崛起后，它反对殖民体系的永久存在，并主张建立一个更加开放的国际发展架构。美国的崛起产生了一个更开放的国际发展架构，这一架构通过金融机构得到了制度化，旨在促进美国为主的跨国公司和资本的扩张。但国际资本在加纳推进土地私有化时仍然面临着许多阻碍。

（一）恩克鲁玛时代的土地国有化政策

加纳独立后，克瓦米·恩克鲁玛并没有选择自由资本主义道路，在

① J. P. Platteau, “The Evolutionary Theory of Land Rights as Applied to Sub-Saharan Africa: A Critical Assessment”, *Development and Change*, 1996, 27, pp. 29 - 86.

② *Land Reform, Defects in Agrarian Structure as Obstacles to Economic Development*, New York: United Nations Department of Economic Affairs, 1951. 转引自 T. J. Byres, “Introduction: Contextualizing and Interrogating the GKI Case for Redistributive Reform”, *Journal of Agrarian Change*, 2004, 4, pp. 1 - 16。

③ G. Feder and D. Feeny, “Land Tenure and Property Rights: Theory and Implications for Development Policy”, *The World Bank Economic Review*, 1991, 5 (1), pp. 135 - 153.

本国发展私有产权关系，相反，他采取了土地国有化政策。这与当时的国际环境有关。冷战铁幕下，社会主义道路使非洲国家看到了更多发展路径。许多独立后的非洲国家要么建立起了社会主义制度，要么形成了国家强力干预的发展体制。更重要的是，恩克鲁玛本人也是一个社会主义者，他坚信，非洲国家发展的最大障碍在于新殖民主义，因此需要用社会主义的方式，用国家力量集中资源，统一调配，推动工业化和经济的发展。为了加强对农村的控制，打破欧美资产阶级对农业生产剩余的垄断，恩克鲁玛从土地入手，试图削弱被他视为"殖民统治代理人"①的酋长的土地权力。1958年，恩克鲁玛颁布了《阿散蒂凳子土地法》（*Ashanti Stool Lands Act*）和《阿吉姆·阿布阿夸法》（*Akim Abuakwa Act 78 of 1958*），使政府作为地主控制了阿散蒂和阿吉姆·阿布阿夸地区的土地收入和分配权；随后，又分别在1959年和1960年颁布了两部《凳子土地法》，在1962年颁布了《土地管理法》（*Lands Act*），将政府对土地的管理权扩大到全国。② 打击习惯土地制度的同时，加纳实施了土地国有化政策，用规模化、机械化的国营农场代替小农生产，鼓励农民加入合作社等生产组织，将农民和农业生产纳入大会人民党和政府的管理。③ 在这种体制下，国家强化了对土地的控制，酋长的政治、经济角色被削弱。与此同时，恩克鲁玛的经济政策旨在利用国家干预，以"自力更生"的形式推动工业化和农业现代化，减少了国际资本对加纳土地的获取和投资的机会。④

1966年恩克鲁玛政府被推翻后，国家干预模式在70年代政局动荡时期被延续下来，轮番登场的军人、文官政权虽然加大了对外资的开放力度，但仍采取了谨慎的自由化策略，1972年上台的国家救赎委员会军政

---

① Kwame Nkrumah, *Class Struggle in Africa*, New York: International Publishers, 1970, p. 14.

② 时任阿散蒂王（Asantehene）的奥赛·图图·普伦佩二世（Osei Tutu Agyeman Prempeh Ⅱ）和阿吉姆·阿布阿夸大酋长（Okyenhene）的纳纳·奥弗里·阿塔二世（Nana Ofori Atta Ⅱ）为独立前后反恩克鲁玛势力的支持者，因而恩克鲁玛将打压两地酋长作为重点，相关研究可参见 Richard Rathbone, *Nkrumah and the Chiefs: The Politics of Chieftaincy in Ghana, 1951 – 1960*, Athens: Ohio University Press, 2000。

③ 参见 Bjorn Beckman, *Organising the Farmers: Cocoa Politics and National Development in Ghana*, Uppsala: The Scandinavian Institute of African Studies, 1976。

④ William H. Friedland and Carl G. Rosberg, Jr., *African Socialism*, Redwood City: Stanford University Press, 1964, p. 271.

权甚至恢复了进口与价格管控，回归指令经济，[①] 以确保国家资本对土地经营、管理的参与。

（二）资本主义稻农与军政府的土地政策

土地私有化还受国家同不同社会阶层关系的制约。从 1966 年至 1981 年，加纳政府放弃了国有化，但并未如西方所愿进行私有化，而是着手恢复习惯土地制度。主要表现为，在 1969 年和 1979 年宪法中，确立了酋长地位的独立性，恢复了酋长对北方土地的控制。[②]

首先，政府选择保留习惯土地制度受到了掌权的军人和酋长关系的影响。由于缺乏动员农村人口的手段，军政府需要和酋长合作弥补其在农村地区的劣势。加纳政变后，军队领导人明确表示，酋长们可以依靠他们的支持，在地方政府中与他们一起工作，酋长得以进入政府，并派代表参加宪法改革委员会。[③] 军政府时期，酋长代替了地方政党组织，成为一种政治化的代理机构，以确保军人或“革命”政权的合法性。[④] 对习惯土地制度的拥护成为换取酋长支持的重要筹码。

其次，政府保留习惯土地制度，同该时期社会阶层出现的新动态有关。20 世纪 60 年代末以来，加纳经济长期低迷：国际市场可可价格暴跌与政府失败的农业政策共同导致了可可经济的萧条；[⑤] 通货膨胀严重，城

---

① Tony Killick, *Development Economics in Action: A Study of Economic Policies in Ghana*, London: Routledge Press, 2020, pp. 71 – 72.

② *Constitution of the Third Republic of Ghana*, 1979, 188 (4). 加纳北方土地同南方不同，1927 年，殖民地政府将北部土地列为“国有土地” (public land)，1931 年将其改为“原住民土地”；1960 年加纳政府颁布《国家财产和合同法》(*State Property and Contracts Act*)，使总统以“公共服务”为名控制北部土地，1969 年宪法延续了这种判定。从 1927 年至 1969 年，北方土地在法律上归中央政府所有，但酋长等传统权威实际仍对土地实施控制，依照传统的方法进行分配。参见 Piet Konings, *The State and Rural Class Formation in Ghana: A Comparative Analysis*, London: Routledge Press, 2015, pp. 154 – 158。

③ Emile A. B. van Rouveroy van Nieuwaal, “Chiefs and African States”, *Journal of Legal Pluralism and Unofficial Law*, 1987, 25, pp. 1 – 46.

④ Arhin Brempong, *Transformations in Traditional Rule in Ghana (1951 – 1996)*, Accra: Sedco Press, 2001, p. 74.

⑤ Tony Killick, *Development Economics in Action: A Study of Economic Policies in Ghana*, London: Routledge Press, 2020, pp. 202 – 233.

市物价尤其食品价格成为政治不稳定的重要原因，[①] 而南方城市化和非农人口的增加，使得对粮食的需求提升；从可可产业中流出的劳动力，又难以被城市落后的工业所吸收。面对可可价格下跌、通货膨胀、农业失业率上升三重困境，加纳政府开始尝试用粮食生产代替可可种植，在吸纳农民就业的同时，平抑物价，节省外汇，稳定政局。[②] 20 世纪 70 年代初，加纳政府开始在北方地区实施大规模稻米种植项目，以政府补贴的形式，推动建立机械化、商业化农场。政府原本希望以当地和南方可可种植业中流出的劳动力为主要的水稻种植者，但实际上，丰厚的利润和补贴吸引了大量资本涌入，来自城市的官僚、军人及其亲属，还有跨国企业，成为参与北方水稻种植的主力。他们从酋长那里获得大片土地，并结成利益共同体参与经济作物种植，共享收益。例如在北方地区，美国控股的沃尔特铝业公司与加纳国家投资银行联合投资 3000 万赛地（约合 2340 万美元）建立大型水稻种植园，并获得了大量的政府补贴与农械。而原本有意参与水稻种植的小农却无法获得政府的补贴，土地又因被酋长分配给了来自城市官僚阶层的亲属或代理人而难以扩大种植，最终不得不放弃生产，被迫流入大型种植园充当半无产化的劳动者。[③]

在北方稻米种植项目中，诞生了一批资本主义稻农阶层。他们占有土地、农械等生产资料和劳动力，与政府关系密切、受国家保护，不仅是国家农业项目的受益者，也是当地酋长的合作者。基于这种利益关系和寻租网络，政府通过保护酋长对土地的占有，确保了在农村化身为资本主义稻农的官僚阶层拥有获取土地和劳动力的途径。

总的来说，70 年代加纳政府恢复习惯土地制度，一方面是因为军政府有通过酋长提升对农村控制能力的需要，另一方面也反映了大规模稻米种植项目中诞生的资本主义稻农阶层的利益。这种国内环境和社会阶层变化的动态，促使军政府和酋长建立起盟友关系，并致力维护酋长赖以为生的习惯土地制度。

① M. M. Huq, *The Economy of Ghana, The First* 25 *Years since Independence*, London: Palgrave Macmillan Press, 1989, p. 216.

② Gwendolyn Mikell, *Cocoa and Chaos in Ghana*, Washington D. C.: Howard University Press, 1992, pp. 194 - 205.

③ Andrew Sherperd, "Agrarian Change in Northern Ghana: Public Investment, Capitalist Farming and Famine", in Judith Heyer, Pepe Roberts and Gavin Williams eds., *Rural Development in Tropical Africa*, London: The MacMillan Press, 1981, pp. 168 - 191.

三　私有化的短暂回潮与习惯土地制度的巩固

1981 年 12 月，杰里·约翰·罗林斯（Jerry John Rawlings）领导中下层青年军官发动军事政变，建立国家临时军事委员会政权。在“罗林斯时代”，加纳土地政策最初具有私有化倾向，但在 1992 年之后，则彻底转向了保护习惯土地制度并延续至今。

（一）结构调整与酋长和移民的斗争：罗林斯初期的土地私有化转向

在罗林斯执政的第一个十年里，土地政策倾向于私有化，主要表现为 1986 年《土地所有权登记法》的颁布。该法规定，土地上的自主所有权（allodial title）、自由保有权（freehold title）、租赁物权（leasehold title）以及土地上的次级权利（lesser interests in land）等权利的享有人都可以注册为土地所有者（proprietor of land）。[①] 这意味着，一旦在凳子土地中对占有的土地进行了登记，登记人便成为土地所有人，在履行传统的责任或义务的前提下，有权出售、出租、抵押所有权，或签署农业租赁和股东协议。[②] 这同酋长对土地所有人仅享有土地的使用权或用益权（usufructuary right）的解读出现了矛盾，构成了对酋长土地权力的挑战，从长远来看，更可能导致集体土地消失，被私人土地取代。因而该法的颁布被一些法学家视为“逐步消灭社区集体对土地所有权的关键步骤”。[③]

私有化倾向的土地政策是在国际和国内两方面的压力下促成的。从国际上看，石油输出国组织提高了石油价格，沉重打击了非洲国家工业化，非洲各国外债攀升，外汇收入减少，偿还贷款能力被削弱，非洲多地同时期发生的严重干旱增加了各国对粮食进口的需求，加剧了外汇短缺。滥觞于英美的新自由主义在 20 世纪 80 年代趁势向非洲扩张，并通过

① *Land Title Registration Laws*, 1986, PNDCL, 152.

② *Ghana Prevailing Systems of Land Tenure*, FAO, http://www.fao.org/gender-landrights-database/country-profiles/countries-list/land-tenure-and-related-institutions/en/? country_iso3 = GHA, accessed 2022 - 3 - 21.

③ Gordon R. Woodman, *Customary Law in the Ghanaian Courts*, Accra: Ghana Universities Press, 1996, 转引自 Daniel Appiah, *The Politics of Traditional-Federal State Formation and Land Administration Reform in Ghana: 1821 - 2010*, PhD diss., University of York, 2012, p. 201。

“结构调整”方案，发展中国家土地私有化的压力加大。1983 年，罗林斯政府接受了国际货币基金组织的一揽子结构调整计划，[①] 在土地政策上，该计划要求加纳摆脱历史遗留的土地集体产权，通过推广土地所有权登记制度，将土地集体权利转变为个人自由保有权。[②]《土地所有权登记法》通过完善土地注册制度，保护了注册人的土地权益，促进了土地的市场化，反映了 80 年代国际援助机构对发展中国家进土地私有化改革、保护私有产权的要求。

从国内来看，土地政策也受 80 年代在可可产地移民农民与酋长之间争夺土地的斗争的影响。罗林斯通过政变上台，为了稳固其在农村的统治，其宣称要改善农村地区弱势群体的地位，作出同情农民，尤其是移民农民的姿态。[③] 这一表态在很大程度上反映了该时期被土地商业化激化的酋长与移民农民之间的矛盾。20 世纪 50 年代，传统可可产区地力枯竭，阿散蒂等地的可可种植农民开始向西部地区迁徙，从酋长手中获得土地使用权以种植可可；而当本土农民开始种植可可时，大部分土地已经被酋长出售给了移民。此时酋长面临两难：森林枯竭，可供分配的土地越来越少，本地农民因无地可分而迁怒酋长，并要求同移民农民重新协商土地协议。酋长为了缓解所处的困境，开始试图重新攫取土地控制权。例如在色斐 - 瓦索（Sefi-Wiawso）和瓦萨 - 阿门菲（Wassa-Amenfi）地区，酋长们利用对习惯法的解释，强迫移民农民重新谈判土地合同，以确定对本地农民和酋长更有利的条件，甚至不惜驱逐移民，激起了移民的反抗。[④] 80 年代，移民农民同酋长之间的矛盾已经十分尖锐。刚刚夺得政权的罗林斯看到了机遇，并尝试团结处于弱势的移民农民抗衡酋长阶层。受到政府鼓舞的移民农民也组织起农会，对抗以酋长为代表的传统势

① Charles Amo-Agyemang, *Understanding Neoliberalism as Governmentality: A Case Study of the IMF and World Bank Structural Adjustment Regime in Ghana*, Rovaniemi: University of Lapland Press, 2017, pp. 9 - 10.

② David Forkuor and Peter Ohene Kyei, “Enhancing Land Administration in Ghana through the Decentralized Local Government System”, *International Journal of Development and Sustainability*, 2013, 2 (2), pp. 127 - 141.

③ 〔美〕罗杰 · S. 戈京：《加纳史》，李晓东译，中国大百科全书出版社，2011，第 206—207 页。

④ Boni Stefano, *Clearing the Ghanaian Forest: Theories and Practices of Acquisition, Transfer, and Utilisation of Farming Titles in the Sefwi-Akan Area*, Accra: Institute of African Studies, 2005, pp. 103 - 104.

力对习惯法和土地协议的操控行为。《土地所有权登记法》的颁布表明，政府站在移民农民的立场上，保护了他们对所耕作土地的使用权，并支持他们登记土地权益，防止酋长利用对习惯法的解释，强迫移民农民重新谈判土地合同。[①]

（二）全球农业产业链与民主化：1992 年以来的土地政策

在罗林斯执政的第二个十年，土地政策再次出现了变化。1992 年，罗林斯政府颁布新宪法，在宪法中作出“习惯土地依照习惯法和习俗属于酋长”，“不得在加纳境内的任何习惯土地上授予任何团体以各种类别的自由保有利益”[②] 的规定，并确立了不干涉习惯土地事务的原则。还于 1999 年颁布了指导土地改革的《国家土地政策》，宣告政府将在不改变习惯土地制度的前提下，推动土地确权。[③] 罗林斯退休后，约翰·库福尔（John Kufuor）总统继承了罗林斯的整体政策，并在 2003 年实施了土地管理项目（Land Administration Project），建立习惯土地秘书处（Customary Land Secretaries），使酋长具有了厘清既有的土地界线与相关权利，帮助土地委员会进行土地产权登记的权利。[④] 从这些举措来看，加纳政府的土地政策回归了习惯土地制度，同时，推动土地登记表明，这一政策是在市场化的框架内进行的。加纳政府为土地商品化和市场交易披上了传统的外衣，保护了酋长的土地权利和在土地交易中的主动地位，也为私人和国际资本在加纳获取土地提供了便利和土地占有安全的保障。

这一转变首先和全球化生产组织的新形式和由此产生的新土改方案有关。20 世纪 90 年代初期，强调习惯土地集体权利向个人自由保有权直接转变的早期土地改革方案在发展中国家普遍失败，促使国际援助机构重新审视习惯土地制度。一些经济学家开始鼓吹传统机构在促进实现土地管理的“善政”方面发挥的重要作用，认为被正式授予土地管理权的

---

① Boni Stefano, *Clearing the Ghanaian Forest: Theories and Practices of Acquisition, Transfer, and Utilisation of Farming Titles in the Sefwi-Akan Area*, Accra: Institute of African Studies, 2005, pp. 103 – 104.

② *Ghana's Constitution of 1992 with Amendments through 1996*, Ghana Government, 1996.

③ *National Land Policy*, 1999, MLF, https://www.clientearth.org/media/rvlhzmxd/national-land-policy-1999-ext-en.pdf, accessed 2022 – 3 – 21.

④ Government of Ghana, *Project Appraisal Document*, *Land Administration Project* (*LAP – 1*), Ministry of Lands and Forestry, Accra, 2003.

传统机构，比政府更容易被当地人所接纳，并强调在不改变保有权的基础上推动土地登记与注册。[①] 这一转变是在所谓“华盛顿共识”下土地改革的最新方案，[②] 反映了全球农业产业链的变化及其对土地和生产组织的新要求。随着新自由主义对非洲影响的加深，非洲国家将农业的重点放在了经济作物而非粮食种植上。自80年代以来，非洲的粮食进口急剧增加。加纳大米进口从自1979年的3万吨，上涨到1992年的12.8万吨，[③] 经济作物生产则在欧美国家大型农业综合企业的推动下快速扩张，其生产组织形式主要表现为，将小农纳入产业链，使企业避免直接参与生产，并将生产端以合同农业的形式交付给小农，由公司进行质量控制，提供农业服务、信贷支持、技术咨询，同时为销售和批量生产提出建议，实现小农户与企业之间的“双赢”。为了配合产业链组织形式的新变化，世界银行等国际金融机构一直在促进农业综合企业与小农户之间的联系，其所依赖的理论基础是，小农生产被认为是最有效率的农业组织形式，与雇用劳动力的大规模生产相比，具有更高的激励机制。[④] 国际金融机构和援助国不再寻求消灭非洲的小农，而是将小农转化为农业合同工人，使其继续在自己的土地上劳作，生产国际市场所需要的产品。而酋长则作为企业和农户之间的协调人，同时发挥协助合同谈判和监督农业生产的双重作用，这样既可以减少企业的生产和管理成本，又能降低市场风险。[⑤]

① Camilla Toulmin and Julian Quan eds., *Evolving Land Rights, Policy and Tenure in Africa*, London: DFID/IIED/NRI. 2000, p. 2.

② 丰雷、郑文博、胡依洁：《大规模土地确权：非洲的失败与亚洲的成功》，《农业经济问题》2020年第1期，第114—127页。

③ “Index Mundi: Ghana Milled Rice Imports by Year”, https://www.indexmundi.com/agriculture/? country = gh&commodity = milled - rice&graph = imports, accessed 2022 - 3 - 22.

④ Kojo Sebastian Amanor, “Global Food Chains, African Smallholders and World Bank Governance”, *Journal of Agrarian Change*, 2009, 9 (2), pp. 248 - 262.

⑤ 加纳的菠萝、腰果、麻风树、棕榈等经济作物生产中都出现了合同农业形式，相关研究可参见：Festus Boamah, “How and Why Chiefs Formalize Land Use Recent Times: The Politics of Land Dispossession through Biofuels Investments in Ghana”, *Review of African Political Economy*, 2014, 41 (141), pp. 406 - 423; Kojo Sebastain Amanor, “Night Harvesters, Forest Hoods and Saboteurs: Struggles over Land Expropriation in Ghana”, in Sam Moyo and Paris Yeros eds., *Reclaiming the Land, The Resurgence of Rural Movements in Africa, Asia and Latin America*, London: Zed Books, 2005, pp. 67 - 101; James Boafo, Divine Odame Appiah and Peter Dok Tindan, “Driver of Export-led Agriculture in Ghana: The Case of Emerging Cashew Production in Ghana's Brong Ahafo Region”, *Australasian Review of African Studies*, 2019, 40 (1), pp. 31 - 52；等等。

土地政策的变化还同加纳政治领域的变动有关。1992 年宪法颁布后，加纳进入多党选举的“民主化”时代，虽然宪法禁止酋长加入任何政党，但在激烈的党争下，酋长实际政治参与度很高，各党希望借助酋长对选民的动员来赢得选举，酋长也希望通过帮助自己支持的议员当选来扩大影响力，[①] 因而酋长被政府看作“促进稳定的工具”和“与农村人口的联系”。[②] 1969 年成立的国家和各省酋长院（House of Chief），在 1992 年宪法中被延续了下来，作为重要的政治机构，酋长有权通过酋长院进行政治协商和表达利益诉求。相比酋长强大的动员和组织能力，同酋长竞争土地的农民阶层的组织能力则显得十分薄弱。在加纳历史上，既没有拉美和东亚式农民革命，也没有东非“矛矛运动”式的、以土地问题为中心的农民运动，从殖民时代至今，加纳小农享有最基本的生产资料，无产阶级化并不严重，更多是半农半工的半无产者。在加纳已经发生的土地斗争中，农民的阶级意识被殖民主义保留下的狭隘的族群、身份和地方观念所阻碍，广泛存在且加剧的土地紧张局势与冲突，并未形成在阶级组织和意识形态指导下的政治实践。[③] 这一殖民主义遗产导致加纳缺乏全国性农民组织，难以形成足以影响政府政策的势力。

以 1992 年宪法为标志，在国内外压力的共同促进下，罗林斯将自己的政策重新调回到保护习惯土地的立场上并影响了之后的历届政府。2020 年颁布的新土地法再次强调了对习惯土地集体产权的保护，禁止在习惯土地上创设任何终身保有权。[④]

① Ransford Edward Gyampo, “Chiefs and Electoral Politics in Ghana’s Fourth Republic”, *Humanities Review Journal*, 2011, 8 (1), pp. 1 – 23.

② John L. Adedeji, “The Legacy of J. J. Rawlings in Ghanaian Politics, 1979 – 2000”, *African Studies Quarterly*, Summer 2001, 5 (2), pp. 1 – 27.

③ Henry Bernstein, “Rural Land and Land Conflicts in Sub-Saharan Africa”, in Sam Moyo and Paris Yeros eds., *Reclaiming the Land*, *The Resurgence of Rural Movements in Africa*, *Asia and Latin America*, London: Zed Books, 2005, pp. 67 – 101.

④ *Land Act*, 2020 (Act, 1036), https://www.studocu.com/row/document/ghana-institute-of-management-and-public-administration/law/land-act2020-act-1036/11829991, accessed 2022 – 3 – 21.

四 加纳土地改革的历史逻辑

19 世纪以来，除了恩克鲁玛时期，加纳的土地政策在保护集体土地和推广私人产权之间摇摆。这一动态反映了加纳历史上来自国内和国际的不同压力之间的互动关系。

加纳土地私有化的推动力量同时来自内部和外部。外部力量主要是资本主义全球化扩张的冲力。殖民地时期，来自西方的跨国资本希望利用殖民地政府的强制征收实现对土地的控制，如今代表农业、矿业跨国公司利益的国际金融机构，也为在加纳以各种形式长期占有土地提出方案。[①] 私有化内部力量主要来自加纳的资本主义农民，尤其是种植经济作物的移民农民。农民对市场积极且主动的回应，是加纳可可种植繁荣的重要条件。在加纳土地演变的历史中，土地商业价值的提升促使酋长利用习惯法解释权重新制定土地协议，这些拥有商业抱负的移民农民表现出了建立起同酋长之间平等关系的渴望。对于这些移民农民而言，在无法享有血缘对土地占有安全性保证的情况下，私有土地产权更为稳定。

从 19 世纪末组织起的反对英国占有土地的集体行动，到 20 世纪 90 年代，推动禁止在习惯土地上创设自由保有权的立法，作为私有化最为强大的抵制力量，酋长是习惯土地得以维持的关键。习惯土地制度下的土地分配权为酋长积累个人资本提供了便利，这构成了酋长维护习惯土地制度的最大动力。在前殖民地时期以及殖民地初期，土地分配的基本原则是血缘，移民也可通过向酋长赠礼等获得土地。伴随着土地的商品化，习惯土地制度的分配开始更多地基于市场价格的租金，酋长利用对习惯法的解释以及特权地位，使习惯土地制度成为其界定土地权利并积累资本的工具。这也解释了为什么酋长反对土地私有化，但拥护并参与土地的商品化。19 世纪末以来酋长对政府私有化政策的抵制，是为了保护自己的土地权利，也是为了维护通过土地积累资本的途径。

---

① Christine Haigh, *Carving up a Continent: How the UK Government Is Facilitating the Corporate Takeover of African Food Systems*, 2014, https://www.globaljustice.org.uk/sites/default/files/files/resources/carving_up_a_continent_report_web.pdf, accessed 2022-3-20.

虽然习惯土地制度一直面临私有化的要求，但其从前殖民地时期一直延续至今，那么私有化的推动力量为何没能消灭这种带有前资本主义性质的土地制度？这需要我们总结习惯土地制度的功能。

第一，对于国家政权而言，习惯土地制度有利于维护政治秩序的稳定。通过梳理加纳土地制度的变迁，我们发现土地私有化会催生大规模无产阶级，而这是加纳政府极力避免的。殖民地时期，政府担忧大规模无产阶级动摇统治，因而用“间接统治”限制殖民地资本主义的发展；独立后，加纳落后的工业部门无法吸纳更多的劳动力，习惯土地制度保障了部分农民享有基本的生产资料，防止大规模失地农民产生，也为北方地区种植项目保留了劳动力。另外，习惯土地制度中，依照族裔身份、血缘关系的土地分配原则及其引发的土地冲突是加纳农村酋长同农民之间矛盾产生的关键原因。这种土地分配模式将农民同酋长之间的矛盾转化为不同身份农民（本地农民与移民农民）之间的矛盾，阻碍了农民阶级认同的产生，使之难以构成统一的社会阶层开展集体行动，却强化了其对国家和酋长的依赖。

第二，对于国际资产阶级而言，习惯土地制度最重要的功能在于遏制本土资本主义的发展。虽然加纳的资本主义农民和全球化的力量构成了土地私有化的推动力量，但这两股力量却是相背而行的。国际资产阶级的扩张寻求垄断非洲的贸易和生产，但本土资产阶级的壮大阻碍了国际资产阶级目标的实现。19 世纪下半叶，在土地需求大幅增长的情况下，习惯土地制度为油棕、可可等经济作物引入加纳之初，更多农民获得土地并参与种植提供了便利，促进了“可可繁荣”，习惯土地制度对市场的适应性构成了其长期存在的一个前提，[①] 但需注意的是，习惯土地制度的经济基础在于小农经济，一旦土地商品关系扩大，便逐步失去旧有的经济基础；因而到了 20 世纪 20 年代后，习惯土地制度开始阻碍商品关系与资本主义发展，成为反市场的机制。19 世纪晚期以来，在以可可为代表的经济作物种植中逐步发展起来的资本主义生产关系，如土地兼并、雇佣劳动等，已经动摇了加纳习惯土地制度，资本主义农民也开始挑战欧洲公司对殖民地进出口贸易的垄断地位，这证明，可可种植推动了加纳

① 〔坦桑尼亚〕M. H. Y. 卡尼基：《原英属地区的殖民经济》，〔加纳〕A. 阿杜·博亨主编《非洲通史（第七卷）：殖民统治下的非洲（1880—1935）》，中国对外翻译出版公司，1991，第 317 页。

资本主义发展。但这一趋势，被殖民地保守的经济政策扼杀。通过维持小农经济，阻止农村资本主义的进一步发展。一定程度上，当代非洲小农社会是殖民主义遗产。[①] 习惯土地制度的长期存在既是殖民统治的结果，也是加纳难以出现强大的本土资产阶级的重要原因。

第三，习惯土地制度也有利于跨国企业控制成本，便于管理。资本主义全球化追求扩张，对旧制度具有强大的破坏性，但在政治稳定和经济利益的前提下，也可以不断调整生产方式和组织形式，使前资本主义社会模式与之相适应。梅利索克斯（Claude Meillassoux）在对非洲国家农村家庭的讨论中指出，资本主义为减少成本，会刻意促使劳动力在家庭中实现再生产，在这种条件下，劳动力作为半无产者，在农村拥有土地和家庭，并同农业生产保持联系。[②] 对于国际资本而言，维持农村社会前资本主义要素的存在减少了劳动力成本和政治风险。

在内外压力之下，政府对于土地制度的选择也是追求内外压力平衡的过程。英国统治时期，殖民地文官的第一要务是维护政治稳定，[③] 殖民地资本主义的发展更可能带来殖民地政府无法承受的后果。因此殖民地政府缺乏调整生产关系、扩大生产性投资的动机，倾向于打压推广土地私有产权的需求，并防止资本主义对小农经济的破坏。而在后殖民地时代，政府政策选择的考量因素更加多元，既需要满足国际资产阶级对于土地的需求，进而推动国际投资与经济增长，[④] 又要使跨国公司对土地的占有以及对劳动力的剥削不会引发大规模的政治骚乱。从法律上禁止在习惯土地中建立私有产权，使农民有条件保留一定的生产资料、避免因私人占有土地而导致的农民彻底无产阶级化，又为跨国和私人资本以其他形式获得土地提供了空间。酋长作为一股政治力量同样重要，政府依赖和他们之间的关系维持政权在农村的稳定，以及官僚阶层的特殊利益，尤其是在 20 世纪 90 年代后。因此，政府的土地政策往往在建立私人产权

① Goran Hyden, *Beyond Ujamaa in Tanzania: Underdevelopment and an Uncaptured Peasantry*, London: Heinemann, 1980, p. 42.

② Claude Meillassoux, *Maidens, Meals, and Money: Capitalism and the Domestic Community*, London: Cambridge University Press, 1975, pp. 91 - 99.

③ John Sender and Sheila Smith, *The Development of Capitalism in Africa*, London: Methune Press, 1986, pp. 50 - 51.

④ *Community/Investor Guidelines for Large-Scale Land Transactions*, July 2015, Republic of Ghana, Ministry of Food and Agriculture.

与维护集体土地之间小心游走。

习惯土地制度对于政权、社会稳定的重要性，以及对国际资产阶级获得土地和组织生产的便利性，构成了它得以维持的基础。这也表明，在恩克鲁玛的国有化尝试后，加纳政府无力改变本国在世界市场中的边缘位置，只能在既有权力框架下进行调整。

结　语

土地改革是一个多线程的历史事件。虽然加纳长期受到土地私有化的压力，但土地制度的变迁不仅取决于全球化的动态，也取决于国家内部社会阶层力量对比的变动。

第一，外部因素是土地私有化重要的初始力量。非洲大部分地区的土地私有化不是本土历史发展的产物，而是伴随着全球化而来的国际分工，以经济作物生产为载体，从沿海向内陆缓慢渗透的历史过程。但全球化下，资本主义生产的组织形式也处在变动之中，无论是在直接控制土地的基础上建立种植园，还是在控制农业生产的营销、技术等产业链的基础上，将生产端保留给小农，只要有利于中心国家减少风险、确保对剩余价值的垄断，限制农民无产阶级化的程度，土地制度的可协商余地很大。这也构成在全球化条件下，不同国家、地区保留不同的生产方式或组织形式的前提条件。

第二，需要重视非洲国家内部不同社会阶层之间的互动关系。资本主义全球化带来的世界市场对商品生产的需求，影响了非洲国家土地的使用方式和占有制，并进一步促进了非洲社会内部尤其是农村的分化。值得注意的是在当今非洲大部分地区，无论土地是否被私有化，原本从事简单再生产、维持生存经济的小农已经逐渐被作为商品——经济作物——小生产者的小农取代，在这一过程中分化出了资本主义农民、富农、佃农以及流向城市的失地农民，并塑造了他们对土地私有化的不同态度，构成了社会内土地冲突的重要来源。

第三，政府的首要任务是维持政治秩序的稳定，无论是殖民地政府还是后殖民地政府，在面临不同力量的诉求时，都保留了一定程度的相对自主性。这一特征使政府即使代表本国资产阶级的利益，也需要调和不同阶层的矛盾，难以采取激进的单一政策，而是在充分考虑不同社会阶层力量对比以及外部压力后采取平衡性政策。但非洲国家在世界体系中的边缘地位和对国际分工的深度依赖，以及面对社会权力碎片化的殖民遗产，[①] 严重限制了其自主程度。加纳的土地改革更多的是酋长阶层和外国资本之间的妥协，而中间且数量庞大的农民阶层的土地权益往往会被政府在“平衡”中牺牲。

总之，非洲国家土地问题的复杂性，使我们在考察时需要以宏观、微观相结合的视角，综合考虑土地制度演变历史过程中内外因素的互动关系。对加纳土地制度改革的历史的讨论，也为我们思考非洲其他国家的土地制度提供了国别案例。

【责任编辑】李鹏涛

① 〔美〕乔尔·S. 米格代尔：《强社会与弱国家：第三世界的国家社会关系及国家能力》，张长东等译，江苏人民出版社，2009，第 145—147 页。

社会文化与教育

非洲研究　2022 年第 2 卷（总第 19 卷）
第 115—132 页

非盟科技与教育创新政策探究*

——基于政策文本的分析

张燕军　蒋慧蓓　周　宇　劳荆华　沈　雁

【内容提要】 为应对挑战，提高竞争力，世界各国日益重视科技与教育创新。非盟近年制定和实施了《2063 年议程》《非洲科技创新战略》《非洲大陆教育战略（2016—2025 年）》《非洲大陆职业技术教育与培训战略》等政策，提出了明确的科技与教育创新使命与目标，并不断采取相关措施。非盟科技与教育创新政策发展呈现如下特点和趋势：重视科技创新与教育培训紧密结合；强调财力投入与制度改革同步进行；注重整合资源，鼓励妇女、女童参与科技教育。这一系列政策为非洲科技与教育创新发展提供了制度支持，也为中非科教合作提供了新的思路和方法。

【关键词】 非盟；科技与教育创新；政策文本

【作者简介】 张燕军，浙江师范大学教师教育学院副教授（金华，321004）；蒋慧蓓、周宇、劳荆华，浙江师范大学教师教育学院科学与技术教育专业在读研究生（金华，321004）；沈雁，通讯作者，湖州师范学院人文学院副研究员（湖州，313002）。

* 本文系研究阐释党的十九届五中全会精神国家社科基金重大项目“‘五位一体’构建中非命运共同体的战略路径探索与实践创新研究”（21ZDA129）的阶段性成果之一。

近年来，世界各国日益重视科技与教育创新，非洲各国也深刻地认识到，科技发展与教育创新是应对经济和社会挑战的重要途径。对此，非洲联盟（African Union）出台了一大“议程”——《2063 年议程》，三大“战略”——《非洲科技创新战略》、《非洲大陆教育战略（2016—2025 年）》和《非洲大陆职业技术教育与培训战略》，以及其他相关政策。可以说，非盟出台的上述“议程”和“战略”提出了非洲新的科技与教育创新政策使命与目标，旨在促进非洲科技教育，进而推动非洲经济发展；明确了路径与举措，为非洲科技发展与教育创新定下了基调。对非盟这些政策进行分析，有利于我们了解非洲科教创新的动因、特点、趋势，进一步推动中国与非洲科技和教育合作。

一　非盟出台鼓励科技与教育创新政策的动因

在知识经济时代，科技作为“第一生产力”的价值凸显，科技教育作为发展科技与实现创新的基础也越来越受到各国重视。在此形势下，非洲为摆脱科技落后和发展能力不足，急需加强科技发展与教育创新。

（一）世界各国日益重视科技教育

近年来，世界各国普遍存在 STEM［science（科学）、technology（技术）、engineering（工程）、和 mathematics（数学）这四个英文单词的首字母］劳动力不足、人才匮乏、女性及弱势群体占比低等问题。为应对这些问题，世界各国纷纷采取措施。在美国，鉴于超过 70% 的工作岗位需要至关重要的 STEM 技能，政府几乎每年都在 STEM 教育和劳动力开发上投入数十亿美元资金。① 美国从学前到第三级教育已经形成了一套以 STEM 学科为核心的科技教育战略。2018 年 12 月 5 日，美国白宫科技政策办公室发布“寻求成功的途径：美国 STEM 教育战略”。该战略提出，通过提供优质 STEM 教育，使美国成为 STEM 教育与创新的全

① Mariéme Jamme, “Africa's Future Depends on STEM”, *The Huffington Post*, January 12, 2019, http://www.huffingtonpost.com/mariame-jamme/africas-workforces-need-r_b_6340556.html, accessed 2021-08-01.

球领导者。[①] 近年来，日本、德国、芬兰、澳大利亚等发达国家也已将STEM 教育视为21 世纪教育改革的新方向。例如，德国在 STEM 教育中体现了完善的职业教育体系和终身教育理念；日本在此方面则凸显了强大的基础研究能力；澳大利亚发布《STEM 学校教育国家战略（2016—2026 年)》，从国家层面确保 STEM 教育的推行和实施；芬兰设立 LUMA 国家中心，为 3—19 岁儿童和青少年量身打造 STEM 学习课程。

（二）非洲急需加强科技与教育创新

整体看来，在未来的十几年里，非洲国家要想真正实现联合国新近倡导的可持续发展目标（SDGs)，不仅需要培养新一代会计师、审计员、设计师、工程师，以及数学和科学教师，还需要造就大量技能娴熟的劳动力。这些工作岗位都需要最基本的科技技能。因而，非洲需要聚焦科技教育，尤其需要重视 STEM 学科的发展。但在非洲，STEM 计划既不被看作教育投资，也不被视为促进科技与创新的一种途径，而仅仅被屈指可数的几个组织看作“信息通信技术”（Information Communications Technology，ICT）计划的一部分。有非洲学者指出，如果有清晰的 STEM 教育战略，非洲国家将有更多受过良好教育的工程师操作机器和建造铁路，开发蕴藏丰富的铝土矿等自然资源，也将有更多本土科学家在充足研发基金的资助下，攻克技术难关，阻止埃博拉（Ebola）等疾病的蔓延。[②] 由于科技劳动力不足，非洲必须培训和雇用大量科学家、工程师、技术人员，以实现结构转型。由此可见，非洲大力推进科技与教育创新势在必行。

（三）非洲科技创新不足受到国际社会关注

近年来，非洲经济维持着平均 4.5% 左右的增长。[③] 虽然这一增长在

---

① U. S. Committee on STEM Education of the National Science & Technology Council, “Charting a Course for Success: America’s Strategy for STEM Education”, bnu, December 18, 2018, https://cit. bnu. edu. cn/docs/2019 - 01/20190114144932919223. Pdf, accessed 2021 - 04 - 15.

② Mariéme Jamme, “Africa’s Future Depends on STEM”, *The Huffington Post*, January 12, 2019, http://www. huffingtonpost. com/mariame-jamme/africas-workforces-need-r_ b_ 6340556. html, accessed 2021 - 08 - 01.

③ Africa STI, “African Partners to Fund 10, 000 Science PhDs”, Africa STI, February 12, 2020, http://www. africasti. com/headlines/african-partners-to-fund-10000-science-phds, accessed 2021 - 02 - 15.

发展中国家中也并不算低，但联合国发布的 2017 年非洲可持续发展报告显示，撒哈拉以南的非洲国家在研究和开发方面的投入所占的国内生产总值的比例不足 1%，还没有达到发展中国家的平均水平。① 尽管科技水平与其他地区的差距不断扩大，但非洲依然坚持加强对科技教育的投入。非洲各所大学相继成立科学和技术教育中心、国际社会支持发展民间科技教育组织，为教师、学生和社区提供 STEM 教育。② 世界银行认为，非洲经济要稳中有升，进行科技创新，促进技能发展是不二选择。联合国教科文组织（UNESCO）2015 年 9 月在总部组织讨论了“非洲的技术与教育”问题，还探讨了非洲教育的数字化服务问题。③ 此后，联合国贸易和发展会议于 2015 年 12 月 16 日发布了《2015 年技术和创新报告》，对非洲国家如何更好地实施科学、技术和创新政策，以及如何将这些政策与其工业政策和发展规划相协调进行了深入的分析。近年来，中非科技创新合作也发展迅速。针对非洲各国可持续发展的挑战，中国科学院将基础研究、先进技术研发、应用示范和科技人才培养有机结合，为中非科技创新合作树立了典范。此外，中国科学院中非联合研究中心还与非洲近 20 所大学开展合作，为非洲未来科技事业发展培养人才。④

二　非盟科技与教育创新的政策文本体系

知识经济时代，科技与教育的价值日益凸显，世界各国普遍日益重

① United Nations Development Programme, *2017 Africa Sustainable Development Report*, United Nations, October 26, 2018, https://www.uneca.org/sites/default/files/PublicationFiles/en_agenda2063_sdg-web.pdf, accessed 2021 - 9 - 16.

② ADC Editorial Team, “How Africa Is Preparing for the Future with STEM Education”, *ADC News*, June 17, 2018, https://www.africa.com/africa-stem-education/, accessed 2021 - 9 - 16.

③ UNESCO, “Workshop to Launch ‘Digital Services for Education in Africa’ Publication”, *UNESCO News*, August 3, 2016, http://www.unesco.org/new/en/education/worldwide/single-view/news/workshop_to_launch_digital_services_for_education_in_africa_publication/, accessed 2021 - 01 - 26.

④ 吕帅：《专访：科技创新合作正在成为中非关系发展新的增长点——访中国科学院院长白春礼》，新华社，2019 年 9 月 4 日，http://www.xinhuanet.com/tech/2019 - 09/04/c_1124961608.htm，最后访问日期：2021 年 9 月 17 日。

视发展科技和培养科技人才。在此形势下，面对科技与创新不足问题，非盟不断推出科技与教育创新政策。

（一）2000 年以前的科技与教育创新政策

早在 1990 年，为推动经济社会可持续发展，非洲统一组织（Organisation of African Unity，简称“非统组织”）就发布了《全民参与宪章》（*The Charter on Popular Participation*），以此表明其将非洲公民置于发展和决策中心的决心。为缓解非洲日益恶化的经济环境危机，联合国于 1991 年发布了《1990 年代联合国非洲发展新议程》，明确提出，支持非洲国家遏制环境恶化，提高其科技能力。[①] 此后，非统组织又于 1991 年和 1995 年先后颁布了《建立非洲经济共同体条约》（*Treaty Establishing the African Economic Community*）和《开罗行动议程》（*Cairo Agenda for Action*），意在通过成员国彼此在教育和培训领域的合作，加强科学和技术能力，促进个人和集体技术的自力更生，并为实现社会经济转型培养变革所需的人才。[②] 但由于非洲技术和管理能力的有限，其科技发展缓慢，援建项目多不能靠自力经营。[③] 科学技术水平成为制约非洲未来发展的重要因素。为加快非洲大陆的经济和政治一体化进程，1999 年 7 月，非统组织国家元首和政府首脑又发布了《苏尔特宣言》（*Sirte Declaration*），并举行了四次首脑会议，建立了非洲联盟。这为非洲不断制定和实施科技与教育政策，促进非洲大陆持续创新铺平了道路。

（二）2000 年以来的科技与教育创新政策

进入 21 世纪，非盟认为，非洲在世纪之交第一个教育十年（1997—2006）的大多数目标未能如期实现。[④] 因此，非盟竭力协调非洲各国通

---

① 《1990 年代联合国非洲发展新议程》，联合国，1991 年 12 月 17 日，https://www.un.org/zh/documents/treaty/files/A-RES-46-151.shtml，最后访问日期：2021 年 9 月 22 日。

② African Union，“AU in a Nutshell”，September 19，2017，https://au.int/en/au-nutshell，accessed 2021 - 09 - 22; African Union，“Treaty Establishing the African Economic Community”，June 03，1991，https://au.int/en/treaties/treaty-establishing-african-economic-community, accessed 2021 - 09 - 22.

③ 孙巧成：《21 世纪初期非洲发展前景展望》，《国际问题研究》1998 年第 4 期，第 27 页。

④ African Union，“Second Decade of Education for Africa (2006 - 2015)”，May，2006，http://www.unesco.org/new/fileadmin/MULTIMEDIA/FIELD/Dakar/pdf/AU%20SECOND%20DECADE%20ON%20EDUCTAION%202006 - 2015.pdf, accessed 2021 - 05 - 21.

过科技与教育创新推动经济社会发展，推动非洲实施了一系列政策（见表 1）。2005 年 9 月 29—30 日，在非盟的组织协调下，非洲各国在塞内加尔首都达喀尔举办的第二届科技部长会议上通过了《非洲科技整体行动计划》。该计划提出，非洲国家应该发展科技创新能力，促进知识生产和增进技术创新，并将此视为经济社会发展的三大支柱。这为 21 世纪非洲科技发展构建了一个全新的战略平台，非常有利于改变长期以来非洲科技极其落后的状态和促进非洲经济与社会的发展。① 一年后，非洲又实施了《非洲教育第二个十年行动计划（2006—2015）》。这一计划提出了教育信息化、两性平等、教育一体化和科技教育等七大目标，但成效甚微。② 为切实提高科技创新能力，促进非洲经济发展，非盟又在 2008 年提出了《科学与教育地区性行动计划》，用以增加非洲科学和工程领域教师数量，提高教师能力。

表 1　非洲大陆科技与教育创新政策一览

时间	名称	主要内容	政策意义
2005 年	《非洲科技整体行动计划》（Africa's Science and Technology Consolidated Plan of Action，CPA）	提出科技创新能力建设、知识生产和技术创新三大支柱	促进非洲大陆科学、技术和创新发展
2006 年	《非洲教育第二个十年行动计划（2006—2015）》（Second Decade of Education for Africa，2006 - 2015）	提出了教育信息化、两性平等、教育一体化和科技教育等七大目标	该计划推动了非洲各级各类教育后续行动计划的产生，被认为是非洲教育一体化进程中的重要里程碑
2008 年	《科学与教育地区性行动计划》（The Regional Initiative in Science and Education，RISE）	增加非洲科学和工程领域教师数量，提高教师能力	提高科技创新能力，促进非洲经济发展

① 刘鸿武、张永宏：《面向 21 世纪的非洲科学技术发展——〈非洲科技整体行动计划〉述评》，《西亚非洲》2006 年第 6 期，第 52—56 页。

② African Union, "Second Decade of Education for Africa（2006 - 2015）", May, 2006, http://www. unesco. org/new/fileadmin/MULTIMEDIA/FIELD/Dakar/pdf/AU% 20SECOND% 20DECADE% 20ON% 20EDUCTAION% 202006 - 2015. pdf, accessed 2021 - 05 - 21.

续表

时间	名称	主要内容	政策意义
2014 年 7 月	《非洲科技创新战略》（Science, Technology and Innovation Strategy for Africa 2024, STISA－2024）	通过开发人力资本、促进创新等方式使非洲转向创新领先的知识经济	促进非洲科技创新
2015 年 6 月	《2063 年议程》（Agenda 2063：The Africa We Want）	促进青年发展和社会经济转型，使非洲大陆重新成为全球经济的战略参与者	应对人口结构所带来的一系列挑战
2015 年 9 月	《2030 年可持续发展议程》（The 2030 Agenda for Sustainable Development）	通过加强技术特别是信息和通信技术的应用，来增强妇女权能	增强妇女权能
2016 年 1 月	《非洲大陆教育战略（2016—2025 年）》（Continental Education Strategy for Africa, 2016－2025）	重点加强对青年（特别是妇女）的科技教育和技能培训，创造有利环境，使其成为非洲大陆经济转型发展的驱动力量	计划用十年时间培养能促进非洲大陆可持续发展的变革者和新一代非洲人，进而实现《2063 年议程》目标
2018 年 10 月	《非洲大陆职业技术教育与培训战略》（Continental Strategy for Technical and Vocational Educational and Training，简称《非洲职教战略》）	支持年轻人发展专业技能，创造工作机会	解决就业问题

资料来源：根据非盟官方网站（http://au.int/en）和非洲科教相关研究整理而得。

为通过开发人力资本、促进创新等方式使非洲转向创新领先的知识经济，非洲 2014 年 7 月起实施了为期 10 年的《非洲科技创新战略》。该战略设置了六大优先发展领域，其中第六项是开发人才资源，提高创新能力。该战略的实施有利于非洲应对人口结构挑战，促进可持续发展。2015 年 6 月，为完善《非洲科技创新战略》等提出的目标，非盟进一步实施了《2063 年议程》，该议程以“赋权妇女，解决非洲发展”为主题，意在通过赋权妇女、结束童婚等促进青年发展和社会经济转型，使更多非洲青年人有更多机会得到更好的学习和就业机会，也使非洲大陆重新成为全球经济的战略参与者。

此后，为进一步从教育上深入贯彻落实这些新目标，非盟委员会（AUC）又在 2016 年 1 月实施了《非洲大陆教育战略（2016—2025 年）》。该战略的重点仍是加强对青年（特别是青年妇女）的科技教育和技能培训，为青年创造有利环境，使其成为非洲大陆经济转型发展的驱动力量。《非洲大陆教育战略（2016—2025年）》是非盟为促进非洲发展制定的宏观教育政策，具有战略高度和长远意义，但各级各类教育仍需要可操作性的措施。针对现有非洲职业技术教育的种种问题，如培训机构种类繁杂、区域分布不均衡、收费混乱、资金匮乏等，非盟又于2018年10月制定并实施了《非洲职教战略》，以支持年轻人发展专业技能，进而为其创造更多的工作机会。

（三）非盟科技与教育创新政策之间的相互联系

非盟通过系统规划和嵌套实施的方式落实科技与教育创新政策，充分体现在其所推动的科技与教育创新政策的相互联系上。作为落实《2063年议程》的重要环节，《非洲科技创新战略》、《非洲大陆教育战略（2016—2025年）》和《非洲职教战略》均力促实现非盟愿景。为实施《非洲发展新伙伴计划》（The New Partnership for Africa's Development，NEPAD），使非洲国家在科技发展上发出统一的声音，非盟委员会在2005年9月组织召开了非洲各国科技部长会议，该会议所制定的《非洲科技整体行动计划》提出了促进非洲经济社会发展的三大支柱：科技创新能力建设、知识生产和技术创新。三者紧密相连，均与教育密切相关，成为后来非洲成功实施《非洲科技创新战略》的前提条件。《2063年议程》虽然晚于《非洲科技创新战略》提出，但在三年多的酝酿讨论中，已经充分考虑了如何实施《非洲科技创新战略》，并且已经把后者的很多内容包含其中。随后出台的10年期《非洲大陆教育战略（2016—2025年）》事实上是《2063年议程》的重要一环，也以实现50年期的《2063年议程》目标为使命。三者共同以实现非盟愿景为旨归，其关系如图1所示。

非盟在时间和空间上以"嵌套"方式实施其系统规划的科技与教育创新政策。从空间上看，非洲科技与教育创新发展包含了国家、次区域、非洲大陆三个层次的计划。从时间上看，虽然《非洲科技创新战略》的发布在事实上比《2063年议程》早近1年，但历时多年、反复磋商形成的"议程"已经将科技与教育创新发展考虑在内。《非洲科技创新战略》也明确提出，该战略是为实现非盟《2063年议程》愿景的十年规划，是其有机组成部分，如图2所示。

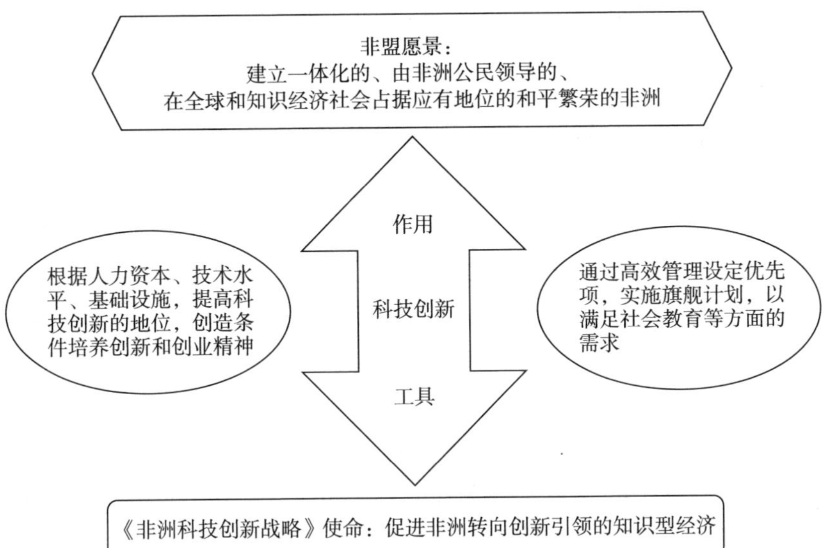

图1　科技创新在实现非盟愿景中的作用

资料来源：African Union Science，Technology and Innovation Strategy for Africa 2024，https://au.int/sites/default/files/documents/29957-doc-stisa-published_book.pdf。

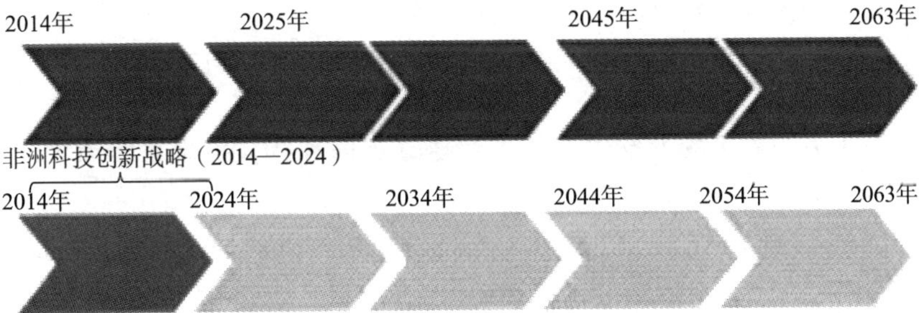

图2　《非洲科技创新战略》在非盟《2063年议程》中的时间表

资料来源：African Union Science，Technology and Innovation Strategy for Africa 2024，https://au.int/sites/default/files/documents/29957-doc-stisa-published_book.pdf。

三　非盟科技与教育创新的使命与目标

非洲各国近年已普遍认识到，如果没有清晰的发展路线图，科技与教育创新将无从谈起。因此，非盟将科技创新与教育发展紧密结合，提出了较为清晰的科技与教育创新政策。

（一）培育人力资源，提升非洲总体科技素养

非盟认为，为促进非洲转向创新引领的知识经济，应重新调整非洲的教育和培训制度，增进知识、技能、创新和创造力，以培育非洲核心价值观，促进国家、次区域和非洲大陆的持续发展，这在《非洲科技创新战略》和《非洲大陆教育战略（2016—2025年）》中有充分体现。[①] 非盟希望建立一个"一体化的、由非洲公民主导的、在全球和知识经济社会占据应有地位的和平繁荣的非洲"。[②] 实现这一愿景需要以非洲人科技与教育创新素养的提高和人力资源发展为基础。为此，《2063年议程》提出，希望非洲到2063年能提供良好的教育和技能培训，不会有儿童再因为贫困或受歧视而辍学。同时，非洲科技与教育创新获得充分发展，以便非洲更加现代化，更富有生产能力。[③] 这些目标具体落实在科技与教育创新领域，主要包括四项内容：提高科技创新应对优先领域问题的有效性；提高非洲人的技术水平，增强组织机构的职能，以便于进行科技创新；通过加强知识产权保护等措施保护知识生产；调整科技创新政策，促进科技外交和资源整合。[④]《非洲职教战略》也同样鼓励年轻人学习专业技能，以提升科技素养，解决就业问题。

（二）立足本土需求，实施科技教育创新政策

鉴于劳动力市场上发生的技术快速进步的现状，为满足非洲大陆经

① African Union, "Continental Education Strategy for Africa (2016 - 2025)", March 2016, http://www.au.int/en/sites/default/files/newsevents/workingdocuments/30810-wd-cesa_ - _english - v9_0.pdf, accessed 2021 - 08 - 01.

② African Union, "Science, Technology and Innovation Strategy for Africa 2024", 2013, https://au.int/sites/default/files/documents/29957-doc-stisa-published_book.pdf, accessed 2021 - 09 - 24.

③ African Union, "Agenda 2063: The Africa We Want", September 1, 2015, https://au.int/sites/default/files/documents/36204-doc-agenda2063_popular_version_en.pdf, accessed 2021 - 08 - 25.

④ African Union, "Science, Technology and Innovation Strategy for Africa 2024", December 27, 2014, http://www.hsrc.ac.za/uploads/pageContent/5481/Science,%20Technology%20and%20Innovation%20Strategy%20for%20Africa%20-%20Document.pdf, accessed 2021 - 03 - 03.

济发展对技术人员能力的需求，非盟认为，非洲也应转变职业教育与培训范式。这在《非洲大陆教育战略（2016—2021 年）》和《非洲职教战略》中均有提及。而要完成上述使命，非洲需要顺应时势，实施立足本土需求的科技与教育创新政策。基于此，非洲各国不仅要改善基础设施，在专业技术和创新创业能力等方面改善非洲人的科技素养，还要实施具体的科技、创新政策和相关教育计划，以可持续发展的方式从整体上满足社会发展需求。① 这能从物质保障和制度支持上较为全面地说明非洲的科技教育、创新政策的意图，符合可持续发展的时代潮流。

为使非洲教育和培训制度更好地服务于实现非盟愿景和《2063 年议程》目标，非盟在《非洲科技创新战略》、《非洲大陆教育战略（2016—2025 年）》和《非洲职教战略》中都明确提出了有关科技与教育创新的目标。如《非洲科技创新战略》有五大战略目标：其一，要确保科技创新能有效应对食物、疾病、交通通信、空间、社会、财富六大优先领域的问题；其二，为科技创新发展而提高技术水平并完善组织机制；其三，通过促进创新创业和发展工业等提高经济竞争力；其四，通过强化知识产权保护和监管制度保护包括发明、本土知识在内的知识生产；其五，加大力度促进科技创新改革，增进科技外交和资源流动。②这些都是非盟基于非洲实际需求提出的，是非洲近年来迫切需要实现的目标。

（三）借助教育力量，长期持续促进科技创新

为了长期持续促进科技创新，非洲特别重视借助教育的力量。《非洲大陆教育战略（2016—2025 年）》规定，到 2025 年实现 12 项目标。其中，与科技和教育创新紧密相连的目标有 6 项：增强（非洲人的）ICT 能力；改善教育和培训机会，提高教育质量，增强教育管理水平（目标 3）；确保（非洲人）掌握必要的知识和技能，通过对国家和区域不同层次教育的优化整合来提高毕业率（目标 4）；强化科学和数学课程，在非洲社会传播科学知识和科学文化（目标 7）；振兴和扩展第三级教育以及相关研发和创新，以促进全球竞争，应对非洲大陆面临的挑战（目标 9）；增

① African Union, "The AU Commission Strategic Plan 2014 - 2017", February 17, 2013, http://www.au.int/en/sites/default/files/The_AU_Commission_Strategic_Plan_2014 - 2017.pdf, accessed 2021 - 06 - 25.

强（非洲人）数据的收集、管理、分析、交流和使用能力，改善对教育系统和统计工具的管理能力（目标 11）。[①]《非洲大陆教育战略（2016—2025 年）》将教育视为改善非洲科技创新的基础和高效途径。《非洲职教战略》要求，非洲开展职业技术教育与培训的主要目标不仅是提供获得有偿就业的技能，还鼓励和支持创造力、创新精神和创业精神，以发展创造就业机会和相关能力。可见，非盟为促进就业和创业实施该战略，特别强调"创造力"和"创新创业精神"的结合。[②] 这些战略各有侧重，但相互支撑，均清晰地展示了非盟科技与教育创新的目标。

四 非盟科技与教育创新的路径与举措

非盟认为，为促进非洲可持续发展，非洲需要投资科技教育和研发创新。同时，鉴于人力资源是非洲发展最为珍贵的资源，非洲需要持续投资早期教育、基础教育和高等教育，并进行科技、研发创新，切实实施科技与教育创新政策。

（一）凸显科技教育创新的战略价值

《非盟委员会 2014—2017 年战略规划》致力于解决八个关键优先事项（key priorities）。在这一战略的首个优先事项"人类能力发展"（human capacity development）中，非盟特别强调了"教育、科学、技术、研究与创新"的重要性。[③] 为推进《2063 年议程》，非洲各国教育培训部部长于 2015 年 2 月在卢旺达召开会议，探讨 2015 年后非洲教育发展问题。会议将"科学、技术和技能发展"单独定为非洲第五大优先发展领域。[①]

---

① African Union, "Continental Education Strategy for Africa (2016 - 2025)", March, 2016, http://www.au.int/en/sites/default/files/newsevents/workingdocuments/30810-wd-cesa_ - _ english - v9_0. pdf, accessed 2021 - 08 - 01.

② African Union, "Continental Strategy for Technical and Vocational Educational and Training (TVET) to Foster Youth Employment", October 22, 2018, https://au.int/en/documents/20181022/continental-strategy-technical-and-vocational-educational-and-training-tvet, accessed 2021 - 9 - 16.

③ African Union, "The AU Commission Strategic Plan 2014 - 2017", February 17, 2013, http://www.au.int/en/sites/default/files/The _ AU _ Commission _ Strategic _ Plan _ 2014 - 2017. pdf, accessed 2021 - 06 - 25.

2015 年 5 月，非盟提出成功实施“非洲科技创新战略”有四大前提，也称为四大支柱：（1）建设、更新研究基础设施；（2）增强专业技术能力；（3）促进创业和创新；（4）为非洲大陆的科技信息发展提供支持环境。非洲各国都认为不想方设法推动科技与教育创新发展，就无法增强人们的专业技术能力，更无法提高人们的创新创业水平。可见，非洲已经把科技与教育创新提到了“科技创新”的“前提”和“支柱”的更高地位。此后，非盟又进一步提出了 2015 年后非洲发展的七大支柱：经济结构转型和包容性发展，科学、技术和创新，以人为本的发展，环境的可持续发展，自然资源、风险和备灾管理，和平与安全，资金与合作伙伴。这里的第二、第三大支柱直接与科技和教育创新紧密相关。2019 年 4 月 24 日，非洲联盟委员会（African Union Commission，AUC）在埃塞俄比亚启动了“2021 年百万倡议”（1 Million By 2021 Initiative）。该倡议旨在围绕就业、创业、教育和参与（4E），为非洲数百万青年提供企业家培训等机会，以帮助青年人发展科技创新能力，应对非洲面临的各种挑战。该倡议已汇集非洲 400 多位年轻人共同探讨应对非洲问题的 4E 解决方案。合作伙伴、私营部门、高等教育机构和民间社会团体也同青年一道，声明支持该倡议。[①]科技与教育创新的价值在非洲日益凸显。

（二）充分整合内部资源与外部力量

非盟认为，人力资源是非洲最为宝贵的资源，非洲必须确保年轻人公平地获得经济资助和必要资源，以便他们能接受教育培训、技能发展。[①] 为此，非盟充分调动非洲政府、民众、私营部门等力量积极参与和支持非洲的科技计划。同时，为富有成效地实施《非洲科技创新战略》，非洲还在想方设法借助外部力量的杠杆作用。自 2008 年开始，非洲实施了“科学与教育地区性行动计划”（The Regional Initiative in Science and Education，RISE），以增加撒哈拉以南非洲科学和工程领域教师数量和提高教师能力。此后，该计划的目标逐渐转向提高科技创新能力，进而促进撒哈拉以南非洲经济的发展。到 2015 年，南非拥有的博士研究生数量达 2000 名（其中科技工程类 1000 名），拥有全日制研究人员 2 万名。每

---

① African Union Commission, “Agenda 2063: The Africa We Want”, September 1, 2015, https://au.int/sites/default/files/documents/36204-doc-agenda2063_popular_version_en.pdf, accessed 2021-08-25.

千名雇员中约有 50 名研究人员，在此基础上还建立了有效的人才管理机制。[①] 为促进科技教育和创新的发展，非洲也加强了同世界各国的合作伙伴关系。如强化了“中非科技合作关系”（The China-Africa Science and Technology Partnership），和印度联合实施了“印—非科技行动计划”（The India-Africa Science and Technology Initiatives），同德国建立了以科技与教育创新为重心的战略合作关系（The Africa Strategy 2014 - 2018）。此外，非洲还加强了同国际组织在科技教育方面的合作，如“欧盟—非洲联合战略”（The European Union-Africa Joint Strategy）。“欧盟—非洲联合战略”框架的确立为欧非峰会提供了核心议题，三届峰会（2010 年、2014 年、2017 年）均以该框架为依托，并结合欧非双方共同关心的教育、科学、技术和技能发展议题进行了磋商。[②] 由此可见，建设好这些伙伴关系，巩固好互利合作，有利于非洲借助全球资源实施科技与教育创新战略，与世界各国一起共同应对全球性挑战。

（三）设立专门组织并提供经费保障

除原有的人力资源与科技部门（HRST）、“职业教育与培训中心”（TVET Center）等继续承担原有职能，实施科技与教育创新政策外，非盟成立了“非盟专业技术委员会”（the African Union Specialized Technical Committee, STC）管理教育、科学和技术发展事务。该委员会作为非盟成员国的顾问，围绕科技、创新等事务向非盟和各国政府提出建议，并同时负责制定政策，商定策略优先项，协调各方采取有效方法和策略，促进科技与教育创新。

在组织建设的同时，非洲也为其科技与教育创新提供经费保障。事实上，一些非洲国家已经设立了促进研发创新的国家基金。但非盟在《非洲科技创新战略》中指出，这还不够，非洲所有国家有必要将投资科技、研究和创新以及相关教育和培训摆在优先发展的地位。在国家层面，非洲各国应该将资助科技创新列入国家发展战略，应将其国内生产总值（GDP）的 1% 用于研发（R&D）和相关教育投入，并充分利用已有政策

① 许鸿：《南非政府科研资助战略 服务于知识经济建设》，《全球科技经济瞭望》2009 年第 2 期，第 40—42 页。

② 王涛、鲍家政：《“多边—多边”机制视域下的欧非峰会探析》，《西亚非洲》2018 年第 4 期，第 135—160 页。

支持科技创新战略的落实。在次区域和非洲大陆层面，应该设立区域基金，支持“区域卓越中心”促进优先领域的发展，以及进行跨界研发和创新合作。在两者的关系上，各国内部资源应主要用于激励科技研发和创新，而国外的技术和财政支持则应主要用于夯实国内的资助基础，促进科技教育和研发创新持续进行。同时，该战略报告还指出，设立专门的非洲科技创新基金迫在眉睫，以确保有足够的经费使得《非洲科技创新战略》顺利实施。然而，本研究仅发现，只有非洲开发银行于2019年6月宣布投资1亿英镑营运资金和3亿美元债务融资，成立了金融科技专属发展基金——“非洲数字金融普惠机制”（ADFI），以推动非洲地区普惠金融发展。①

五　非盟科技与教育创新政策的特点与趋势

总结非盟近年来的相关情况，非盟实施的科技与教育创新政策呈现以下特点和趋势。

（一）将科技创新与教育培训相结合

科技与教育创新不仅能够为非洲带来短期利益，还能提升非洲民众的科技文化素质，从而为非洲带来持续不断的社会效益。因此，非洲《2063年议程》将科技创新和教育培训视为非盟及其成员国完成发展目标的主要驱动力。该议程宣称，非洲无论是要持续发展，还是要提高竞争力，促进经济转型，都需要在农业、能源、教育、健康等领域持续投入新技术和不断进行创新。因此，《2063年议程》将科技创新及相关教育培训视为保持经济持续增长的良方。《非洲大陆教育战略（2016—2025年）》以“为教育培训和科技创新建立最广泛的合作”为宗旨，鼓励当事人和利益相关者在教育培训和科技创新的联合框架内积极而自由地采取行动。这一战略监测体系的最顶端是由10个国家和政府首脑组成的团

① Finextra：《推动普惠金融发展，非洲开发银行设立金融科技专属基金》，高旭译，未央网，2019年6月17日，https://www.weiyangx.com/332398.html，最后访问日期：2021年9月24日。

队，负责发布年度教育培训和科技创新的评价报告，① 这必将极大地加速非洲大陆经济、社会的发展。

（二）经费投入与制度改革同步进行

21 世纪以来非洲加大了教育投入。非洲年均教育支出占 GDP 的比重由 2000 年的 3.9% 逐渐增长到 2015 年的 4.8%。② 与此同时，非洲不断改革教育制度。非洲与科技、教育创新发展紧密相关的几个文件都体现了这一特点。非洲通过发展教育的第二个十年行动计划，不仅设立了鼓励卓越的科技和创新研究的奖学金、补助金，还鼓励确立“非洲质量排名机制”，支持建设泛非大学。③《2063 年议程》提出，不仅要资助科技发展、研发创新，以及科技教育和技能培训，还要整合教育标准，促进学术和专业资格互认，加大教育和技能革新的力度，以发展技能、促进科技创新、增进知识和集聚人力资本。④ 在促进科技与教育创新方面，非洲加大投入和持续改革同步进行的做法是发展中国家利用后发优势促进发展的有益尝试。从《非洲科技创新战略》来看，该战略使非洲有机会拥有创新引领、知识驱动型的经济，而要成功实施这一战略，还需要在非洲大陆、次区域和国家三个层面不断增加预算经费。这是成功实施科技与教育创新政策的物质基础。与此同时，还要做好制度改革。在国家层面，鼓励非洲各国履行职责，充分发挥主人翁地位。在区域和全洲层面，鼓励各国制定刺激投入的激励机制，以促进科技、创新战略的实施，并减少各国对外部资源的过分依赖。

① African Union, “Continental Education Strategy for Africa (2016 - 2025)”, March, 2016, http://www.au.int/en/sites/default/files/newsevents/workingdocuments/30810-wd-cesa _-_ english-v9_0.pdf, accessed 2021 - 08 - 01.

② The World Bank, “DataBank World Development Indicators”, March 13, 2016, https://databank.worldbank.org/data/reports.aspx?source = 2&series = SE.XPD.TOTL.GD.ZS&country = WLD, accessed 2021 - 05 - 01.

③ 万秀兰、田甜：《〈非洲教育“二·十”行动计划（2006—2015）〉评析》，《比较教育研究》2010 年第 4 期，第 1—6 页。

④ African Union Commission, “Agenda 2063: The Africa We Want”, September 1, 2015, https://au.int/sites/default/files/documents/36204 - doc - agenda2063_popular_version_en.pdf, accessed 2021 - 08 - 25.

（三）鼓励妇女与儿童参与科技创新

注重调动妇女、儿童的积极性，激发他们的力量、勇气和创造力，对收获人口红利、促进非洲发展具有重要现实意义。联合国正在全面支持年轻女性参与 STEM 教育。加强女童在 STEM 领域的参与，有助于其增加学习机会，掌握市场需要的多样化技能；通过 STEM 教育使妇女、女童增强自信，是向她们赋权的重要基石。[①] 联合国“2030 年可持续发展议程”（The 2030 Agenda for Sustainable Development）特别强调通过加强技术特别是信息和通信技术的应用，来增强妇女权能。[②] 非盟《2063 年议程》在其第六大愿景中指出，应该相信非洲人的潜能，依靠非洲人发展非洲，要特别重视依靠妇女，关注儿童。具体来说，要消除各种形式的性别暴力和性别歧视，并为妇女提供优质的教育。第二十五届非洲联盟峰会特别将主题定为“对妇女赋权和解决非洲发展问题”。2019 年 3 月，非盟颁布了《两性平等与赋予妇女权力战略（2018—2028 年）》（AU Strategy for Gender Equality & Women's Empowerment, 2018 - 2028），意在通过强制性和免费教育为女孩和妇女提供职业培训和扫盲方案，使妇女拥有平等机会接受优质教育，成为社会的平等贡献者；[③] 2021 年，非盟关于教育中性别问题的第五次高级别对话也指出，应借助艺术文化杠杆推动女童和妇女对 STEM 教育的参与。[④] 在非盟争取下，教科文组织在非洲推动了多个妇女 STEM 教育项目。如加强开设针对非洲女孩的 STEM 课程，提高妇女和女童接触 STEM 教育的机会和参与度，对教师和校长进行

---

① UNESCO, “Young Women Must Be Fully Supported to Take Part in Science, Technology, Engineering and Mathematics Education”, March 12, 2019, http://www. unesco. org/new/en/education/worldwide/single - view/news/young_ women_ must_ be_ fully_ supported_ to_ take_ part_ in_ science_ technology_ engineering_ and_ mathematics_ education/, accessed 2021 - 05 - 01.

② United Nations, “Transforming Our World: The 2030 Agenda for Sustainable Development”, September 25 - 27, 2015, https: //sustainabledevelopment. un. org/content/documents/2125 2030% 20Agenda% 20for% 20Sustainable% 20Development% 20web. pdf, accessed 2021 - 04 - 25.

③ African Union, “AU Strategy for Gender Equality & Women's Empowerment 2018 - 2028”, March 20, 2019, https://au. int/en/documents/20190320/au-strategy-gender-equality-womens-empowerment-2018 - 2028, accessed 2021 - 9 - 17.

④ African Union, “5th High Level Dialogue Leveraging Arts and Culture to Increase Girls' and Women's Participation in Stem Education”, https://au. int/en/newsevents/20210202/5th-high-level-dialogue-leveraging-arts-and-culture-increase-girls-and-womens, accessed 2021 - 2 - 02.

性别敏感度培训等。

非盟同时指出，幼儿教育与发展（ECED）是未来学习的支柱，是非洲实施优质教育和培训的关键一环。[①] 2019 年 3 月，非盟委员会（AUC）和非洲早期幼儿网络（AfECN）在毛里求斯合作主办了“非洲大陆教育战略—幼儿教育与发展”（CESA-ECED）国际会议。11 个成员国、区域经济组织、社团组织、国际发展合作伙伴都重申了对《非洲大陆教育战略（2016—2025 年）》和《2063 年议程》倡议的承诺。大会还制定了为期两年（2019—2020）的工作计划，成立了四个工作组，分别负责政策宣传与沟通，优质 ECED 计划服务，治理和问责，知识生产、保存和传播。

结 语

近年来，非盟日益重视系统规划和实施科技与教育创新政策。这些政策既是基于历史考察形成的，也以对科技进步和经济社会发展的综合研判为依据，其使命是促进非洲转向创新引领的知识经济，其目标是通过设定优先领域和实施旗舰计划来提高非洲的科技创新能力。非洲各国围绕既定目标规定了优先项，设置了时间点，划分了阶段任务，并采取了行之有效的措施。这符合非盟《2063 年议程》充分利用各种资源促进经济增长的倡议，有利于促进非洲经济社会持续、稳定的发展。非盟日益清晰的科教创新政策既显示了非洲对紧缺科技人才的需求，向世界展示了非洲科教发展的目标及其优先项，也为中非科教合作提供了新思路、新方法。

【责任编辑】王珩

① African Union, “Continental Education Strategy for Africa (2016 - 2025)”, March, 2016, http: //www. au. int/en/sites/default/files/newsevents/workingdocuments/30810-wd-cesa_ - _ english - v9_0. pdf, accessed 2021 - 08 - 01.

非洲研究　2022 年第 2 卷（总第 19 卷）
第 133—147 页
SSAP ©，2022

撒哈拉以南非洲[*]法语戏剧：起源、发展与趋势[**]

刘天南

【内容提要】戏剧是撒哈拉以南非洲出现最早的法语文学体裁。撒哈拉以南非洲法语戏剧发展历程曲折多变，从戏剧创作艺术手法上看，它从模仿西方古典戏剧发展而来，随后衍生出早期的大众民俗戏剧、西化戏剧和本土戏剧，进入 20 世纪 90 年代发展为当代戏剧。这类戏剧的创作手法充满着多元化色彩，如果说西化戏剧是以西方传统戏剧技巧为蓝本进行剧目创作的戏剧作品；本土戏剧则结合非洲传统美学艺术来革新非洲戏剧，以实现非洲戏剧现代化为目标，但它们多数因发展困难而最终难以持续；当代非洲戏剧则超越“非洲”作为主要创作源泉的束缚，而汲取更多其他综合元素进行创作。因而当代戏剧作品语言更加诗意化，创作目的更加强调美学功能，作品内容在充分彰显身份与暴力主题的同时也越发倾向于人文主义大关怀的发展趋势。

【关键词】撒哈拉以南非洲；法语戏剧；非洲戏剧

【作者简介】刘天南，国际关系学院外语学院非洲研究所副教授（北京，100091）。

---

* 撒哈拉以南非洲，俗称“黑非洲”，本文除部分含有“黑非洲”（Afrique noire）的机构名称保留“黑非洲”译名外，其他地方均采用“撒哈拉以南非洲”来统称撒哈拉沙漠以南非洲地区。

** 本文系中央高校基本科研业务经费科研项目“科特迪瓦法语文学研究”（项目编号：3262018T24）的阶段性研究成果。

撒哈拉以南非洲法语戏剧数量极为丰富，但目前国内外关于这类戏剧的研究在总体上仍处于边缘化状态。国内学者主要是从泛非角度对非洲戏剧的种类和发展做了相对宏观的研究，且数量有限。国外学者则主要从文学史角度对非洲的国别戏剧或总体特点进行了更加细微的梳理和评论。实际上，撒哈拉以南非洲法语戏剧不仅形式多样，还善于创新。它从诞生至今已有八十多年的发展历程：从最早的为殖民事业服务发展到当代为探寻身份和世界问题而创作。以戏剧创作的年代阶段特点划分，它先后经历了蓬蒂戏剧、黑人品格戏剧、后黑人品格时代戏剧、后殖民戏剧或当代戏剧四个阶段。从历史追溯它的起源和发展，再探究它在当今的发展特点和趋势，有助于提升我们对非洲戏剧创作艺术与非洲精英思想动态的认知。

一 起源：蓬帝戏剧（Théâtre pontin，1930—1939）

撒哈拉以南非洲法语戏剧诞生于殖民主义高峰时期的1930—1935年，在当时是西方殖民者在非洲推广殖民教育的一个副产品。

1855年，法国殖民者开始在西非正式建立第一所殖民学校——“人质学校”（École des otages）。1893年，时任法国参议会主席朱尔·费里（Jules Ferry）提出：“高等种族对劣等种族有更高的权力，同时高等种族有权也有义务对劣等种族进行文明开化。”[①] “开化劣等种族”，即让他们习得高等种族的语言、信仰、生活方式、社会习俗甚至获得与高等种族相关的物质和文化条件。1903年，法属西非殖民行政长官埃内斯特·鲁姆（Ernest Roume）在法属西非推动通过了一项法案，即对法属西非进行大规模的殖民工程规划：建设公路、铁路、港口、医疗诊所、行政办公室、军营以及学校。其中，开办殖民学校是重点工程之一，这一方面是为了通过法语语言推广对非洲人进行文化同化；另一方面也是为法国殖民统治培养当地职业技术人才。相关数据显示，至1938年，法属西非地

① Afrocentricity Abidjan, «L'école coloniale en «Afrique occidentale francaise» ou histoire d'un crime contre la culture africaine», https://dyabukam.com/index.php/fr/savoir/histoire/item/199-l-ecole-coloniale-en-afrique-occidentale-francaise-ou-histoire-d-un-crime-contre-la-culture-africaine，最后访问日期：2021年6月22日。

区 1400 万人口当中，共计 7.1 万非洲学员在法国殖民学校注册学习。[①]

殖民者在非洲推广法语无形中为撒哈拉以南非洲法语戏剧的诞生提供了前提条件。其中，科特迪瓦班热维尔高级小学（École primaire supérieure de Bingerville）和塞内加尔威廉·蓬蒂师范学校（École normale William Ponty）对撒哈拉以南非洲法语戏剧的诞生起着决定性作用。1929 年，法国里昂的一名小学法语老师夏尔·贝亚尔（Charles Béart）被法国殖民政府委派至法属西非任教。1931 年，他被任命为科特迪瓦班热维尔高级小学校长。任职期间，他大力推广戏剧教学法，鼓励学员结合当地风土人情创作法语戏剧作品，并在殖民学校演出。1935 年，夏尔·贝亚尔被调入塞内加尔威廉·蓬蒂师范学校，继续担任校长。在该校任职期间，其继承并发扬戏剧教学法传统。第一批撒哈拉以南非洲法语非洲戏剧家正是在夏尔·贝亚尔任职期间诞生的。

科特迪瓦学员贝尔纳·达迪耶（Bernard Dadié）是撒哈拉以南非洲法语戏剧最为突出的首批作家代表之一。1931 年，他还在班热维尔高级小学学习时就已经创作了法语非洲第一部戏剧《城市》（*La ville*）。1935 年，他跟随夏尔·贝亚尔校长转入塞内加尔威廉·蓬蒂师范学校继续学习。一年之后，他的第二部戏剧作品《桑维人国王阿斯米安·达伊莱》（*Assémien Déhylé, roi du Sanwi*）面世。1937 年，法国巴黎世界博览会期间，塞内加尔威廉·蓬蒂师范学校的两部学生作品在香榭丽舍剧院公演，第一部就是贝尔纳·达迪耶的《桑维人国王阿斯米安·达伊莱》，第二部则是学生集体创作的作品独幕剧《情敌》（*Les prétendants rivaux*）。贝尔纳·达迪耶作为首批戏剧创作者的代表，他的戏剧特点是扎根于非洲历史与文化，凸显了一个虚构的伟大昔日非洲。他的作品同时还呈现泛非与人文主义倾向，通过叙述故事的方式，提醒公众人性的弱点。从他的第一部戏剧作品开始，贝尔纳·达迪耶就已经享誉盛名。同一时期在撒哈拉以南法语非洲的其他国家，如贝宁、马达加斯加、刚果（布）等国家的戏剧也因殖民学校的创办与戏剧教学法的普及获得了较好的发展。

1933—1937 年，威廉·蓬蒂师范学校戏剧创作达到高潮，这一时期的戏剧因此也被称为“蓬蒂戏剧”。总体上，学生创作的戏剧以西方古典戏剧为主要技法，同时掺杂了非洲的传统艺术——达姆达姆鼓、歌曲、

---

① Christiane Ndiaye, Nadia Ghalem et al., *Introduction aux littératures francophones—Afrique, Caraïbe, Maghreb*, PU Montréal, 2004, p. 72.

舞蹈、谚语、神话、巫术等。但蓬蒂戏剧依然为大众民俗戏剧范畴，一方面是因为它以非洲当地的社会风俗、历史传统、乡村生活为主要题材，展示了非洲的传统社会组织与文化价值，另一方面则因其表演场景道具简单，戏剧语言以当地口语为主，不甚讲究，戏剧内容贴近百姓生活，以娱乐大众为目的。然而，这一时期的作品以学生创作为主，且受限于简陋的表演条件，又由于它本质上为殖民统治服务，因此，这些殖民学校所培养的首批非洲学员的早期戏剧主要面向欧洲观众，抬高欧洲文明，贬低非洲文明。学员在创作时也不知不觉地倾向于选择一些传统的、神秘性的事件或非洲仪式或非洲宗教等具有神秘色彩的内容，从而迎合了当时欧洲观众对异域风情的追求，因而此类戏剧具有殖民文学色彩。

二 黑人品格戏剧（Théâtre de la Négritude，1946—1970）：西化戏剧的起与伏

20 世纪 40 年代，以利奥波德·塞达尔·桑戈尔（Léopold sédar, Senghor）等为代表引领的黑人品格运动[①]一定程度上影响了撒哈拉以南非洲法语文学的创作趋势。绝大多数戏剧作品以颂扬非洲社会传统价值，批判、抨击殖民为主要创作主调，但在艺术风格上仍然遵循西方的传统戏剧创作技巧，即主要模仿西方古典戏剧如莫里哀（Molière）、拉辛（Racine）、高乃依（Corneille）等的戏剧作品，采用法语创作，语言考究，强调戏剧创作的标准规则，因而属于“西化戏剧”范畴。以 1960 年“非洲独立年”为分水岭，这一阶段的黑人品格戏剧可分为两个阶段：非洲国家独立前的十五年（1946—1960 年）和非洲国家独立后的十年（1961—1970 年）。

第二次世界大战之后，戏剧在一些非洲国家的大城市得到了长足发展，比如塞内加尔的达喀尔和科特迪瓦的阿比让，甚至某些城市还成立了专业戏剧团队。黑人品格戏剧通过一群专业人士，在相对专业的地点进行表演，戏剧的风格也主要为西化戏剧。但与蓬蒂戏剧相比，这一阶

---

① 黑人品格运动（Négritude）又译为“黑人精神运动”、“黑人性运动”或“黑人文化运动”，是指发生在两次世界大战之间，由一批留学于西方的非洲精英发起的对殖民主义的质疑、对黑人价值进行肯定和颂扬的一场政治和文化运动。本文倾向于采用学者聂珍钊的“黑人品格”译法。

段的戏剧创作与演出均有所回落。主要原因有如下几个方面。第一，缺乏戏剧演出的物质条件，大部分剧团因产出困难而被解散。而这些被解散的剧团成员中有不少转战欧洲继续发展自己的事业。第二，仅有极少数戏剧剧本被单独出版成册，大多数剧本没有出版或者只有等到戏剧节或文化节才能印刷文本。第三，20 世纪四五十年代同时也是撒哈拉以南非洲第一代小说兴起的时代，受这一风潮的影响，很多作家转向小说创作，因而戏剧创作在一段时间内受到冷落。尽管如此，非洲大陆仍然出现了第一代法语戏剧作家，其中科特迪瓦两位先锋民俗戏剧家科菲·加多（Coffi Gadeau）与阿蒙·达比（Amon D'aby）是重要代表。他们在 1938 年一起创立了科特迪瓦当地戏剧，后又在 1953 年一起共建民俗与文化中心。他们的戏剧被视为真正的“国家民俗戏剧”。两人多才多艺，又善于展现各自的创作特色。科菲·加多的作品深度模仿莫里哀的喜剧作品，围绕婚姻家庭生活展开，如《我的丈夫》（*Mon mari*，1942）、《莫里斯先生的雇员们》（*Les recrutés de monsieur Maurice*，1942）、《亚－乌·恩达》（*Ya-ou Nda*，1954）是其中的代表作。而阿蒙·达比则倾向于从热带稀树草原或丛林中的村民日常生活或传统中取材，内容多以悲剧收尾，以此引发观众的深思。如他的作品《被兄弟们拐卖的约瑟夫》（*Joseph vendu par ses frères*，1941）、《库瓦奥·阿乔巴》（*Kwao Adjoba*，1953）、《羁绊》（*Entraves*，1955）、《拍卖会的王冠》（*La couronne aux enchères*，1956）、《女巫》（*La sorcière*，1957）等均有此特点。

实际上，非洲国家在取得独立后，戏剧创作才得以被重新重视。撒哈拉以南非洲法语戏剧也因国家的独立而获得独立的发展。昔日流离于欧洲的戏剧艺人开始返回非洲大陆，将自己的艺术经验分享给新成立的剧团。大部分非洲国家都成立了国有剧团，如 1959 年在达喀尔和阿比让先后成立了国有剧团。1959 年，科特迪瓦国家艺术学院在阿比让成立，戏剧艺术在该国得到了更加专业的普及。1960 年初，其他非洲法语地区国家的一线大城市也陆续成立了国有剧团。新成立的国有剧团由国家出资，戏剧创作变得密集，并主要服务于新政权，突出新政权的文化身份。学校剧团、业余剧团相辅相成，成为戏剧创作的主要团队，也有相当部分私有剧团出现。在当时非洲书籍匮乏、电影电视广播欠发达、文盲率高的社会背景下，戏剧逐渐主要面向更为广大的普通民众。此外，非洲的法国文化中心由于有较好的演出条件，对非洲戏剧的发展也发挥了重要作用。

从题材上来看，历史、神话成为独立后的主要戏剧题材。戏剧内容仍然沿袭了颂扬历史英雄、谈论婚姻家庭或社会传统、反殖民等主题。剧作家们积极介入政治和社会问题，戏剧创作具有明显的功利性和说教意味。艺术为新政权服务，新政治领袖也期待艺术家们通过追忆殖民历史来培养民众的民族意识。其中马提尼克作家艾梅·塞泽尔（Aimé Césaire）创作的《克里斯多夫国王的悲剧》（*La Tragédie du Roi Christophe*，1963）被视为 20 世纪六七十年代非洲戏剧创作的典范。这部作品成功地描述了一个饱受殖民摧残的民族和国家在独立后争取发展自由的悲剧故事：在海地脱离殖民统治获得独立之后，亨利·克里斯多夫（Henri Christophe）被选为海地共和国总统；但是，他拒绝共和国总统的称号，自封为王，建立了北部王朝，并致力于国家振兴；然而，由于缺乏必要的发展条件，他对老百姓实行苦役制，导致人民起义；最终克里斯多夫国王被迫自杀身亡。除此之外，马里的塞杜·巴迪安（Seydou Badian）的戏剧作品《查卡之死》（*La mort de Chaka*，1963）也被视为经典之作。这部五幕剧讲述了南非 19 世纪的暴君祖鲁国王查卡因战争而获得财富和政权的巩固，但这些财富并没有使他停止好战的秉性，渴求和平的广大将领揭竿起义的故事。喀麦隆作家奥尤诺·姆比亚（Oyono Mbia）的《三位求婚者一位丈夫》（*Trois Prétendants un mari*，1964）批判了在非洲传统社会中嫁妆促使人性懒惰的问题。塞内加尔作家比拉戈·迪奥普（Birago Diop）的神话题材戏剧作品《摩尔·拉姆的骨头》（*L'Os de Mor Lam*，1966）通过描写主人公摩尔·拉姆对传统社会的不适应，批判了人性的自私。贝宁作家让·普利亚（Jean Pliya）的戏剧作品《贪婪冷酷的贡多》（*Kondo le requin*，1967）描绘了达荷美民族英雄贝汉津领导贡多人民抵抗殖民者。此外，塞内加尔作家谢克·恩道（Cheikh N'Dao）的作品《阿尔布里的流亡》（*L ' Exil d ' Albouri*，1967）描绘了塞内加尔古代卓洛夫王国最后一任君主阿尔布里的故事；贝尔纳·达迪耶的《多贡 - 尼尼先生》（*Monsieur Thôgô-Gnini*，1970），则通过喜剧方式对殖民时代的习俗进行了讽刺。

然而，与此同时，也有相当部分艺人出于对新政权腐败的失望，与国有剧团保持一定距离，并通过自己的努力自立门户。如几内亚作家吉布里尔·唐西尔·尼亚纳（Djibril Tamsir Niane）及其作品《悲剧婚约：瓦加杜·比达的传奇故事》（*Les Fiançailles tragiques ou légende du Wagadou Bida*，1961）等。

三 后黑人品格时代戏剧[①]（Théâtre de la Post-négritude，1970—1989）：从西化到本土化

在非洲国家获得独立后的十几年中，长期颂扬社会传统文化的剧目使观众产生了审美疲劳。而一些抨击新殖民主义背景下非洲社会的独裁、不公、腐败、派系作风、暴力等反映社会现实情况的剧目越来越受欢迎。这些针砭时弊和社会风俗的喜剧作品仍然主要受到法国剧作家如莫里哀、欧仁·拉比什（Eugène Labiche）、乔治·库特林（Georges Courtelin）等的启发。剧作家们放弃理想主义视野，转向英雄史诗，通过戏剧创作来揭露政治腐败、贪污，严斥为追求个人政治权力而将国家卷入混乱的自私政客。但是，对于统治者而言，这些剧目干扰了他们的统治秩序，被视为反政府行为。广大戏剧家最终只能带着其作品“背井离乡”。这是因为：第一，直到20世纪80年代初，非洲没有真正的戏剧生活，物质条件极其匮乏，广大老百姓也没有夜出观戏的习惯；第二，非洲国家大部分剧院仍然由国家资助运营，仅存的剧团只能上演反殖民或民俗戏剧，剧目单调；第三，反映现实的剧目被当局禁止，戏剧家受到当局的严格监视；第四，20世纪80年代是法国国际广播电台法语戏剧大赛（prix RFI théâtre）的兴盛时期，非洲法语戏剧的评比权受控于巴黎。

尽管如此，20世纪七八十年代的撒哈拉以南非洲法语戏剧仍然获得了一定的发展，并且从技巧上看，已经出现了两类戏剧创作风格。第一类为西化戏剧，即参照西方戏剧技巧进行创作。多重因素使这一时期的西化戏剧获得了较好的发展。首先，法国知名学者雅克·谢弗里耶（Jacques Chevrier）在法国阿捷出版社主持出版了系列非洲法语文学“黑人世界口袋书”（Hatier international-Monde noir poche），使得包括戏剧在内的非洲文学作品得以大量被翻译并出版。其次，法国国际广播电台法语戏剧大赛也让非洲部分优秀西化戏剧作家及其作品得以被发现。最后，20世纪80年代的利摩日法语文化节（Festival des Francophonies en Limousin）、巴黎国际法语戏剧（Théâtre international de Langue française à Paris）

① 此处“后黑人品格时代戏剧”的分类提法参见：Jacques Chevrier，*La littérature africaine：anthologie de la négritude*，Paris：Librio，2008。

以及纽约的 Ubu 话剧院（Ubu Repertory Theater à New York）的创建，大大提升了非洲戏剧的出镜率。代表作家和作品如前文所提的贝尔纳·达迪耶和他的《多贡 - 尼尼先生》。他在作品中刻画了被释放的黑奴多贡 - 尼尼试图为殖民者服务，被殖民者同化、异化，最后遭遇同胞反抗致人生惨败的经历。这部作品一方面摒弃了蓬蒂戏剧为殖民者服务的性质，另一方面，戏剧中刻画的民众形象不再是被动的消极形象，而是积极抗争的形象，因而这部作品成为新时代的开篇之作。而来自刚果的多名作家以揭露独裁为主题，进一步拉开了西化戏剧创作的巨幕。其中最为突出的代表是来自刚果（金）的索尼·拉布·唐西（Sony Labou Tansi）。他的《我证明有心脏病》（*Je soussigné cardiaque*，1977）虚构了一位乡村教师因反对学校领导和当局而被判死刑，从而抨击政府的腐败与独裁。这部作品获得法国国际广播电台法语戏剧大赛大奖。他的另一部作品《血的括弧》（*La parenthèse de sang*，1981）描述了政府大兵的粗暴行径，成为非洲戏剧经典之作。又如刚果（布）作家西尔万·邦巴（Sylvain Bemba），他的《杀死鳄鱼的男人》（*L'homme qui tua le crocodile*，1972）描绘了一名乡村小学教师与地方高利贷恶霸商人做斗争的故事，最终乡村教师圆满获胜；另一位刚果（布）作家契卡亚·尤唐西（Tchicaya U'Tamsi）通过其戏剧作品《尼贡·尼库元帅的荣誉命运，我们派出的王子》（*Le destin glorieux du maréchal Nnikon Nniku*，*prince qu'on sort*，1979）猛烈抨击非洲频繁军事政变的政治生态。

与此同时，随着非洲广播的发展，还出现了一批广播剧作家。如喀麦隆奥尤诺·姆比亚（Oyono Mbia）的两幕剧《我们的女儿不会出嫁》（*Notre fille ne se mariera pas*，1968）讲述了一个非洲大家庭全盘寄托在一个会挣钱的女儿身上，并担心她因为结婚而不再资助原生家庭的婚姻家庭作品，该剧获得 1969 年广播剧大奖。喀麦隆作家帕贝·蒙戈（Pabé Mongo）的广播剧《哲学家与巫师》（*Le Philosophe et le sorcier*，1979）同样也是婚姻家庭剧，讲述了一名赤脚医生与哲学家明争暗斗的故事。喀麦隆戏剧家普罗泰·阿圣（Protais Asseng）的《要的太多》（*Trop c'est trop trop*，1977）则描绘了一个非洲男人为了生育奖，不惜施巫术让自己肚子变大的荒诞剧目，该作品随后还被译成英文。喀麦隆作家帕特里斯·恩德蒂·庞达（Patrice Ndedi Penda）借其作品《卡梅莱昂》（*Le Caméléon*，1981）抨击了政权的腐败，他也因此被誉为“反腐教父”。贝宁作家让·普利亚的《特殊女秘书》（*La Secrétaire particulière*，1970）通过一位胸怀壮志的正直女青年与办公室黑暗文化做斗争的故事抨击了非洲的官僚主义、腐败及派系作风。作品获得巨大成功。科特迪瓦戏剧家阿马杜·科内（Amadou Koné）的《对死者们的尊重》（*Le respect des morts*，1980）则描述了非洲传统价值的崩塌。

第二类为本土戏剧。20 世纪 80 年代，一些主要在非洲大陆受教育成才的艺术家受到非洲本土艺术的启发，开始通过戏剧作品来探寻身份，并力求在创作方式和技巧上有所突破。这类本土戏剧可分为四类。

（1）“迪迪嘎”戏剧（Didiga）。“迪迪嘎”来自科特迪瓦西南部贝特族的猎人传统。历经艰辛满载猎物而归的猎人为村民解决了饥饿问题，他们的行为象征着勇气和无私，因而被视为英雄。当猎人凯旋，村民为他们载歌载舞，猎人则给村民讲述他们充满迷幻和神秘色彩的森林险遇。20 世纪 80 年代，来源于贝特族的贝尔纳·扎蒂·扎乌鲁（Bernard Zadi Zaourou）汲取了这一猎人传统说唱与舞蹈艺术，对非洲本土戏剧进行了革新。他将颂扬猎人所经历的神奇、神秘事件植入“迪迪嘎”戏剧。因此，神奇和神秘色彩成为“迪迪嘎”戏剧的两大重要元素。[①] 而剧目所塑造的固定的唯一英雄——“杰戈伯戈伯”（Djergbeugbeu），即贝特族传说中的最具天赋、最伟大、最勇敢、最无私的猎人英雄也成为该戏剧的第三大元素。除此以外，由于其神秘和探险的性质，这类歌舞又往往被传统洗礼仪式所采纳，因此它也具有传统宗教的神圣性。“迪迪嘎”戏剧还须配以“乐弓”[②]、舞蹈、肢体语言等。从美学艺术上来看，“迪迪嘎”戏剧是一种艺术创新，作者通过戏剧艺术来思考社会以及社会对人的影响，通过戏剧来观察他所在国家的政治问题。贝尔纳·扎蒂·扎乌鲁重要的代表作品有《白蚁穴》（*La termitière*，1980）、《神灵们的秘密》（*Le secret des Dieux*，1983）、《女人们的战争》（*La guerre des femmes*，1984）、《金子国度之旅》（*Voyage au pays de l'or*，1985）等。但是，由于这类戏剧台词极少，并且主要通过象征物来表现，缺乏与公众交流，在影响力上，远低于传统的口述艺术。1985 年，该类戏剧还因经费问题，发展受限。2012 年，创始人贝尔纳·扎蒂·扎乌鲁去世，“迪迪嘎”戏剧从此基本被中断。

---

① SIDIBE Valy, *La dramaturgie de Bottey Zadi Zaourou ou la révolution esthétique au cœur des mythes anciens*, RiMe-Rivista dell'Istituto di Storia dell'Europa Mediterranea, numéro 9, décembre 2012, p. 30.

② 笔者直译，法文为“arc musical”，是一种弓弦乐器，外形似弓箭，弓弦固定，多数用嘴吹，常见于非洲。

（2）“传统仪式戏剧”（Théâtre-rituel）。传统仪式戏剧来源于喀麦隆巴萨族的传统习俗，戏剧表演充分再现了巴萨族传统仪式中惯用的木偶、面具、非洲鼓、舞蹈、音乐、诗词等特色元素，并将传统医术、成人礼仪、葬礼等仪式搬上舞台，目的在于凸显非洲本土身份特色，彰显戏剧的神秘性。[①] 这类戏剧由来自喀麦隆的韦拉·韦拉·莉基伊涅（Wèrè Wèrè Liking）和法国的玛丽-若泽·乌朗提埃（Marie-José Hourantier）在阿比让共同创建。20世纪80年代初，玛丽-若泽·乌朗提埃把韦拉·韦拉·莉基伊涅的好几部反映不同传统仪式的戏剧搬上舞台，如《手想说》（*Les mains veulent dire*，1980）、《UM的力量》（*La Puissance de Um*，1981）、《彩虹状麻疹》（*La rougeole arc-en-ciel*，1982）、《错误的睡意》（*Du sommeil d'injuste*，1983）；1981年，两位创始人合作出版《非洲的俄耳甫斯》（*Orphée d'Afrique*）。但从1985年开始，两位戏剧创始人因意见不合而分道扬镳。前者另开创了“技-艺姆博科”艺术团（Ki-Yi M'Bock），逐渐远离传统仪式戏剧艺术。后者则建立了“宾-卡迪-索”协会（Bin Kadi So），并继续坚持传统仪式戏剧的创作和研究。玛丽-若泽·乌朗提埃还推出了《仪式演出》（*Spectacles rituels*，1987）、《从仪式到仪式戏剧》（*Du rituel au théâtre rituel*，2004）等戏剧理论作品。但由于撒哈拉以南非洲普遍缺乏演出设施，文化经费预算也严重不足，传统仪式戏剧发展困难重重。

（3）“游吟诗戏剧”（Griotique）。“游吟诗戏剧”来源于非洲游吟诗人艺术。这类戏剧常常由游吟诗人节选撒哈拉以南非洲著名作家名著片段说唱，同时伴有传统音乐和舞蹈。创始人为迪厄多内·尼昂戈朗-波尔凯（Dieudonné Niangoran Porquet）。他既是喜剧演员、诗人，也是剧作家。他的戏剧作品主要是广播剧，如《美好的篇章，漂亮的海滩》（*Belles pages*，*Belles plages*）、《我们家的戏剧》（*Théâtre de chez nous*）和电视戏剧作品《在我们家》（*Chez nous*）、《木头秀》（*Show au bois*）、《圣地》（*Sanctuaire*）等。但由于该创始人在1995年去世，这类戏剧也随之成为昙花一现的艺术。

（4）“柯特巴戏剧”（Kotéba）。“柯特巴戏剧”起源于西非马里的曼

---

① Amadou Ouedraogo，«Théâtre-rituel et symbolisme de la renaissance chez Werewere Liking：L'exemple d' Une nouvelle terre»，*Etudes francophones*，Vol. 26，numéros 1& 2，University of Louisiana at Lafayette，pp. 25 – 35.

丁哥族在庆祝丰收时表演的独幕剧传统。“柯特巴”在马里班巴拉语中表示“大蜗牛”，取蜗牛外壳的螺旋上升，永无止境之意。其创始人是几内亚的苏莱曼纳·柯利（Souleymane Koly）。1973 年，他选择在科特迪瓦发展。1974 年，他创建了“阿比让柯特巴团队”，随后，很快产生了“柯特巴戏剧”。该类戏剧集合了台词文本、音乐、声乐、哑剧、舞蹈等元素，以幽默的方式探讨社会严肃事件，具有音乐剧的特征。苏莱曼纳·柯利的代表作有《冠军阿达马》（*Adama champion*，1979）、《丘比特将军和他的黑人奴斥[①]》（*Commandant Jupiter et ses black nouchis*，1988）等，这些作品都很好地论述了城市青年问题。20 世纪 90 年代，由三位美少女组成的“柯特巴三人行”（*Les trois Go de Kotéba*）组合在全球获得巡演。2000 年，音乐剧《可可迪的强尼》（*Cocody Johnny*）也极受欢迎。与其他本土戏剧类型相比，“柯特巴戏剧”具有较强劲的生命力，从 1974 年成立至今，一直在持续发展。

总体上，20 世纪 80 年代末至 20 世纪 90 年代初的撒哈拉以南非洲法语戏剧，为非洲特性[②]的趋势写下了浓重的一笔。

四　后殖民时代戏剧（Théâtre post-colonial，1990 年至今）：身份追寻与人文关怀

后殖民时代戏剧也被称为“当代戏剧”。20 世纪 90 年代开始，非洲戏剧家不再满足于体现非洲本土特色的种族学视野，他们拒绝继续以非洲特色来迎合观众和读者，并不断对非洲特性提出质疑，“反非洲特性”或“反非洲文化的真实性”成为主流趋势。撒哈拉以南非洲当代戏剧进入了一个蓬勃发展的时期。其中，这一时期的三个平台对非洲戏剧的推广起了重要作用。首先，利摩日法语文化节在 1988 年创设了“作者之家”，为新作家提供了交流平台。这一时期的剧作家如刚果（金）作家索

① 奴斥（Nouchis），笔者直译。该词是科特迪瓦阿比让的地方俗话，来自马林克语，原意为“鼻毛”，指代阿比让未受到良好教育或不务正业的城市青年在口语中通常夹杂着法语和科特迪瓦的好几种方言来进行交流的一种语言现象。

② 非洲特性（Africanité），指所有反映非洲文化和社会的特征的总称。桑戈尔最早将其定义为“非洲最古老居民的共同的群体价值”，随后在黑人品格运动中，他又将其进一步定义为“黑非洲所有文化的总和”。

尼·拉布·唐西、科特迪瓦韦拉·韦拉·莉基伊涅以及乍得作家库尔西·朗科（Koulsy Lamko）得以展示自己的作品。其次，1992年，法国国际广播电台将其非洲法语戏剧大赛改版成“世界戏剧艺术”（Dramaturgies du Monde），从而使非洲法语戏剧得到了更好的展现。这一时期有几百部戏剧作品在大赛中被发掘，超过60%的参赛作品得以出版，其中至少有10部作品在法国获得翻译或演出。从20世纪80年代末到20世纪90年代初，超过80%的非洲大陆的戏剧作品都出自法国国际广播电台法语戏剧大赛。[①] 多名非洲作家因该平台而成名，如前文所提的刚果（金）的索尼·拉布·唐西、科特迪瓦戏剧家科菲·库瓦雷（Koffi Kwahulé）、多哥戏剧家科西·埃富伊（Kossi Efoui）、马达加斯加戏剧家让-吕克·拉阿里马纳纳（Jean-Luc Raharimanana）以及吉布提作家阿布杜拉芒·瓦贝里（Abdourahman Waberi）。此外，比利时出版商埃米尔·朗斯芒（Émile Lansman）从1989年开创朗斯芒出版社，专注于来自撒哈拉以南非洲、马格里布、加勒比海以及北美的法语戏剧出版，极大地促进了非洲法语戏剧的推广。

从戏剧创作主题上来看，这一时期戏剧家们走出以往的以历史或政治为题材的戏剧创作，开始关注世界问题、身份问题、写作问题、作品的接受等美学问题。当代戏剧所展示的不再是非洲内部的折叠景象，作家目光也不再仅仅局限于非洲，而是使非洲在整个人类共同体中淡化。其中，索尼·拉布·唐西是撒哈拉以南非洲当代法语戏剧的先锋戏剧家。[②] 他在戏剧创作中一直在努力摒弃异域风情之风，即避免凸显非洲特性。反对政权腐败、反抗压迫、反讽与批评成为他创作的重要主题。在戏剧创作方法上，他善于采用夸张的手法、支离破碎的语言以及反自然的美学挑战西方文学。他的戏剧作品被频繁搬上非洲大陆、欧洲、美洲等地舞台。其戏剧创作影响了一批非洲新生代戏剧家和电影导演，如多哥作家科西·埃富伊、科特迪瓦戏剧家科菲·库瓦雷等。其中，科西·埃富伊是“反非洲特性”的突出代表。他1989年创作的《十字路口》（*Le Carrefour*）成为一个标杆之作，这部剧作讲述了主人公通过想象力摆

---

① Françoise Ligier，«Musique，théâtre et littérature sur les ondes»，http://www1.rfi.fr/fichiers/MFI/CultureSociete/1945.asp，accessed 2021-6-22.

② Sylvie Chalaye，«Les Enfants terribles des Indépendance：théâtre africain et identité contemporaine»，*L'Afrique noire et son théâtre au tournant du siècle*，coll，«Plurial»，Rennes，Presses Universitaires de Rennes，2001，p. 19.

脱监狱的故事，但故事中没有涉及任何有关非洲的场景，没有村庄，只有一个女人和一位摆弄木偶的诗人。

具体来说，撒哈拉以南非洲当代法语戏剧有三大主题。一是"暴力"。法国学者西尔维·沙莱（Sylvie Chalaye）认为："现代暴力使这种戏剧萌生了震撼力：城市暴力、家庭暴力、经济暴力、社会暴力等。"① 非洲的戏剧家们通过写暴力来反暴力，以此表达他们的人文主义关怀。科特迪瓦作家科菲·库瓦雷是暴力主题的突出代表。作为当代知名戏剧家，他的作品并被翻译成二十多种语言，在欧洲、非洲、美洲、亚洲被广泛出版或被搬上舞台。他的戏剧作品语言特色突出，文风偏感性，口语化的字里行间充满爆发力。其中，他的《一声枪响》（*Big Shoot*，2000）以在伊拉克的美国大兵为背景，将死亡、性暴力等做了极为细致地描绘。他的另一部作品《对面咖啡馆的女士》（*La dame du café d'en face*，1998）也反映了强奸、性暴力、乱伦等现象。同样，贝宁作家若泽·普利亚（José Pliya）的《西卡的面具》（*Le masque de Sika*，2001）将人物置于一种遭遇掠夺、歧视和文化同化的背景中去描绘社会暴力问题。所有这些涉及暴力的作品都主要倾向于刻画社会中施加于女性的暴力。换句话说，性别暴力问题在非洲当代戏剧艺术中几乎无所不在。因此，一定程度上可以说，当代撒哈拉以南非洲法语戏剧是"当代暴力的一面镜子"。二是身份追寻和自我的身份认定。比如多哥作家科西·埃富伊的《不幸遭遇》（*La malaventure*，1993）将主人公置于封闭的未知的监狱中来探讨奇怪的爱情，作者通过这部戏剧试图探寻自我身份；乍得作家库尔西·朗科的戏剧作品《特低……如此低！》（*Tout bas…si bas!* 1995）通过一个老妇人的角色讨论了身份追寻的问题，也凸显了非洲贫民窟问题；贝宁作家若泽·普利亚的《泰纳尔迪耶的恋母情结》（*Le complexe de Thénardier*，2004）则通过一对养母和养女的关系，从心理学角度探讨了身份的问题。又如布基纳法索新生代戏剧家阿里斯蒂德·塔纳格达（Aristide Tarnagda）的剧作《红土地》（*Terre rouge*，2017）通过分别生活在欧洲和非洲大陆的兄弟二人的书信对话提出了对非洲裔移民与非洲本土人身份的思考。三是追求普遍性的价值。比如科菲·库瓦雷的《我们需要美洲》（*Il nous faut l'Amérique*，1997）和《萍杜》（*Bintou*，

① Sylvie Chalaye, «Afrique noire : écritures contemporaines d'expression française», in *Registre n°4*, Presses Universitaires de la Sorbonne, Ed. Théâtre/ Public, 1999, p. 56.

1997），作者通过这两部作品提出了一些如人权等普遍性问题。其中《萍杜》讲述了郊区叛逆女孩萍杜无视一切传统和权威，一心想成为肚皮舞演员，但来自现实的家庭和社会暴力使她的梦想最终幻灭，该戏剧还反映了作者对非洲割礼传统、青少年暴力等的批判和思考。另有多哥作家康尼·阿勒姆（Kangni Alem），其戏剧《着陆》（*Atterrissage*，2016）以非法移民的偷渡故事展开论述，对非洲青年的未来提出了严肃的思考。还有科特迪瓦作家提伯斯·科菲（Tiburce Koffi）的《墓穴回忆录》（*Mémoire d'une tombe*，2009），作者通过对真实历史事件进行改写，在致敬全世界伟大的革命家的同时叩问了非洲的政治与权力问题。

在创作艺术上，当代非洲戏剧艺术体现出的是一种崭新的艺术形式，一种尝试与传统戏剧决裂的艺术。[①] 语言上，当代非洲戏剧家们站位于艺术与世界文学之间，用一种诗意化文学隐蔽地介入政治和社会，采用唯美的语言巧妙表达他们的思想和人文情怀。他们创作的舞台人物形象未必丰满，戏剧也不再刻意描写烘托神秘人物，也没有政治代言人，人物更多的是当代社会中的普通大众。他们的戏剧情节也往往因人物对话言语的迟疑而变得不明显，戏剧的时空也常常不明确，貌似荒诞戏剧，戏剧具有虚幻、怪异色彩，让人感觉像是一种“异化”的戏剧，因而他们的戏剧无法归类，甚至与欧美戏剧形成一种竞争关系。

此外，非洲当代戏剧还强调大胆吸取各类元素、融贯非洲与西方元素进行创作。如科菲·库瓦雷的《这个黑色的老魔术》（*Cette vieille magie noire*，2006），作者借助美国电影和爵士乐元素进行戏剧创作；再如刚果（布）作家卡亚·马克雷（Caya Makhélé）的《陵园禁区之寓言》（*La Fable du Cloître des Cimetières*，1995）从古希腊神话中汲取灵感进行创作；又如科西·埃富伊则常常在他的戏剧作品中提及他在美洲的生活经历和眷恋。总体上，当代戏剧家的戏剧与大众民俗戏剧有较大差别，同时也有别于西化戏剧，这类戏剧是一种针砭时弊的“介入戏剧”（théâtre engagé）。非洲当代戏剧同时展现舞蹈、语言对话和诗歌，并且这些元素均以呈现非洲新面目为主要目的。当代戏剧多受格里奥游吟诗传统或爵士乐启发，参照非洲传统，但是游吟诗人通常以魔鬼的形式出现，同时充满暴力和诗歌色彩，他们的作品中还可以看出来自爱尔兰萨缪尔·贝

① Rogo Koffi M. Fiangor, *Le théâtre africain francophone, analyse de l'écriture, de l'évolution et des apports interculturels*, L'Harmattan, 2002, p. 3.

克特（Samuel Barclay Beckett）、英国的哈罗德·品特（Harold Pinter）、德国的贝尔托·布莱希特（Bertolt Brecht），甚至英国的莎士比亚等的影响痕迹。

最后，应指出，非洲当代戏剧的创作群体主要来自生活在非洲大陆之外的非洲裔作家，他们的戏剧产出极为丰富，在当今也受到了的国际社会一定关注。

结　语

尽管今天非洲许多国家都在举办各类本土戏剧节活动，但西方国家的戏剧节，尤其是法国阿维翁戏剧节和利摩日法语文化节等依然成为外界了解非洲法语戏剧的重要渠道。因而从总体上看，撒哈拉以南非洲法语戏剧的发展仍然任重而道远。一方面，非洲基础设施缺乏的境地短时间内难以改变。非洲在戏剧人才培养方面也面临资金缺乏与硬件设备不足的问题。在非洲大陆，戏剧的传播仍然主要依靠学校和广播。另一方面，语言受众也成为非洲当代戏剧的一大挑战。非洲的国家剧团和高校剧团主要采用法语来创作，但民间剧目仍然主要以当地语言为主。法语虽然为撒哈拉以南众多非洲国家的官方语言，但多数老百姓日常生活依然主要使用当地语言，文盲率仍然占有较大比重，观赏戏剧成为日常文化生活的一部分仍有待时日。

【责任编辑】王严

非洲研究　2022 年第 2 卷（总第 19 卷）
第 148—162 页

基于 OECD“学习框架 2030”的南非高中地理课程图谱分析*

张建珍　李欣瑶　葛佳浩

【内容提要】为了解基于 OECD“学习框架 2030”提出的地理内容主题和能力素养目标在南非高中地理课程中的体现情况，本研究采用质性文本分析方法研制南非高中地理课程图谱，从南非高中地理课标与 OECD 目标总体匹配度、各内容主题对能力的体现水平、各能力素养的培养情况三个维度进行分析。研究发现，南非地理课程注重实践技能，关注人权平等；契合社会需要，倡导批判性学习；人地观念有待深化，地理伦理道德体现不足；跨学科能力尚需提升，未知挑战适应力亟须增强。针对南非高中地理课程的不足，本文提出几点建议：强化人地观念培养，发挥地理课程育人价值；促进变革能力发展，指向非洲未来美好愿景；传授“强有力的知识”，注重跨学科主题学习；丰富地理教学模式，开发户外教育实践课程。

【关键词】南非高中地理课程；地理课程标准；OECD“学习框架 2030”；课程图谱

【作者简介】张建珍，教授、博士生导师，浙江师范大学地理与环境科学学院党委书记，主要从事地理课程与教学论、非洲地理等研究（金华，321004）；李欣瑶，浙江师范大学地理与环境科学学院硕士研究生（金华，321004）；葛佳浩，浙江师范大学教育学院博士

* 本文系国家社科基金教育学一般课题“什么知识改变命运：知识类型及其获得与阶层流动机制的‘中国经验’研究”（项目编号：BAA180017）的研究成果。

研究生（金华，321004）。

为了发展面向未来的教育，经济合作与发展组织（Organization for Economic Co-operation and Development，简称 OECD）于 2015 年开启“教育 2030：教育和技能的未来”（OECD Future of Education and Skills 2030）项目，致力于建立各国对两个重要问题的共同理解，即“今天的学生需要哪些知识、技能、态度和价值观才能茁壮成长并塑造未来的世界”和“什么样的教育系统才能更好地落实这些知识、技能、态度和价值观”。① 作为该项目的首个成果，OECD“学习框架 2030”（OECD Learning Framework 2030）提出了未来教育系统的共同愿景与基本准则，为如何测评学生素质和指导学生发展提供方向指引。在 OECD“学习框架 2030”的指导下，CCM（Curriculum Content Mapping）项目即课程内容图谱的绘制研究随之展开，形成了学生面向未来所需学习的课程内容主题框架和能力素养框架，为国际课程比较提供了统一的衡量标准，揭示了面向 2030 必备的能力在各国课程中是否体现、如何体现和体现的程度，为各国课程优化提供了重要引导。

一直以来，非洲教育发展是全球教育治理共同关注的重要领域，对非教育援助始终是 OECD 发展援助委员会的重要内容。而 OECD 的 CCM 项目的课程数据却多来自北美、西欧等经济和教育水平较高的发达国家，较少涉及对非洲的调查与应用，忽视了对非洲国家课程内容的相关研究，因此，对非洲课程是否适应未来教育需求进行探究显得十分必要。

与此同时，中非双方在长期的相互支持中成为更紧密的合作伙伴，于 2021 年发布了《中非合作 2035 年愿景》（China-Africa Cooperation Vision 2035），强调了“中国要支持非洲教育发展，提高所有非洲人的受教育水平”。中非教育的交流与合作对构建中非命运共同体具有重要意义，课程是教育的基础与核心，非洲国家课程的实施现状是学界需要探索的重要领域。OECD 的 CCM 项目为了解非洲课程开展的情况提供了宝贵契机。南非作为非洲国家的代表、金砖国家组织的重要成员，我国学界对其地理课程图谱研究的关注度日益提高。

本研究根据 CCM 项目的操作流程与规范，以南非《国家地理课程标

① OECD，“The Future of Education and Skills Education 2030”，2018，p. 2.

准 10—12 年级》为对象，采用质性文本分析法，从课标对于 OECD“学习框架 2030”的总体匹配度以及相关内容主题、能力素养的体现情况三个方面展开分析，探析南非高中地理课程面向未来人才培养需求的发展现状，以期为非洲地理教育相关研究提供经验借鉴。

一 南非高中地理课程图谱的分析框架

CCM 项目以 OECD“学习框架 2030”为依据，建构了课程图谱研究项目的内容主题框架和能力素养框架，明晰了学生面向未来所要获得的知识、能力、态度及其发展机制，为国际课程比较研究提供了统一的分析框架和技术手段。

（一）内容主题框架

为保证内容主题框架在做国际比较时的有效性，CCM 项目组特采用迭代优化的形式进行开发。首先，从亚洲、北美洲、欧洲和大洋洲选取五个国家或地区的课程文本，选择相关学科中重要、核心的内容主题；其次将其提交学科专家进行审核，根据专家的反馈和建议进行修订；最后，对修订的结果开展试点研究，根据预研究结果再次进行调整。由此获得不同学科课程的内容主题框架，其中地理课程的内容主题框架如下（见表 1）。

表 1 地理课程内容主题框架

内容主题	相关知识
HGE1 （自然地理核心概念）	地球及其主要地区，地貌；气候模式；自然对地方的影响
HGE2 （人文地理核心概念）	人类对地方的影响；文化差异；世界的社会、经济和文化多样性；人类聚居模式
HGE3 （全球公民教育）	与全球公民意识和可持续发展教育有关的概念，包括环境可持续性；促进国际理解、合作与和平的教育；与人权和基本自由有关的教育
HGE4 （认知知识）	地理学家的工作，如何像地理学家一样思考和写作，地理学如何促进现实生活/现实世界并与之相关（认识论知识）

续表

内容主题	相关知识
HGE5 （地理问题分析与解决）	涉及信息分析的活动；搜索相关资料（书面和口头）；识别和使用不同的观点、观察和描述（包括主要和次要来源）；从资料中推断和得出结论；交流调查结果（如根据收集的数据编写的关于地方的报告）
HGE6 （地理中的伦理道德）	地理学中的道德、伦理和法律问题（如环境保护）

资料来源：OECD，“Education 2030 Curriculum Content Mapping：An Analysis of the Netherlands Curriculum Proposal”，2019，p. 53。

（二）能力素养框架

对于能力素养框架的开发，也以迭代优化的形式来保证其有效性。首先，以 OECD“学习框架 2030”提出的面向未来的能力框架为基础；其次，学科专家组根据已有文献、理论基础和前沿思想，对其进行讨论并提出建议；最后，结合来自参与试点研究的国家或地区的反馈，再次进行修订。由此获得了包含 5 个类别 28 项能力的能力素养框架（见表 2）。

表 2　能力素养框架

类别	具体能力
基本素养	读写能力、计算能力、ICT/数字素养、数据素养、体育/健康素养
面向 2030 的技能、态度和价值观	合作/协作、批判性思维、解决问题、自我调节/自我控制、同理心、尊重、坚毅力/适应力、信任、学会学习
关键概念	学生主体、共同体
面向 2030 的变革能力和能力发展	创造新价值、承担责任、调和矛盾和困境、预测、行动、反思
面向 2030 的复合能力	全球能力、媒体素养、可持续发展素养、计算思维/编程/编码、财经素养、企业家精神

资料来源：OECD，“Technical Report：Curriculum Analysis of the OECD Future of Education and Skills 2030”，2019，pp. 18－25。

在上述分析框架下，建立南非高中地理课程图谱，即以内容主题框架为“纬线”、能力素养框架为“经线”，构建“内容主题×能力素养”的二维矩阵，为 OECD“学习框架 2030”在南非高中地理课程中的总体情况以及相关主题、素养的体现情况提供热图及数据。

二 南非高中地理课程图谱分析的方法和过程

南非基础教育部于 2012 年颁布了新的《国家地理课程标准 10—12 年级》，文件明确了南非地理课程中教师应教授与学生应学习的内容，为南非国家课程的实施和评估提供了科学指南。本研究以此为主要研究对象，形成以内容主题和能力素养为基础的二维矩阵，根据不同内容主题中体现的各项能力素养的水平，制作课程热图，具体过程如下（见图 1）。

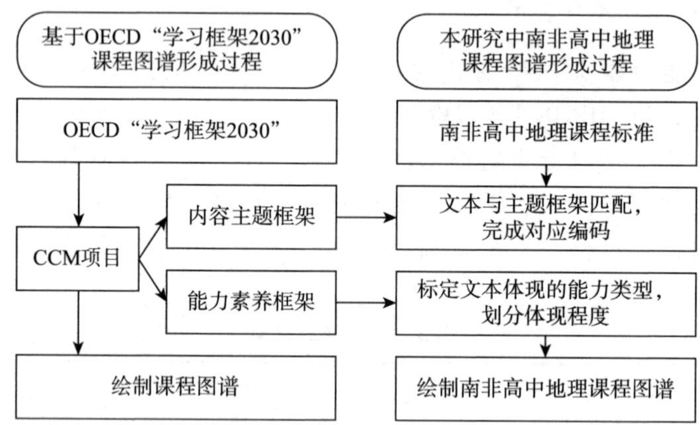

图 1 课程图谱形成过程

首先，将课标文本内容与 OECD“学习框架 2030”提供的内容主题框架进行匹配。以南非国家地理课程标准中每个具有完整意义的句子作为编码对象，根据统一的内容主题框架，即上述 6 项主题，对课标文本内容进行分类，完成编码。如课标中关于地理技能概述的表述“10 年级学生需能阅读地图，比较不同地图的信息”，对应内容主题框架中“HGE5 地理问题分析与解决”的要求，所以将其编码为“HGE5”。

其次，识别课标文本内容中所体现的能力素养，评定相应程度水平。根据统一的能力素养框架，即上述 5 类 28 项能力素养，将南非地理课标中不同内容所要求的能力类型进行判别。CCM 项目组为了最大限度增强各国课程文本的可比性，对能力水平体现制定了统一的评级标准（见表 3），根据该标准，进而对在南非课标中某项能力的表现程度进行划分。

表 3 对应程度描述及其判断标准

水平	程度描述	标准
4	针对地理学科课程内容，并进行了明确阐述（如主要目标）	该能力作为主要目标被纳入书面课程（《课程标准》）中，或该能力素养在课程中有明确阐述
3	针对地理学科课程内容，但未明确阐述（如次级目标）	该能力作为次级目标被纳入书面课程（《课程标准》）中，或该能力素养在课程中没有明确阐述
2	未针对地理学科课程内容，但教学过程中有可能会培养该能力	该能力没有被明确地纳入针对地理学科的书面课程（《课程标准》）中，但在实际教学中有机会开展培养
1	地理学科课程中不涉及某项能力的培养	该能力没有被纳入学科的书面课程（《课程标准》）中，同时教师在地理教学中不太可能对其进行培养

资料来源：OECD，“Technical Report：Curriculum Analysis of the OECD Future of Education and Skills 2030”，2019，pp. 28－29。

最后，绘制南非高中地理课程图谱。在 OECD“学习框架 2030”提供的内容主题和能力素养框架构成的二维矩阵中，根据各内容主题体现的能力类型及其表现程度，绘制南非高中地理课程热图（见图 2）。

三 南非高中地理课程图谱分析的主要结果

基于得到的南非高中地理课程图谱，本文将从南非地理课标对 OECD“学习框架 2030”提供的内容主题与能力素养框架的总体匹配程度、各内容主题对能力的体现程度和各能力在课标中的体现水平三个角度进行分析，以了解南非高中地理课标对未来人才培养需求的适应情况。

（一）总体分析

从总体上来看，基于 OECD“学习框架 2030”提出的 28 项面向未来所必需的能力素养，在南非高中地理课标中的 6 项内容主题中均有体现，但呈现程度不一。课程图谱中共产生 168 个能力与主题的关联单元。由表 4 可知，在南非高中地理课标中作为主要目标的能力有 16 项，分别体现在 6 项内容主题当中，形成 30 个关联单元，占比为 17.86%。作为次级目标的能力有 7 项，分别体现在 6 项内容主题中，形成 14 个关联单元，占比为 8.33%。也有部分能力虽未在课标中指出，但教师有机会在教学活动中向学生传授，占比为 11.9%。大部分能力素养未被纳入课程标准中且教师不太可能进行教授，占比为 61.9%。

		基本素养					面向2030的技能、态度和价值观									关键概念		面向2030的变革能力和能力发展						面向2030的复合能力					
		读写能力	计算能力	ICT/数字素养	数据素养	体育/健康素养	合作/协作	批判性思维	解决问题	自我调节/自我控制	同理心	尊重	坚毅力/适应力	信任	学会学习	学生主体	共同体	创造新价值	承担责任	调和矛盾和困境	预测	行动	反思	全球能力	媒体素养	可持续发展素养	计算思维/编程/编码	财经素养	企业家精神
编码	内容主题	1	2	3	4	5	6	7	8	9	10	11	12	13	14	15	16	17	18	19	20	21	22	23	24	25	26	27	28
HGE1	地球及其主要地区，地貌；气候模式；自然对地方的影响	4	1	1	1	1	1	4	1	1	2	2	1	1	1	1	1	1	1	2	1	1	1	3	1	3	1	1	1
HGE2	人类对地方的影响；文化差异；世界的社会、经济和文化多样性；人类聚居模式	4	1	1	1	1	1	4	1	1	3	3	1	1	1	1	1	1	1	2	1	1	1	4	1	3	1	1	1
HGE3	与全球公民意识和可持续发展教育有关的概念，包括环境可持续性；促进国际理解、合作与和平的教育；与人权和基本自由有关的教育	1	1		1	1	2	4	4	2	4	4	1	2	2	2	2	1	4	3	1	1	2	4	1	4	1	1	1
HGE4	地理学家的工作，如何像地理学家一样思考和写作，地理学如何促进现实生活/现实世界并与之相关（认识论知识）	3	1	1	3	1	2	4	4	1	4	3	1	1	1	4	2	2	2	3	1	4	1	2	1	3	1	1	1
HGE5	涉及信息分析的活动；搜索相关资料（书面和口头）；识别和使用不同的观点、观察和描述（包括主要和次要来源）；从资料中推断和得出结论；交流调查结果（如根据收集的数据编写的关于地方的报告）	4	4	4	4	1	4	4	4	1	1	1	1	1	1	1	4	4	1	3	1	4	1	1	1	3	1	1	1
HGE6	地理学中的道德、伦理和法律问题（如环境保护）	1	1	1	1	1	1	2	2	1	4	3	1	1	1	1	1	1	4	1	1	2	1	2	1	4	1	1	1

图 2　南非高中地理课程图谱的二维矩阵及其热图

由此可见，南非高中地理课标总体上与 OECD“学习框架 2030”提供的内容主题和能力素养框架匹配程度较为一般。在课标各内容主题中将 OECD 提出的能力作为主要和次级学习目标的关联单元共 44 个，仅占 26.19%，说明只有少部分能力素养能够较好地渗透在南非地理学科的课程中；而教学无法涉及的能力与各类内容主题形成了 104 个关联单元，占比达 61.9%，说明大部分能力素养都难以在南非地理课程得到全面的体现。

表 4　南非高中地理课程对 OECD 面向 2030 目标的总体体现情况

单位：个

赋分等级	子主题/总数	能力素养要素/总数	二维关联单元
4	6/6	16/28	30（17.86%）
3	6/6	7/28	14（8.33%）
2	5/6	16/28	20（11.9%）
1	6/6	26/28	104（61.9%）

（二）内容主题分析

从六个内容主题来看，南非高中地理课标在每个内容主题中对于各项能力素养的体现具有较大差异。由图 3 可知，“HGE1 自然地理核心概念”和“HGE2 人文地理核心素养”的内容主题，包含了 21 项等级为 1 的能力，等级为 3 或 4 的能力占比较小，说明大部分能力都无法在这两个主题的学习中得到培养。在“HGE3 全球公民教育”主题中，体现了 7 项等级为 4 的能力，说明有 7 项能力作为主要培养目标能在该主题学习中得到明确锻炼；该主题同样体现了 7 项等级为 2 的能力，说明有可能在教学中对其进行发展。在“HGE4 认知知识”主题中，等级为 4、等级为 3、等级为 2 的能力各有 5 项，说明该主题蕴含了较多推动学生能力进步的机会。在“HGE5 地理问题分析与解决”主题中，所体现的等级为 4 的能力最多，共达 10 项，说明该主题的学习能够有效促进 10 项能力的提升。在“HGE6 地里中的伦理道德”主题中，有 20 项能力无法得到体现，等级为 3 或 4 的能力数量较少，说明该主题的学习较难达到培养学生能力的效果。

由此可见，南非高中地理的各内容主题对 28 项面向未来所需的能力素养的呈现程度有较大差异。如“HGE5 地理问题分析与解决”、“HGE4 认知知识”和“HGE3 全球公民教育”，将较多能力素养类型作为主要或次要目标进行培养；而“HGE1 自然地理核心概念”和“HGE6 地理中的伦理道德”则无法体现学生面向2030所需的大部分能力。

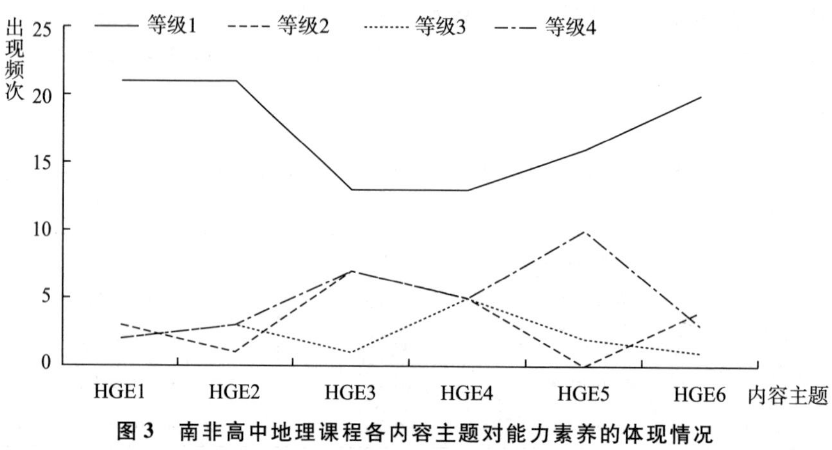

图3 南非高中地理课程各内容主题对能力素养的体现情况

（三）能力素养分析

从能力素养维度来看，面向未来的各项能力在南非高中地理课程标准中出现的频次差异较大，且体现程度各有不同。由图4可知，在南非高中地理学习过程中，“批判性思维”最受重视，在5类内容主题中均被要求为学生的主要学习目标，“读写能力”、“解决问题”和“同理心”也同样受到关注，在3类内容主题均作有明确要求。4类主题将“可持续发展能力”定为次级学习目标，把“尊重”和“调和矛盾和困境”的能力作为次级目标的有3类主题。“体育/健康素养”“坚毅力/适应力”“预测”“媒体素养”“计算思维/编程/编码”“财经素养”“企业家精神”则在南非高中地理课程中关注度较低，在各类内容主题中均极少体现。

由此可见，以OECD“学习框架2030”为基础提出的28项面向未来的能力素养在南非高中地理课程中并未得到均衡的体现。总的来说，南非地理课标对“技能、态度和价值观”下的相关能力重视程度较高，而对“变革能力和能力发展”和“复合能力”下的能力则相对关注较少。

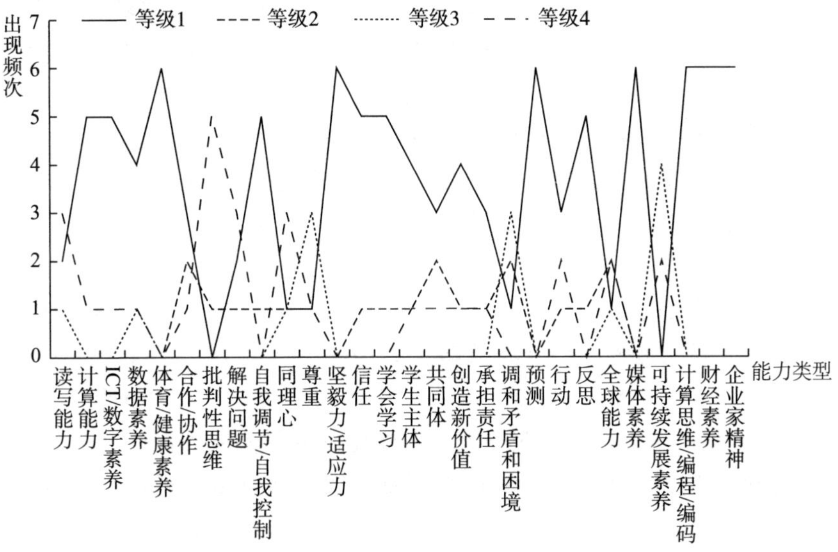

图 4　南非高中地理课程中各能力素养的体现情况

结论和建议

自种族隔离制度终结以来，南非政府力图建立一个公平、统一、高质量的国家教育体制，为国民提供优质均衡的基础教育。① 高中地理课程作为南非教育改革的重要方面，提升课程质量是其主要诉求。OECD“学习框架 2030”提供的内容主题和能力素养框架作为未来课程发展的指引，对南非课程的设计与实施具有重要意义。本研究以两个框架为基础，绘制南非高中地理课程图谱，并从内容主题和能力素养视角总结当前南非地理课程的优势与不足。结合 OECD“学习框架 2030”要求，从课程理念、课程目标、课程内容和课程实施等方面提出相关建议。

（一）结论

1. 注重实践技能，关注人权平等

对照 OECD“学习框架 2030”提供的内容主题框架，本文发现，南

① 罗毅：《南非教育的改革与发展》，《西亚非洲》2007 年第 9 期，第 17 页。

非地理课程十分重视分析与解决地理问题，强调学生的地理实践能力，关注学生的人权意识。这与OECD“学习框架2030”本身倡导的学生需要掌握“实践技能”、拥有“尊重每个人生命价值与尊严”的技能与态度价值观的要求相一致。[①] 南非地理课标中，“HGE5 地理问题分析与解决”的相关知识体现最多，该内容主题致力于提高学生的实践能力，明确指出学生需能够收集、处理和使用不同的信息和数据，作出结论进行交流。南非地理课标对“HGE3 全球公民教育”内容主题也较为重视，在课程中渗透了有关促进国际理解、合作与和平、人权与基本自由等教学内容。这些都同非盟《非洲大陆教育战略（2016—2025年）》（Continental Education Strategies for Africa 2016 - 2025）中的“科学、技术和技能发展”和“可持续发展教育和全球公民教育”等优先发展的领域不谋而合。[②] 可见，南非地理教育还立足于非盟的未来愿景，期望通过地理课程的学习，加强学生的科学技能，使其学会尊重人权、追求自由平等，力图培养有技能、有创造力、有非洲核心价值观的非洲公民。

2. 契合社会需要，倡导批判性学习

南非地理课程标准对OECD“学习框架2030”提供的能力素养框架中“技能、态度与价值观”的体现程度较高，尤其是批判性思维和解决问题的能力，被视为南非高中地理课程的主要目标。这在一定程度上满足了OECD“学习框架2030”对未来学生具有“批判性”认知与元认知技能和“调和矛盾与困境”的变革能力的诉求。同时，课标对学生的同理心、全球能力和可持续发展素养有较高期望，这与南非社会转型所需的人力资源条件密切相关。南非历史进程中存在社会矛盾突出、种族歧视严重和人地关系紧张等问题，这就要求南非学生要拥有反思性的思维技能和应用知识解决问题的能力，更好地关注、分析与解决社会矛盾，以适应国家发展的需要，促进南非社会经济的可持续发展。

3. 人地观念有待深化，地理伦理道德体现不足

“尊重自然”的价值观和“应对环境变化挑战”的能力作为OECD“学习框架2030”基本准则的重要内容，旨在培养未来学生对人地关系的科学认识。而南非高中地理课标中，与之对应的“地理学中的道德伦理”

① OECD, “The Future of Education and Skills Education 2030”, 2018, pp. 4 - 5.

② 张力玮：《非洲大陆教育战略（2016—2025年）》，《世界教育信息》2016年第12期，第19页。

主题的内容较少且体现的能力水平大多较低，说明在教学中相对缺乏对生态环境保护理论与策略的传授，以及对人地关系思想的关注。随着非盟将“环境可持续性、自然资源管理及自然灾害风险管理”纳入非洲发展目标的六大支柱之一，非洲民众人地和谐观念养成，对推动非盟《2063 议程》（Agenda 2063）中非洲大陆可持续发展目标的实现具有重要意义。因此，南非地理课程亟须凸显地理学伦理道德，深化学生的人地观念，展现地理学的人文关怀。

4. 跨学科能力尚需提升，未知挑战适应力亟须增强

OECD“学习框架 2030”中明确提出，作为未来社会变革的推动者，学生不仅需要基础学科的知识与技能，还需要跨学科思维和“连接”的能力，这样才能够在不同时间维度、社会维度和数字空间的环境中航行。[①] 而南非地理课标对“面向 2030 的复合能力”与“面向 2030 的变革能力和能力发展”两个维度所要求的能力培养明显不足，如媒体素养、编码能力、财经素养、企业家精神、预测和反思能力均无法在南非高中地理课程中体现。说明南非学生在地理课程中，缺乏跨学科的综合性学习，难以落实跨学科素养的全面发展；缺乏对当前社会变化对未来影响、社会现象形成与发展机制的思考，难以从容应对今后未知的挑战。如今世界正在经历快速且深刻的变化，学生急需广博的专业知识和预测未来发展、洞悉事物联系的能力，做好随时面对不确定的未来的准备。因此，学界需进一步思考如何在南非及其他各国的地理课程中，渗透综合各学科领域的复合能力和迎接未知挑战的变革能力。

（二）建议

1. 强化人地观念培养，发挥地理课程育人价值

“发挥学生个人潜能，促进学生全面发展”是 OECD“学习框架 2030”的重要理念，尤其在价值观念培养时要摒弃“资源是无限可开采的”等错误认知，强调科学人地意识的形成。[②] 随着“安全的环境：强调环境保护意识、爱护动植物、不浪费资源等”被列为南非道德教育的核心内容之一，[③] 人地观念成为公民品德的重要方面。地理课程作为了解人

---

① 孟鸿伟：《OECD 学习框架 2030》，《开放学习研究》2018 年第 3 期，第 10—11 页。

② OECD, “The Future of Education and Skills Education 2030”, 2018, p. 3.

③ 牛长松：《南非：促进多种族的融合》，《中国德育》2012 年第 10 期，第 26 页。

类生活环境的重要途径，对培养学生正确的人地认知和良好的品德具有义不容辞的责任。因此，南非高中地理课程需以“提升学生人地关系认知”为导向，进一步明晰人与自然相互依存的关系，探寻人与自然和谐共生的方法，培养能够协调不同人地发展模式的社会人才，以适应南非沙漠、森林、海洋、山脉等复杂多样的地理环境。南非地理课程通过加强对“地理学中的道德、伦理与法律”内容主题的渗透，将教书与育人紧密结合，更好地发挥其独特的育人价值，不仅帮助学习者养成正确的人地观念，更加深其对乡土与祖国的热爱。

2. 促进变革能力发展，指向非洲未来美好愿景

OECD“学习框架2030”为未来教育提出了更广泛的目标，即个人与集体福祉的实现。而理想未来的创造，需要学生变革能力的养成，即能在变化的环境中应对未知挑战。[①] 非洲大陆在全面实现工业化的道路上不断前进，随着非洲现代化、城市化的快速发展，能够适应新环境新挑战的变革能力成为非洲未来公民的必备素养。通过地理课程习得相关知识，经历“预测影响、践行想法和反思结果”的环节，是发展学生变革能力的有效途径。[②] 因此南非高中地理课程应融入复杂的现实情境，如气候变化引起的生态问题、经济发展导致的环境压力，让学生考虑当下行为对未来的影响、付诸具体的实践、思考结果形成的深层联系，从而培养学生应对社会巨变的能力，促成其调节全球性矛盾的地方意识与世界眼光；同时增强学生的地理可行能力，深化其对个体成长与世界发展关系的理解。[③] 教育是打开个人和社会幸福的大门，南非地理教育需进一步发挥挖掘个体潜力的作用，以个人变革能力的发展推动社会的进步，更好地实现非盟《2063年议程》“合力建设繁荣团结的非洲”的美好愿景。

3. 传授“强有力的知识”，重视跨学科主题学习

积极参与全球性问题的讨论，是改善社会环境、塑造美好未来的必

① 施芳婷等：《从原则指导向能力导向——UNESCO与OECD面向2030年的教育蓝图比较》，《世界教育信息》2020年第12期，第11—12页。

② 臧玲玲：《构建新的学习生态系统——OECD学习框架2030述评与反思》，《比较教育研究》2020年第1期，第13页。

③ 龚倩、段玉山、蒋连飞、姚泽阳：《英国地理课程中的“知识转向”》，《全球教育展望》2018年第7期，第62—63页。

备素养。[①]“强有力的地理学科知识”能够帮助年轻人关注和参与到重大的本土、国家和全球议题中去，[②] 这同 OCED“学习框架 2030”中“主动参与社会实践承担社会责任”的准则相呼应。因此，南非高中地理课程在组织教学内容时，应识别并选择“强有力的地理学科知识”进行传授，融入以科学方法评估全球环境问题或城市发展策略等探究活动，帮助学生增强社会责任意识，突破日常经验的狭隘，获得公平的发展。对复杂社会问题的思考需要综合不同领域的知识，进行全方位多角度的分析。由此，南非高中地理课程可以通过跨学科主题学习，加强学科间的相互关联，培养学生的综合素质。在实际教学中，需结合南非学生的学情，围绕某一具有实际意义的课程主题，以地理课程内容为主干，运用并整合其他课程的相关知识与方法，开展综合学习。在主题的选取上，注意贴合学生生活实际，聚焦南非真实困境的发现与解决，并通过任务型教学引导学生自主、合作、探究学习，改善学生的学习体验，提高其运用多种知识解决问题的能力。[③]

4. 丰富地理教学模式，开发户外教育实践课程

OECD“学习框架 2030”要求学生拥有跨学科的复合能力，以应对未来复杂而变化的环境、经济和社会性挑战。这就需要教师实现教学模式与学习场景的多样化，拓展学生的学习视野，完成知识间的相互整合。[④]大概念为此提供了理论指导，作为统摄不同领域内容的顶层概念，大概念能反映不同学科的内在统一性。[⑤] 因此，南非高中地理课程可以大概念为引导，适时开展地理项目化学习、地理户外实践活动等多样教学模式，打破学科的壁垒，加强知识的联系，培养学生的复合能力。其中，户外地理教学使课堂能在真实的自然与社会环境中开展，在野外考察、研学旅行的户外实践中，能有效培养 OECD“学习框架 2030”提出的体育/健

---

① OECD, “The Future of Education and Skills Education 2030”, 2018, p. 4.

② K. Hyunjin, R. Yamamoto, and N. Ito, et al., “Development of the Geo Capabilities Project in Japan: Furthering International Debate on the Geo Capabilities Approach”, *International Research in Geographical and Environmental Education*, 2020, 29 (3), pp. 244 - 259.

③ 吴刚平：《跨学科主题学习的意义与设计思路》，《课程·教材·教法》2022 年第 9 期，第 54 页。

④ 左浩德、朱梦露、曹一鸣：《“OECD 2030”视域下学生复合能力的维度、培养策略及启示》，《教育理论与实践》2022 年第 7 期，第 10—11 页。

⑤ 李春艳：《中学地理“大概念”下的单元教学设计》，《课程·教材·教法》2020 年第 9 期，第 96—97 页。

康素养、坚毅力/适应力等能力，促进学生的全面发展。在户外开展社会区位调查、自然环境考察等实践活动，可以加强南非学生对地方的社会和自然环境的关注。在鼓励学习者养成环境保护的地理伦理道德的同时，还能让他们意识到蕴含在地方的更深层次的社会、生态和政治力量，这对解决南非种族隔离政策所遗留下来的空间和政治不平等的问题具有重要意义。①

【责任编辑】杨惠

① Krystle Ontong and Lesley Le Grange, "The Need for Place-based Education in South African Schools: The Case of Greenfields Primary", *Perspectives in Education*, 2015, 33 (3), pp. 42 - 57.

中非合作

非洲研究　2022 年第 2 卷（总第 19 卷）
第 165—178 页

新时代的中非命运共同体：构建逻辑、价值意蕴与关键路径*

周　倩　苏韦铨

【内容提要】 中非命运共同体是新时代中非关系的战略性构想和具体目标要求，体现了中非双方提神聚气、增强信任、深耕合作、创新发展的重要内涵，为破解全球治理困境和建立国际新秩序开出有效“方剂”，从区域发展与治理层面拉近了中国与非洲的距离，为中国和非洲携手发展共赢未来提供了重要支撑，成为人类命运共同体的典范。构建更加紧密的中非命运共同体，要从“理念为先、发展为基、民生为本、安全为要、生态为继”五位一体推进。尤其应注重构建中非发展与利益共同体，夯实中非共商共建共享发展的基础，强化中非合作的互惠互利互助关系，创造性地推动新时代中非关系再上新台阶。

【关键词】 新时代；中非命运共同体；构建逻辑；价值意涵；关键路径

【作者简介】 周倩，历史学博士，浙江师范大学非洲研究院教授，浙江师范大学“双龙学者”特聘教授（金华，321004）；苏韦铨，中央民族大学民族学与社会学学院 2019 级博士研究生（北京，100081）。

---

* 本文系研究阐释党的十九届五中全会精神国家社科基金重大项目“‘五位一体’构建中非命运共同体的战略路径探索与实践创新研究”（项目编号：21ZDA129）的阶段性研究成果。

新时代，是实现中华民族伟大复兴梦想的时代，是世界历史“大发展、大变革、大调整、大转折、大进步”[①] 的时代。面对世界经济和政治格局变化，国际体系和国际秩序调整，人类文明多元发展和互鉴，以及技术产业革命的突飞猛进等新变化，西方文明“以历史终结的态度拒绝回应当下的历史进程，拒绝思考人类文明未来发展的任何可能性”。[②] 对于世界面临的许多重大问题该何去何从，西方文明难以给出满意的答案，亟待具有原创性的重要理论为之解答。人类命运共同体应运而生。作为新时代中国为促进世界和平稳定发展、维护国际公平正义的成果，人类命运共同体具有“中国之于世界，世界之于中国”的理论意涵，能够为世界发展和治理实践供给新视角、新思路。正如英国学者爱德华·卢斯认为的那样，破解世界未来发展的难题“主要会在印度、中国和非洲得到解答，而不是西方国家”。[③] 《新时代的中非合作》白皮书明确指出，中非风雨同舟、携手前行，为推动构建人类命运共同体树立了典范。中非命运共同体作为人类命运共同体的子共同体，具有基础性地位和示范性样本的关键作用。作为构建人类命运共同体的先行先试，中非命运共同体是构建和观察人类命运共同体的实践平台与最佳窗口，与联合国可持续发展目标（Sustainable Development Goals，SDGs）高度契合，诠释了新型国际关系的标准，从多方面助力可持续、高质量发展，为解决人类面临的共同难题提供有益借鉴。

一 新时代中非命运共同体的构建逻辑

新时代，中国国家利益日益具有全球布局的特点，非洲也为实现可持续发展制定了《2063年议程》，中非全面深化合作势在必行，中非关系在越来越大的程度上超出双边关系范畴而影响到世界。中非命运共同体肩负着为世界“答疑解惑”和“出谋献策”的重要职责，要为世界可持续发展和增进人类共同福祉提供一个新思路。构建更加紧密的中非命运

① 罗建波：《全面理解和准确把握统筹“两个大局”战略思维》，《学习时报》2021年10月4日，第1版。

② 殷之光：《新世界：亚非团结的中国实践与渊源》，当代世界出版社，2022，总序第3页。

③ 〔英〕爱德华·卢斯：《西方自由主义的衰落》，张舒译，山西人民出版社，2019，第186页。

共同体，能够驱动中国发展活力，激发非洲发展潜力。“五位一体”构建中非命运共同体的模式，是理论与实践的同步推进和双向互构。

（一）新时代中非命运共同体构建的理论逻辑

早在2013年3月，习近平在坦桑尼亚达累斯萨拉姆发表演讲时就强调“中非从来是命运共同体”。[①] 这便是说历史维度，中非在历史进程中曾面临共同苦难，但通过良性互动战胜困难形成了紧密联系，体现了中非关系的和谐共处；发展维度，中非同甘共苦致力于共商共建共享，携手打造美好未来，彰显了中非关系的和美共生；利益维度，中非跨大洲合作将中国与非洲衔接起来，构建战略互动，辐射世界传播中非正能量，凸显了中非关系的和睦共振。因此，中非命运共同体构建兼具了“历史意蕴—时代意义—战略功能”三层理论逻辑。

中非命运共同体紧扣“责任共担、合作共赢、幸福共享、文化共兴、安全共筑、和谐共生”[②] 的基本原则和要求进行构筑，并持续不断地关注理论创新和实践创新。从“理念价值认同、发展利益均沾、民生保障建设、安全信任提升、生态和谐维护”五个方面夯实中非命运共同构建的基础，多维共进、多面共筑、固本强基，能有效减少影响中非关系的不稳定性因素。构建中非命运共同体将努力为全球发展和治理革弊创新提供中非共同的智慧方略和机制动力，弥合全球化进程中西方“缺席”而造成的全球治理主体缺失、治理意识形态分歧、治理径路迷惘、治理方式单一、治理成果不显著的困境，填补“治理空洞”（ruling the void），树立新型国际关系标杆，成为解决人类终极问题的关键理论指引和重要遵循。[③]

（二）新时代中非命运共同体构建的实践逻辑

新时代中非命运共同体构建的实际行动必须有利于奠定中非关系基础，增强中非合作韧性，谱写既尊重历史发展规律，又能解决时代重要

---

① 《习近平在坦桑尼亚尼雷尔国际会议中心发表演讲 中非永远做可靠朋友和真诚伙伴》，《人民日报》2013年3月26日，第1版。

② 习近平：《携手共命运　同心促发展——在二〇一八年中非合作论坛北京峰会开幕式上的主旨讲话（二〇一八年九月三日，北京）》，《人民日报》2018年9月4日，第2版。

③ 姚桂梅：《新冠肺炎疫情下非洲地区形势特点与中非合作展望》，《当代世界》2022年第5期，第55—60页。

问题，还能面向美好愿景的中非关系新篇章。这就是围绕“五位一体”展开的人类命运与共的“中非答卷”。

第一，理念为先：夯实中非命运共同体的人文价值基础，构建中非思想知识共同体。习近平指出“理念是行动的先导”，中非要“坚持文明交流互鉴”。正确的、进步的、开放的、创新的、清晰的理念从根本上决定了所行之事是否合宜、所走之路是否合适、所研之判是否合理。中非命运共同体的构建要明晰中非的共同理念，包括权利平等、义利正确、文明互鉴、安全共筑、生态共佑等理性和包容的价值应融入中非命运共同体构建的各阶段、各领域、各维度，将历史进程中凝练的经验铸就为中非共识，并与时代发展相调适。理念为先的本质在于中非携手打造思想知识共同体，充分发挥人文交流的积极效应，把符合历史发展、时代召唤、未来希冀的价值观注入中非人民的信念和行动中去，实现思想共建、文化共通和知识共享，助力民心互通。

第二，发展为基：夯实中非命运共同体的经济基础，构建中非发展与利益共同体。习近平主张“让增长和发展惠及所有国家和人民”，并指出“非洲的发展是中国的机遇，中国的发展也是非洲的机遇”，中非要“坚持经济上合作共赢”。只有开放的、包容的、普惠的、平衡的、共赢的经济增长才能助力于全球发展。发展作为基石，直接关系着上层建筑的稳定性与可塑性。同时，发展带来的红利还能提供动能哺育社会建设和民生保障。中非命运共同体强调中非经贸合作的重要意义，促进中非经济包容性增长，维护中非贸易伙伴关系，打牢合作基石。发展为基的本质在于中非联袂打造发展与利益共同体，合作是发展的动力，利益是发展的催化剂，要将更多的发展红利分享给双方人民。

第三，民生为本：夯实中非命运共同体的社会团结基础，构建中非社会—卫生健康共同体。习近平强调“民生是最大的政治”和“民心是最大的政治”。这一组辩证关系意味着发展民生才能赢得民心，“人民至上”理应是政党和国家努力的方向和目标。民心向背则标志着民生取得重大发展和改善，是人民对政党执政之力和国家发展道路的笃信，彰显了团结的力量。习近平指出，“欢迎非洲搭乘中国发展的快车、便车，让中国发展成果更多惠及中非人民”。构建中非命运共同体的题中应有之义在于以中非人民为中心，创造祥和、奋进、互助、健康的社会环境，矢志不渝地为中非人民造就清洁卫生、健康美好新生活，巩固社会团结力量。民生为本的实质在于中非间同心同向同行以提高民生福祉为根本，营造社会团结氛围，建设好风气清、卫生宜、民心稳的保障机制。

第四，安全为要：夯实中非命运共同体的政治信任基础，构建中非和平安全共同体。习近平强调“国家安全是安邦定国的重要基石”，而“政治是国家安全的根本”，中非要“坚持安全上守望互助”。这说明安全应然是国家安定发展、人民幸福美好、对外合作交流交往基础的头等大事。特别是在新时代背景下，安全的内涵与边界不断延展，不同安全问题相互“勾连”，时代呼唤总体国家安全观，而其中政治安全的重要性越发凸显，成为影响整体安全的核心要素。构建中非命运共同体是以实现中非全面的和平稳定为目标和行动准则，通过中非安全体制机制共建，加深双边政治互信。安全为要的实质就在于中非双方围绕安全议题，特别是在涉及政治性安全议题方面开展广泛且深入的支持与合作，增强信任，构建中非和平安全共同体。

第五，生态为继：夯实中非命运共同体的环境和谐基础，构建中非生态文明共同体。习近平指出“生态是资源和财富，是我们的宝藏”，中非间要密切配合做好“绿色发展工程”等项目。这便是说可持续性发展依赖于生态保护这一重要前提，同时生态保护还是基于人民立场对子孙后代可持续性发展的责任。扩展到国际层面，生态保护就是要破解“依附论”的西方中心对第三世界国家和地区资源掠夺的固化模式，寻求消费异化造成的生态恶化和能源衰减等问题的治理径路，为人类可持续发展贡献力量。中国把“绿色‘一带一路’生态文明建设的‘中国经验’传递给共建国家，将在解决非洲生态环境问题的过程中发挥重要作用”。[①] 生态为继的内涵就在于中非双方围绕生态保护议题，特别是针对当前和未来一段时间影响深远的重要问题展开积极沟通与合作，构建充满生机的、和谐共生的中非生态文明共同体。

二　新时代构建中非命运共同体的价值意蕴

近年来，从快速发展的中非合作关系及它所引起的中国对外关系诸多方面的复杂联动来看，中非命运共同体的战略意义与外部影响，已经

① 张建珍、葛佳浩：《中非生态文明共同体：缘起、契机与展望》，《光明日报》2022 年 1 月 5 日，第 12 版。

超出双边范畴而成为撬动新时代中国与世界关系结构的一个战略性支点，成为彰显中国因改变自我、发展自我而最终影响到外部世界变革进程的一个独特窗口，是新时代中非关系的里程碑，“将为促进发展中国家群体性崛起、推动国际力量对比向更加均衡的方向发展注入强劲动力”。[①]

（一）中非命运共同体是人类命运共同体的展示窗口

构建人类命运共同体，总体上要分层次推进，实现中国梦是基石，周边共同体是支撑，“一带一路”是平台，金砖合作是支点，中非合作是样板。[②] 人类命运共同体从涉及范围看则涵盖了政治、安全、发展、文明、生态等领域，形成了“五位一体”的总布局。从发展进程看可以分为发展与利益共同体、责任与安全共同体和命运共同体三个阶段，既要有纵向的地域和对象推进，又要高度重视五大领域的合作与交往，加强同世界的紧密联系。[③] 构建中非命运共同体作为人类命运共同体构建进程中的一次先行先试，在某种程度上可以说，“人类命运共同体理念的提出与中非关系发展有重大联系，中国对非洲外交是构建人类命运共同体的典范”。[④] 中非命运共同体构建过程中，完整体现了以习近平同志为核心的党中央所提出的国际公共产品的思想与实践，是新时代中国国际关系的新定位，核心要义是合作共赢。[⑤]

“两个大局”背景下，中非关系具有的全局性、战略性和前瞻性凸显。构建“中非命运共同体”，体现了双方战略关系的提升、共同利益的拓展和双边互信的加深，是中国对时代发展脉络的深刻把握。[⑥] 具体来看，构建中非命运共同体，一是对人类命运共同体整体性原则的具象化表达，有利于共同体意识的内化、政策措施的制定和执行、国际制度体

---

① 《新时代的中非合作》，中华人民共和国中央人民政府网，http://www.gov.cn/zhengce/2021-11/26/content_5653540.htm，最后访问日期：2022 年 6 月 2 日。

② 李丹、李凌羽：《构建人类命运共同体的理论内涵与实践路径研究评析》，《理论月刊》2020 年第 1 期，第 21—30 页。

③ 陈向阳：《以“人类命运共同体”引领世界秩序重塑》，《当代世界》2016 年第 5 期，第 18—21 页。

④ 张颖：《中国对非洲外交：理念与实践》，《国际问题研究》2018 年第 1 期，第 27—40 页。

⑤ 张忠祥：《构建中非命运共同体：挑战与应对》，《探索与争鸣》2017 年第 12 期，第 133—139 页。

⑥ 宋微：《合作共赢：共建中非命运共同体研究》，研究出版社，2020，序言第 2 页。

系重塑以及各国政府责任落实，[①] 对打造人类命运共同体，秉持和平、发展、公平、正义、民主、自由的全人类的共同价值，坚持正确的历史观、文明观、公正观、安全观、发展观具有显著的现实意义。[②] 二是在构建的具体行动中，有利于将人类命运共同体的理念转化为国际制度从而实现其价值，为公平、正义、均衡、普惠的国际新秩序提供现实的制度支撑。[③] 三是中非命运共同体的"五位一体"推进和细化，能够对应起人类命运共同体观念的五个维度，即国际权力观、共同利益观、新型文明观、整体安全观以及生态文明观。[④] 将实践与理论有机融合，增进中非间利益的深度交融，形成中非双方"命运共同体的集体身份认同"。[⑤] 在完善全球治理体系和机制，实现可持续发展和增进人民福祉的行动中守望相助，成为人类命运共同体的生动案例。

（二）中非命运共同体是新型国际关系的客观揭示

中非关系是新中国 70 余年外交政策的重要基础，作为多次撬动中国与外部世界关系结构的支点，具有世界性意义。进入 21 世纪以来，中非合作面临一个历史性的新发展机遇期。构建中非命运共同体拓展中国发展利益，提供非洲可持续发展机遇，树立起来的新型合作关系将推动国际关系变革，助力人类命运共同体建设。

习近平指出，中国"致力于把自身发展同非洲发展紧密联系起来，把中国人民利益同非洲人民利益紧密结合起来，把中国发展机遇同非洲发展机遇紧密融合起来"，以便构建起一个集利益、责任、命运为一体的基本架构，[⑥] 为更高层次的中非合作奠定坚实基础。中非之间正在形成一种互为动力、互为机遇的新型合作关系，双方在核心利益和长远利益方

① 于洪君：《树立人类命运共同体意识 推动中国与世界良性互动》，《当代世界》2013 年第 12 期，第 12—13 页。

② 石云霞：《习近平人类命运共同体思想研究》，《学校党建与思想教育》2016 年第 9 期，第 4—10 页。

③ 赵庆寺：《试论构建人类命运共同体的制度化路径》，《探索》2019 年第 2 期，第 49—57 页。

④ 徐艳玲、陈明琨：《人类命运共同体的多重建构》，《毛泽东邓小平理论研究》2016 年第 7 期，第 74—79、92 页。

⑤ 阮建平、林一斋：《人类命运共同体的历史逻辑、挑战与建设路径》，《中州学刊》2018 年第 11 期，第 35—41 页。

⑥ 张春：《打造中非利益—责任—命运共同体》，《社会观察》2014 年第 6 期，第 56—58 页。

面紧密联系起来。在世界经济发展重心向南方国家、发展中国家倾斜过程中，中非双方利用各自独特的优势，实现平等合作和互利共赢，打通“中国梦”与“非洲梦”的交融渠道，是这种全新关系深刻的时代表达。[①]

中非命运共同体密切关注非洲的新变化和新需求，切实做到合作共赢、共同发展和命运与共，[②] 并在更高层次与联合国可持续发展战略对接，从增进全人类福祉的高度指引中非命运共同体构建。“一带一路”倡议获得非方高度认同就是典型案例，截至目前，几乎所有同中国建交的非洲国家都已经同中国签署共建“一带一路”合作文件，为中非高质量共建“一带一路”奠定了基础，大量项目落地生根，双方均获得所需利益，中非互利互惠合作欣欣向荣。如四达时代集团（Startimes）在非洲推动社会数字化、信息化的伟大事业，降低非洲人民的数字成本的同时，也建立了自己的商业生态。[③] 中非新型国际合作共赢关系把增进民生福祉作为发展中非关系的出发点和落脚点；把促进中非文明交流互鉴、交融共存，作为强化中非人民情感的纽带；把彼此尊重，坚定支持非洲以非洲方式解决非洲问题，作为基本的交往原则；把绿色可持续的发展作为新领域……揭示了中非命运共同体不仅在政治与经济两个方面做足了功课，[④] 还集利益、政治、文明、安全和生态为一体化发展。[⑤]

（三）中非命运共同体是双向奔赴共谋发展的国际平台

与西方中心主义不同，中非命运共同体为中非双向奔赴共谋发展提供了国际舞台，彰显了中非合作的世界性意义。一方面，中非的新型协同发展，能够使中国声音、中国方案、中国行动通过非洲窗口展示给世界，提高新时代中国国际地位。在新冠肺炎疫情背景下，中非携手抗疫

---

① 刘鸿武、卢凌宇：《“中国梦”与“非洲梦”：中非命运共同体的建构》，《西亚非洲》2013 年第 6 期，第 19—33 页。

② 张忠祥：《构建中非命运共同体：挑战与应对》，《探索与争鸣》2017 年第 12 期，第 133—139 页。

③ 《关于我们：集团介绍》，四达时代网，https://www.startimes.com.cn/about，最后访问日期：2022 年 3 月 2 日。

④ 贺文萍：《中非命运共同体：历史基础、现实条件和发展方向》，《统一战线学研究》2018 年第 5 期，第 89—96 页。

⑤ 张沛霖：《习近平构建中非命运共同体的思考与实践探析》，《岭南学刊》2019 年第 2 期，第 31—35 页。

构筑命运共同体的实践中所蕴含的“超越”逻辑使之有别于西方，其世界性意义更加凸显，成为全球抗疫的重要支撑。[①] 这有利于改善中国外交的整体环境和国际形象，减轻外交压力，使国际上某些敌对势力恶意鼓吹的“中国威胁论”“中国新殖民主义论”不攻自破，中国提出的命运共同体理念广为传播且更加易于接受。另一方面，中非的新型协同发展，能够契合非洲的发展规划，促进非洲可持续发展。当代非洲发展问题之最终解决，不仅是非洲大陆的问题，也是一个全球性议题。关系到50多个国家、13亿人口的现代化和共同富裕，其影响与意义必将超出非洲自身而成为21世纪另一个具有全球性影响的人类发展事件，进而对世界格局产生结构性的影响。非方高度关注和认可人类命运共同体思想，以中非合作论坛和“一带一路”倡议为平台，基础设施建设与工业化发展成为推动非洲经济增长的一体两翼，符合非洲发展利益需求。最终通过“政治上平等相待、经济上合作共赢、文化上交流互鉴、国际上相互支持”的全方位合作，帮助非洲国家实现千年发展目标，推进非洲大陆的减贫惠农，并最终惠及世界。

构建中非命运共同体不仅促进中非双方实现合作共赢，为全球范围内的南南合作树立典范，更是立足于人类发展的时代所需，为全球合作提供了思想引领，汇聚了行动与力量。所以，中非命运共同体既是中非双向奔赴的结果，也是对全人类发展的突出贡献，[②] 是人类命运与共的生动实践。

三　中非发展与利益共同体是中非命运共同体的基础

中非发展与利益共同体之所以是中非命运共同体的“压舱石”，是因为发展是解决发展中存在问题的重要手段。中非面临共同的发展任务，把彼此的发展视为自己的机遇，将发展与利益交融，“利益是思想的基础，利益决定思想，决定并支配政治权力和政治活动”。[③] 命运共同体以

① 周倩、苏韦铨：《从非洲新冠疫情防控看“人类命运共同体”的世界性意义》，《区域与全球发展》2021年第5期，第80—106、157—158页。

② 黄昭宇：《中非命运共同体建设进入新阶段》，《现代国际关系》2018年第8期，第7—10页。

③ 杨相琴：《马克思主义的利益观探究》，《理论月刊》2010年第9期，第15—17页。

发展促利益，作为一种追求最大同心圆的求共思想，必须要建立在中非共同的发展和利益基础上，通过“利益协调建立利益共同体”,[①] 用发展服务中非人民，夯实中非命运共同体的基础。

（一）高效率落实对接发展战略和政策，强化中非互惠互利保障机制

中非之所以能够高质量发展携手同行，推动构建中非命运共同体，就在于中非合作建立在彼此间坦诚、友好、平等的基础上，双方共同发展、顺应时势、开放包容，能够友好协商并高效进行发展战略和政策对接。中非双方在发展战略设计、政策制定、倡议规划等方面都做了较为深入的研究讨论，高度重视政策空间的变化态势，既契合中国发展利益，又符合非洲在国家、地区层面和全球层面的不同战略需求,[②] 保证精准对接。中非合作“具有广泛覆盖性、参与性、包容性的全球合作机制正在形成，这有利于各方有效应对逆全球化和保护主义带来的挑战”。[③] 正是这种高效的中非合作机制，能够将理念、规划转换为实践行动，实现发展共赢。

在进出口贸易方面，中国与乌干达签署了中非间首个经认证的经营者（AEO）互认安排，给予双方符合资质的企业在货物查验、货物通关、联络沟通等方面的优先权和便利条件；2018 年中非合作论坛“八大行动”中，在贸易便利行动计划部分就中非电子商务合作机制建设达成协议；在数字经济合作方面，2021 年 8 月中国宣布了“中非数字创新伙伴计划”有关设想，当年 10 月召开的中非合作论坛第八届部长级会议更直接将数字经济作为“九项工程”中的一项。随着一些中非合作的光纤骨干网等数字基建项目在非洲的落地，中非数字合作已取得丰富成果。中非间各项发展战略和政策顺利对接，各种类型项目落实更加顺畅，增质中非合作互惠关系，回应外界质疑。

---

① 焦娅敏：《马克思利益共同体思想的价值目标及当代意蕴》，《求实》2013 年第 6 期，第 4—8 页。

② 张春：《中非合作的政策空间变化与应对战略》，《西亚非洲》2015 年第 3 期，第 33—50 页。

③ 《中国与非洲联盟签署共建“一带一路”合作规划》，央视网，http://news.china.com/zw/news/13000776/20201220/39092817.html，最后访问日期：2022 年 6 月 2 日。

（二）高质量推进“一带一路”合作项目，增进中非经贸平等互利关系

为提升中非全面战略合作伙伴关系，非盟委员会同中国签署了《中华人民共和国政府与非洲联盟关于共同推进“一带一路”建设的合作规划》。这是中国同区域性国际组织签署的第一份共建“一带一路”的规划类合作文件。中非实施共建“一带一路”倡议，能够在夯实中非传统友谊的基础上，立足当下克时艰，“迎难而上”谋长远。“一带一路”的核心内涵是“促进基础设施建设和互联互通，加强经济政策协调和发展战略对接，促进协同联动发展，实现共同繁荣”。在基础设施方面，中国高铁走进非洲，不仅改善了非洲相关国家的交通基础设施，促进了铁路沿线区域经济和城镇化发展，还为中国企业海外投资提供了机遇。在经济协调发展方面，中埃·泰达苏伊士经贸合作区建设及招商，中国与毛里求斯正式建立的中非首个自由贸易区，助力中非贸易便利化。在发展战略对接方面，南非外交部副总司长阿尼尔·苏克拉尔认为，中非合作论坛与“一带一路”倡议就像一个硬币的两面，可以与《2063 年议程》结合。[①] 坦桑尼亚尼雷尔基金会主任伊卡韦巴·邦廷在中非智库论坛第十届会议上表示，《2063 年议程》和“一带一路”倡议本质上是互补的，以便打造一个更加公平的世界。[②] 中非“一带一路”合作项目践行正确义利观，尊重双方核心利益，符合双方发展利益。

高质量推进中非“一带一路”合作项目，要专注于中非具体的经贸合作实践，为中非双方创造更多的经济附加值，稳步增加双边贸易额，提高经济黏合度。自 2009 年起至今，中国已连续成为非洲最大的贸易伙伴，为非洲经济发展注入了巨大动力，为非洲人民带来了实在的发展红利，增加了非洲的就业人口，帮助非洲提高了经济自主权。近年来，随着非洲市场经济不断向好发展，“中非贸易结构持续优化，中国对非出口技术含量显著提高，机电产品、高新技术产品对非出口额占比超过 50%”。[③] 同时，中国方面也大量采购非洲农业产品和资源产品，还通过

① 《阿尼尔·苏克拉尔在中非智库论坛第十届会议开幕式上的致辞》，浙江师范大学非洲研究院会务组根据致辞整理（内部资料）2021 年 10 月 20 日。

② 《伊卡韦巴·邦廷在中非智库论坛第十届会议上的讲话》，浙江师范大学非洲研究院会务组根据闭幕式主旨发言整理（内部资料）2021 年 10 月 21 日。

③ 中华人民共和国国务院新闻办公室：《新时代的中非合作（2021 年 11 月）》，《人民日报》2021 年 11 月 27 日，第 6 版。

强化航路、道路、铁路、网路等具体“一带一路”基础合作设施项目建设，帮助非洲产品更加便捷地与中国市场和世界市场对接，降低非洲产品的输出成本，扩大非洲产品的销路，让非洲在全球化的经贸合作中获得更多的发展利益。此外，中非在投融资深度合作、农业产业链建设和贸易发展、工业现代化与就业保障、基础设施合作与经济振兴、金融体系国际化便利化以及数字经济转型发展等多方面不断取得新进展，夯实了中非经贸合作的基础，增进了中非经贸平等互利关系，使中非人民在切实的合作中既能看得到利益，更能直接享受发展带来的好处。

（三）高标准严要求实施“九项工程”，推动中非关系可持续发展

2021年11月，在中非合作论坛第八届部长级会议开幕式上，习近平发表了主旨演讲，提出“四点主张”和“九项工程”，强调中非合作需要更加务实推进，持续深化中非经贸合作，拓展在减贫脱贫、青年创业、中小企业发展等方面的合作空间和渠道，让中非合作更多地惠及民生领域。还申明中非共同走可持续发展的道路，增强可持续发展的能力。“九项工程”把传统领域与新兴领域、长远利益和恢复发展的迫切诉求紧密结合起来，“将推动非洲经济社会发展，进一步强化非中务实合作、深化民心相通、实现互利共赢”。[①]

具体来看，作为《中非合作2035年愿景》的首个“三年规划”，“九项工程”将以更高的标准和更加严格的要求进行具体锚定，助推中非命运共同体达到新高度。一是保障中非人民的生命与健康安全。中国将无偿援助非洲疫苗，帮助提升非洲疫苗接种率。中非将合作生产疫苗，提高非洲抗疫能力。中非携手抗疫符合双方人民的利益，抗疫既要保生命，也要“稳经济、促就业、保民生”，[②] 从保障“生命”的逻辑出发，在团结抗疫中建设更加紧密的中非命运共同体。二是持续推进非洲减贫惠农工程。受世界政治动荡、疫情冲击以及蝗虫天灾等因素的叠加影响，非洲贫困问题和农业发展难题更加凸显。中国在减贫中形成的“渐进平衡

① 《非洲多国人士表示“九项工程”将进一步强化非中务实合作》，中华人民共和国中央人民政府网，http://www.gov.cn/xinwen/2021-11/30/content_5655039.htm，最后访问日期：2022年3月1日。

② 沈晓雷：《在团结抗疫中建设更加紧密的中非命运共同体》，《光明日报》2021年1月18日，第12版。

模式”显现了发展中国家的普遍特征，[①] 中国经验更贴合非洲实际，能够有力地支持非洲减贫事业，产生示范引领效应。在非中资机构和企业也要承担其相应的社会责任，将经济发展红利转化为民生福祉，建设农业发展与减贫示范村等。真正为非洲人民谋福利，提高非洲人民的生活水平和生活质量。从夯实“民生”的逻辑出发，让中国成为非洲人民认可的好伙伴、好兄弟，在共谋幸福生活中构建更加紧密的中非命运共同体。三是以可持续发展为目标，提高非洲发展能力建设。在充分尊重非洲各国发展自主性的前提下，中国将帮助建设好“绿色长城”，通过建设苏布雷水电站、阿达玛风电站、阿斯旺本班光伏产业园等一批可再生能源项目，缓解非洲能源危机，让非洲人民用上有保障的、充足的、绿色的能源。中国在援建过程中带去的不仅是项目本身，还有相关的建造技术、管理技术、运营技术和维护技术。此外，中国还秉持人才助力非洲发展能力建设的理念，通过援建学校、开设“鲁班工坊”、打通留学渠道、搭建“丝路电商”平台等，提高非洲人才素质，增强其就业创业能力。从充分“发展”的逻辑出发，在增强发展能力建设中构建更加紧密的中非命运共同体。

结　语

在百年变局和疫情叠加影响背景下，中非命运共同体的构建更显得弥足珍贵。从某种意义上来说，中非命运共同体构建，在价值观层面与马克思主义的“类思维”、[②] 中国传统“和合”文化、非洲共享价值观“乌班图”（ubuntu）精神等哲学思想相契合；在实践基础层面则是以“合作”为主旋律的具体行动，落实项目推进，从而创造利益。中非双方之所以致力于构建命运共同体，意在超越西方现实主义“竞争—对抗博弈”范式，形塑“合作—包容发展”新图式。[③] 中非命运共同体的构建，

① 郑宇：《贫困治理的渐进平衡模式：基于中国经验的理论建构与检验》，《中国社会科学》2022 年第 2 期，第 141—161、207 页。

② 贺来：《马克思哲学的“类”概念与“人类命运共同体”》，《哲学研究》2016 年第 8 期，第 3—9、128 页。

③ 王伟、苏韦铨：《打造周边命运共同体对边境民族地区治理的启示》，《西北民族大学学报》（哲学社会科学版）2021 年第 1 期，第 41—50 页。

展现了新时代中国共产党“赓续光辉历程，奋进复兴伟业”[①] 的历史使命和行动价值，带领中国人民“强起来”走向世界的时代风貌；显露出非洲各国人民要在世界民族之林增强民族自尊创立“非洲人格”的强烈愿望；彰显了双方在满足各自人民追求美好生活的同时，塑造南南合作典范，打造和平发展和共享发展的新型国际关系。正因如此，中非命运共同体构建要从历史性、全局性、战略性高度出发，全面对接中国战略布局和非洲发展需求，大力夯实人文价值、经济利益、社会团结、政治信任和环境和谐五个基础，密切整合“理念树立—价值沁入、经济发展—利益共享、社会建设—民生保障、政治信任—安全合作、生态保护—绿色发展”力量，将思想知识、发展利益、卫生健康、和平安全、生态文明融于一体。重视中非利益共同体的构建，高质量、高标准、高效率推进具体项目落实，推进中非经贸关系，提升中非人民福祉，为中非共建“一带一路”夯实经济基础，为人类命运共同体树立典范。

【责任编辑】王珩

① 常河等：《赓续光辉历程 奋进复兴伟业》，《光明日报》2021 年 7 月 2 日，第 8 版。

非洲研究　2022年第2卷（总第19卷）
第179—195页

中国铁路走进非洲对铁路沿线国家外商直接投资的渐进性影响研究*

金水英　周枫凯　顾晓旭

【内容提要】 近几年，借助铁路“走出去”和“一带一路”倡议的实施，中国铁路走进非洲、建设非洲、发展非洲。本文基于1998—2018年非洲22个国家的面板数据，采用双重差分模型，实证分析中国铁路走进非洲对铁路沿线国家外商直接投资（FDI）的影响。研究结果表明，中国铁路走进非洲对铁路沿线国家的外商直接投资产生显著的渐进性影响，具体表现在非洲铁路签约、动工、通车三个不同阶段，其对铁路沿线国家外商直接投资的影响呈递增趋势。此外，铁路沿线国家的城镇化水平是该国吸引外商直接投资的重要因素。

【关键词】 “一带一路”；中国铁路；外商直接投资；双重差分模型

【作者简介】 金水英，管理学博士，工商管理博士后，浙江师范大学经济与管理学院、中非国际商学院教授（金华，321004）；周枫凯，浙江师范大学经济与管理学院、中非国际商学院硕士研究生（金华，321004）；顾晓旭，浙江师范大学经济与管理学院、中非国际商学院硕士研究生（金华，321004）。

---

* 本文为国家社会科学基金项目“全球价值链视角下中国高铁标准‘走出去’的知识转移机制、路径与对策研究”（项目编号：17BGL012）的阶段性研究成果。

随着“八纵八横”高速铁路网络的逐渐搭成，中国铁路建设水平不断提高，在满足国内市场需求的同时迅速走向国际市场。交通基础设施互联互通是“一带一路”倡议的重点之一，铁路是共建“一带一路”国家间的重要交通纽带。在此背景下，中国铁路走出国门，不仅符合中国国际化战略发展的目标要求，也是中国高端装备技术服务全球经济发展的重要体现。

在中非合作论坛第八届部长级会议上，中非双方表示将进一步加强基础设施规划、设计、建设、运营、维护和良好治理等领域互利合作，助力非洲持续改善基础设施条件。这为中国铁路走进非洲迎来全新契机。中国铁路走进非洲，可以为非洲国家开展贸易投资提供交通基础设施保障，一定程度上改善贸易投资环境。据有关报道统计，2021 年 1—7 月，中非贸易额达 1391 亿美元，增长 40.5%，达到历史同期最高位，中国已经连续 12 年保持非洲最大贸易伙伴国地位。[①]

在自身建设方面，非洲国家也希望通过吸引外商直接投资（foreign direct investment，FDI）来破解发展瓶颈，同时引进先进的技术、设备和管理经验。一些非洲国家积极调整对外政策，采取更优惠的税收政策、开放更广阔的产能合作领域，以吸引外商直接投资。近几年，交通基础设施是中非共建“一带一路”成果最显著的领域之一，突出表现为中国在非洲投资建设的铁路项目陆续完成，其中已经建成并通车的有亚吉铁路、本格拉铁路和蒙内铁路等代表性铁路。那么，中国投资承建的铁路对非洲铁路沿线国家[②]的投资环境影响如何？铁路在非洲国家的签约、动工、通车能否带来更多外商直接投资？本文采用双重差分法（difference-in-differences，DID），实证分析“一带一路”下中国投资承建的铁路在非洲国家签约、动工、通车后对铁路沿线国家外商直接投资的渐进性影响，并据此提出相关政策建议以助推中非铁路合作的有效开展。

---

① 中国商务部：《2021 年前七月中非贸易额创新高达 1391 亿美元》，2021 年 9 月 3 日，http://www.gov.cn/xinwen/2021-09/03/content_5635304.htm，最后访问日期：2021 年 12 月 28 日。

② 由于铁路建成所带来的外商直接投资吸引作用在空间上具有延展性，本文所研究的“铁路沿线国家”包括铁路途经国家，以及被铁路连通的邻近国家。在本文研究案例中，蒙内铁路和本格拉铁路具有连接非洲其他铁路的作用，其中蒙内铁路的建成会连通肯尼亚、卢旺达、布隆迪、乌干达、坦桑尼亚等国家；本格拉铁路连通了刚果（金）、赞比亚与安哥拉。这些铁路的建设不仅会吸引本国的外商直接投资（FDI），也会对铁路沿线国家产生影响。

一 文献综述

(一) 基础设施与外商直接投资

相关文献表明基础设施对外商直接投资的区位选择具有重要影响。惠勒(Wheeler)和莫迪(Mody)率先对影响外商直接投资的区位选择进行研究,结果表明基础设施对外商直接投资的区位选择发挥关键作用。[①] 同样,巴拉克(Bellak)等以1995—2004年8个中东欧国家的相关指标进行面板数据分析,结果表明基础设施建设是衡量东道国投资环境的关键指标,会影响跨国公司的投资选址。[②] 潘素昆、杨雅琳的研究也表明基础设施是影响共建"一带一路"国家外商直接投资区位选择的重要因素。[③] 同时,基础设施建设对于发达国家和发展中国家吸引外商直接投资的影响有所差异。卡德鲁(Khadaroo)和西塔纳(Seetanah)指出由于区域经济发展水平的差异,基础设施建设对吸引外商直接投资的影响在发展中国家更为显著。[④] 贝南(Behname)的研究指出发展中国家基础设施条件的改善在吸收外商直接投资上比发达国家更有效率。[⑤] 此外一些文献对基础设施与外商直接投资之间的相互关系进行了实证研究。黄亮雄等分析了中国向共建"一带一路"国家直接投资与基础设施水平之间的正向促进效应。[⑥] 姜巍、陈万灵的研究表明基础设施建设的提高对外商直接

① D. Wheeler and A. Mody, "International Investment Location Decisions: The Case of U. S. Firms", *Journal of International Economics*, 1992, 33 (1), pp. 57 - 76.

② C. Bellak, M. Leibrecht and J. P. Damijan, "Infrastructure Endowment and Corporate Income Taxes as Determinants of Foreign Direct Investment in Central and Eastern European Countries", *World Economy*, 2010, 32 (2), pp. 267 - 290.

③ 潘素昆、杨雅琳:《"一带一路"国家基础设施和中国对外直接投资区位选择》,《统计与决策》2020年第10期,第133—138页。

④ A. J. Khadaroo and B. Seetanah, "Transport Infrastructure and Foreign Direct Investment", *Journal of International Development*, 2010, 22 (3), pp. 103 - 123.

⑤ M. Behname, "Foreign Direct Investment and Urban Infrastructure: An Evidence from Southern Asia", *Advances in Management and Applied Economics*, 2012, 2 (4), pp. 1 - 16.

⑥ 黄亮雄、钱馨蓓、隋广军:《中国对外直接投资改善了"一带一路"沿线国家的基础设施水平吗?》,《管理评论》2018年第3期,第226—239页。

投资的流入有较强的正效应。[①] 唐安宝等的研究分析了基础设施投入对外商直接投资的调节作用，得出基础设施投入能够正向调节外商直接投资与经济高质量发展的关系这一结论。[②] 塞卡特（Sekkat）和甘佐内斯-瓦鲁达基斯（Veganzones-Varoudakis）在研究影响发展中国家吸引外商直接投资的因素时，发现相比于东道国的政策开放度和政策优待，基础设施建设显示的积极影响更为显著。[③] 陈恩、陈博选取2005—2013年中国对81个发展中国家直接投资数据，分析指出基础设施完善的发展中国家更能够吸引中国投资。[④]

（二）交通基础设施与外商直接投资

大多数针对交通基础设施与外商直接投资的研究文献表明交通基础设施对外商直接投资有积极影响。以发达国家为例，洛瑞（Loree）和吉辛格（Guisinger）对影响美国对外直接投资区位选择的因素进行研究，分析得出东道国的交通基础设施便利度与美国对该国进行直接投资呈现正相关关系。[⑤] 斯特拉科娃（Straková）等以维谢格拉德集团的外商直接投资为研究对象，探究交通运输服务能力和质量、可持续区域发展以及外商直接投资三者之间的关系，结果表明某一区域在缺少充分的交通运输服务能力和充足的交通基础设施情况下，难以吸引外商直接投资或将外资有效利用。[⑥] 对于发展中国家而言，鲁德拉（Rudra）等以印度交通基础设施为探讨对象，利用自回归分布滞后（ARDL）和向量误差修正模型（VECM）进行实证分析，结果表明促进交通基础设施发展是印度吸引

① 姜巍、陈万灵：《东盟基础设施发展与FDI流入的区位选择：机理与实证》，《经济问题探索》2016年第1期，第132—139页。

② 唐安宝、李康康、管方圆：《FDI、基础设施投入与经济高质量发展》，《金融与经济》2020年第4期，第60—67页。

③ K. Sekkat and M. A. Veganzones-Varoudakis, "Openness, Investment Climate, and FDI in Developing Countries", *Review of Development Economics*, 2007, 11 (4), pp. 607 - 620.

④ 陈恩、陈博：《中国对发展中国家直接投资区位选择及影响因素》，《国际经济合作》2015年第8期，第14—20页。

⑤ D. W. Loree and S. Guisinger, "Policy and Non-policy Determination of US Equity Foreign Direct Investmemt", *Journal of Business Studies*, 1995, 26 (2), pp. 281 - 299.

⑥ J. Straková, A. Kucharčíková, P. Pártlová and J. Váchal, "Foreign Direct Investment and Transport Serviceability-A Prerequisite for the Development and Stability of National and Regional Economies", *International Journal of Maritime Science & Technology*, 2016, 63 (3), pp. 204 - 206.

外商直接投资的先决条件。[①] 白万平等以中国 285 个地级市的面板数据，分析得出交通基础设施能够正向促进当地的外商直接投资。[②]

（三）铁路建设与外商直接投资

铁路作为最具代表性的现代化交通基础设施，加速了各种生产要素跨区域的流动，促进了各区域之间资源的合理分工。范如国等指出铁路开通可以促进生产要素的快速流通，提高区域能源利用效率，改善投资环境。[③] 韦联韬、孙晋云的研究表明铁路开通可以通过加快要素流动来促进中西部地区吸引外商直接投资。[④] 而杨礼杉得出不同的结论，表示铁路设施完善对外商直接投资的影响并不显著。[⑤]

上述研究对象主要集中于亚洲及欧美等发达国家。首先，非洲作为“一带一路”倡议的自然延伸和天然合作伙伴，立足“一带一路”背景下，研究中国铁路走进非洲对铁路沿线国家外商直接投资的影响更具创新意义和现实意义。其次，铁路从签约、动工到通车，在不同的时点对外商直接投资的影响会存在动态的变化，但鲜有文献对不同时点下铁路对外商直接投资的动态影响进行剖析。最后，从已有研究方法上，DID 相比于空间分析或线性回归等方法，能够更合理地控制时间和政策效应，从而更精确地评估铁路引入政策对外商直接投资结果产生的净影响。基于此，本文以“一带一路”为政策背景，选取中国在非洲建成并已通车的六条铁路，依据铁路签约、动工以及通车三个不同时间节点，建立实验组样本和对照组样本，采用 DID 实证分析中国铁路走进非洲对铁路沿线国家外商直接投资的影响。

---

① P. Rudra, R. Neville, B. Yuosre and S. Bele, “Transport Infrastructure, Foreign Direct Investment and Economic Growth Interactions in India: The ARDL Bounds Lesting Approach”, *Social and Behavioral Sciences*, 2013, 104 (2), pp. 914 -915.

② 白万平、吕政、刘丽萍：《外商直接投资、交通基础设施改善与制造业集聚——基于2003—2016 年中国 285 个地级市面板数据的实证研究》，《贵州财经大学学报》2019 年第 2 期，第 11—23 页。

③ 范如国、杨维国、罗明、孟雨兴：《经济转型下 FDI 溢出及其对能源效率影响的门槛特征分析》，《南方经济》2019 年第 1 期，第 41—55 页。

④ 韦联韬、孙晋云：《高铁开通能否促进我国中西部地区吸引 FDI?》，《南方经济》2020 年第 1 期，第 33—45 页。

⑤ 杨礼杉：《铁路交通发展对沿线城市要素空间集聚的影响》，硕士学位论文，暨南大学，2016，第 28—32 页。

二 研究设计与方法

（一）样本选择与数据来源

由于铁路建设工程具有造价高、耗时长的特征，所以目前中国在非洲建成通车的铁路并不多。本文以中国在非洲建成通车且具有代表性的六条现代化铁路（罗安达铁路、本格拉铁路、阿卡铁路、亚的斯亚贝巴轻轨、亚吉铁路、蒙内铁路）作为研究对象，其签约、动工和通车时间如表 1 所示。

表 1 中国在非洲建成并通车的六条铁路的签约、动工和通车时间

铁路名称/时间	签约时间	动工时间	通车时间
罗安达铁路	2004 年	2005 年	2010 年
本格拉铁路	2005 年	2006 年	2015 年
阿卡铁路	2006 年	2011 年	2016 年
亚的斯亚贝巴轻轨	2009 年	2012 年	2015 年
亚吉铁路	2011 年	2012 年	2016 年
蒙内铁路	2014 年	2014 年	2017 年

资料来源：根据中国铁建官网资料整理而得，http://www.crcc.cn，最后访问时间：2021 年 1 月 15 日。

本文选用 DID 方法，将样本分为实验组和对照组进行实证研究。罗安达铁路和阿卡铁路分别是安哥拉和尼日利亚的境内铁路；蒙内铁路是东非铁路网的重要组成部分，其建成会连通肯尼亚、卢旺达、布隆迪、乌干达、坦桑尼亚等国家；本格拉铁路作为非洲横贯铁路的一部分，连通了安哥拉、赞比亚与刚果（金）；亚吉铁路是连接埃塞俄比亚和吉布提的跨国铁路。因此，本文将上述所提到的 11 个非洲铁路沿线国家作为本文实证研究的实验组。这些国家引入铁路时间较早，其投资环境与政治环境也相对稳定，已有相关的累积数据，便于统计分析。

另外本文选取临近铁路沿线国家的 11 个未开通铁路的国家作为对照组。这些国家并非没有引入铁路的需求，而是因为铁路的建设需要满足多方面的条件，比如当地政府部门的政策支持，经济、社会、地理、生态等各方面需达到一定的标准。为了得出较为准确的结论，本文选取了与11个铁路沿线国家相邻且发展水平较类似的11个非铁路沿线国家样本纳入对照组，包括喀麦隆、多哥、尼日尔、布基纳法索、贝宁、马拉维、马里、中非共和国、加纳、莫桑比克和津巴布韦。另外本文以签约时间、动工时间和通车时间为事件的时间断点，研究中国投资承建的铁路在非洲国家的渐进性影响。本文在非洲承建的六条铁路最早的签约时间、动工时间和通车运营时间分别为2004年、2005年和2010年。因此，选取这三个时间节点研究中国投资承建的铁路在非洲的渐进性影响效果。由于1998年前非洲国家样本数据缺失严重，1998—2018年数据相对齐全，有利于实证分析，因此本文确定研究的起止时间为1998—2018年。所选取的11个铁路沿线国家与11个非沿线国家的铁路签约、动工、通车时间详见表2。

表2 非洲22个样本国家的中国铁路签约、动工、通车时间

实验组			对照组
2004—2018年中国投资承建的铁路签约的非洲铁路沿线国家	2005—2018年中国投资承建的铁路动工的非洲铁路沿线国家	2010—2018年中国投资承建的铁路通车的非洲铁路沿线国家	1998—2018年未签约、动工、通车的非洲非铁路沿线国家
埃塞俄比亚、吉布提、安哥拉、刚果（金）、尼日利亚、肯尼亚、乌干达、卢旺达、布隆迪、坦桑尼亚、赞比亚	埃塞俄比亚、吉布提、安哥拉、刚果（金）、尼日利亚、肯尼亚、乌干达、卢旺达、布隆迪、坦桑尼亚、赞比亚	埃塞俄比亚、吉布提、安哥拉、刚果（金）、尼日利亚、肯尼亚、乌干达、卢旺达、布隆迪、坦桑尼亚、赞比亚	喀麦隆、多哥、尼日尔、布基纳法索、贝宁、马拉维、马里、中非共和国、加纳、莫桑比克、津巴布韦

注：铁路最早签约、动工和通车的为罗安达铁路，其签约、动工和通车时间分别为2004年、2005年和2010年。

资料来源：根据世界银行数据库、全球经济数据库（CEIC）、经济合作与发展组织（OECD）数据库、非洲开发银行、世界发展指标（WDI）等官方网站公布数据整理而得。

（二）实证模型

DID方法能够有效评价某一事件或政策产生的影响。该模型方法由于控制了时间和政策的固定效应，消除了研究样本中不可观察到的个体影响和共同趋势，可以有效避免由于省略变量偏差而导致的内生性问题。本文运用DID法计算实验组和对照组在铁路政策三个实施阶段（签约阶段、动工阶段和通车阶段）前后的变化量，通过计算两组变化量之间的差额，来反映引入中国投资承建铁路政策的影响效果。DID模型基本回归方程如下。

$$Ln(FDI)_{it} = a + \beta_1 T + \beta_2 R + \gamma(T \times R) + \varepsilon_{it} \quad (1)$$

式（1）中，$Ln(FDI)_{it}$是i国家在t时期外商直接投资的观测值，R为政策虚拟变量，开通运营中国投资承建的铁路的国家为实验组取1，没有开通运营中国投资承建的铁路的国家为对照组取0；T是时间虚拟变量，中国投资承建的铁路沿线开通以后取1，开通以前取0。$T \times R$这个交叉项即为DID，其系数γ被解释为铁路政策实施对沿线国家外商直接投资的影响效果，若其估计值显著大于0，则说明中国投资承建的铁路对沿线非洲国家外商直接投资有积极影响，具体见表3；ε_{it}是误差项。

表3 DID铁路政策对沿线非洲国家经济的影响系数

	政策实施前	政策实施后	差分
实验组	$a + \beta_2$	$a + \beta_2 + \beta_1 + \gamma$	$\beta_1 + \gamma$
对照组	a	$a + \beta_1$	β_1
差分	β_2	$\beta_2 + \gamma$	γ

实际上，本文所分析的实验组和对照组国家样本之间很多方面有着不同的差异，为确保研究的有效性，本文控制其他异质变量产生的影响，确定最终DID模型回归方程形式如下。

$$Ln(FDI)_{it} = a + \beta_1 T + \beta_2 R + \gamma(T \times R) + \delta Z_{it} + \varepsilon_{it} \quad (2)$$

式（2）中，在基本模型（1）中添加了控制变量的集合Z_{it}，以控制影响外商直接投资的一些基本因素，专门考察中国投资承建的铁路在非洲签约、动工和通车后对沿线国家外商直接投资产生的渐进性影响。

（三）变量构造及指标说明

铁路的建设有助于提升区位优势，促进各种要素流动。基于铁路对人口和就业要素的影响，对于控制变量的选择，首先考虑的就是有效劳动（Labor）。根据世界银行的规定，一般将15岁（包含15岁）以上人口视为劳动适龄人口，因此本文将15岁（包含15岁）以上总就业人口与总人口的比率作为有效劳动的代理指标。其次，因为大量研究论证外商直接投资与经济发展两者具有密不可分的关系，① 所以本文选择居民消费水平（CPI）、城镇化水平（Urban）和人口密度（Pop）三个具有代表性的经济因素，并分别以消费者价格指数、城镇人口与总人口的比率、总人口与以平方公里为单位的土地面积的比率作为代理变量，其中，消费者价格指数指一般消费者在规定的时间段内采购固定或变动的一揽子商品和服务的成本变化率，其计算公式为：消费者价格指数 =（一组固定商品按当期价格计算的价值/一组固定商品按基期价格计算的价值）×100，根据世界银行的规定，设定 2010 年 =100。外商直接投资与产业结构升级的关系一直是研究热点，② 所以选取了产业结构（ISV）这一变量，其代理变量为第二产业和第三产业从业人员之比。同样，为了实证结果便于观察，将模型等式两边的被解释变量和控制变量的数据分别取对数后进行实证分析。本文涉及的主要变量的含义及说明如表 4 所示。

表 4　主要变量的含义及说明

变量	变量名称及符号	指标含义	单位
被解释变量	ln（FDI）	外商直接投资	现价美元
铁路建设变量	时间虚拟变量（T）	铁路建设各阶段开始以后取 1，开始以前取 0	—
	政策虚拟变量（R）	建设中国铁路的国家为实验组取 1，没有建设中国铁路的国家为对照组取 0	—
	$T \times R$（DID）	铁路政策实施的净效应	—
控制变量	ln 有效劳动［ln（Labor）］	就业人员数/总人口	%
	ln 居民消费水平［ln（CPI）］	消费者价格指数	设定 2010 年 =100
	ln 城镇化水平［ln（Urban）］	城镇人口/总人口	%
	ln 人口密度［ln（Pop）］	总人口/以平方公里为单位的土地面积	人/公里^2
	ln 产业结构［ln（ISV）］	第二产业从业人员数/第三产业从业人员	%

① 傅元海、林剑威：《FDI 和 OFDI 的互动机制与经济增长质量提升——基于狭义技术进步效应和资源配置效应的分析》，《中国软科学》2021 年第 2 期，第 133—150 页；I. S. Domazet and D. M. Marjanovic, "Foreign Direct Investment in the Function of Economic Development-Example of Selected Countries in the Western Balkans", *Social Science Electronic Publishing*, 2017, 79 (1), pp. 1 - 15；K. Makiela and B. Ouattara, "Foreign Direct Investment and Economic Growth: Exploring the Transmission Channels", *Economic Modelling*, 2018, 72 (8), pp. 296 - 305。

② 朱顺和、谭宓：《外国直接投资、信息通讯技术与产业结构优化——以中国与东盟国家为例》，《经济问题探索》2020 年第 9 期，第 132—141 页。

三 实证结果与分析

（一）描述性统计

本文分别对总体样本、实验组样本和对照组样本进行了描述性统计分析，如表5所示。对于总体样本而言，11个铁路沿线国家和11个非铁路沿线国家21年的样本数据共有462个，且无缺失值，根据其均值、标准差、最小值和最大值可以看出各个变量数据的离散趋势和集中趋势，表明本文研究的总体样本数据无明显异常值。对于实验组样本和对照组样本而言，各个变量的观测案例数均为231，且亦无缺失值和异常值，这与总体样本的描述性统计分析结论一致。

表5 变量的描述性统计结果

变量	均值			标准差		
	总体	实验组	对照组	总体	实验组	对照组
ln（FDI）	18.9280	19.2006	18.6556	2.2781	2.6104	1.8547
ln（Labor）	4.2396	4.2301	4.2491	0.1324	0.1519	0.1091
ln（CPI）	4.3943	4.3004	4.4882	0.7430	0.9464	0.4394
ln（Urban）	3.3930	3.3360	3.4500	0.5058	0.5919	0.3948
ln（Pop）	3.9643	4.2762	3.6524	1.0733	1.0631	0.9917
ln（ISV）	3.7278	3.6290	3.8266	0.5788	0.5983	0.5422
变量	最小值			最大值		
	总体	实验组	对照组	总体	实验组	对照组
ln（FDI）	9.4370	9.4370	12.5286	23.0287	23.0287	22.6250
ln（Labor）	3.8479	3.9369	3.8479	4.4619	4.4619	4.3763
ln（CPI）	-1.6267	-1.6267	2.7085	5.9467	5.8214	5.9467
ln（Urban）	2.0580	2.0580	2.6661	4.3538	4.3538	4.0320
ln（Pop）	1.7534	2.5206	1.7534	6.2119	6.2119	5.2858
ln（ISV）	2.7319	2.7319	2.8683	5.5723	5.5723	5.1637

资料来源：根据世界银行数据库、世界发展指标（WDI）、全球经济数据库（CEIC）、经济合作与发展组织（OECD）数据库、非洲开发银行等国外数据官方网站公布数据计算和整理而得。

（二）实证研究结果分析

本研究采用 DID 法验证“一带一路”下中国投资承建的铁路在签约、动工和通车后对非洲铁路沿线国家外商直接投资的影响。如前所述，本文确定了三个时间节点研究中国投资承建的铁路在非洲的渐进性影响效果，铁路签约 DID 模型（以下简称“签约模型”）的时间节点为 2004 年，铁路动工 DID 模型（以下简称“动工模型”）的时间节点为 2005 年，铁路通车运营 DID 模型（以下简称“通车模型”）的时间节点为 2010 年。

表 6 显示了基于式（2）运用固定效应模型分析的回归结果，模型（1）属于签约模型，模型（2）属于动工模型，模型（3）为通车模型，分别列示中国投资承建的铁路签约、动工和通车对非洲铁路沿线国家外商直接投资影响的回归结果。

表 6　实证估计结果

控制变量/被解释变量/铁路政策	ln（FDI）		
	签约（2004）	动工（2005）	通车（2010）
	（1）	（2）	（3）
DID	0.9897*** (4.58)	1.0669*** (4.88)	1.1877*** (4.78)
ln（Labor）	-0.5930 (-0.91)	-0.5911 (-0.91)	-.07373 (-1.11)
ln（CPI）	0.2945** (2.24)	0.2622** (2.07)	0.2120* (1.87)
ln（Urban）	1.5610** (5.66)	1.5497** (5.64)	1.5055** (5.54)
ln（Pop）	-0.0095 (-0.09)	-0.0168 (-0.16)	0.0106 (0.10)
ln（Isv）	-1.0380*** (-6.03)	-1.0410*** (-6.04)	-1.0456** (-5.94)
Constant	18.4620*** (6.10)	18.6698*** (6.21)	19.6315*** (6.44)
N	462	462	462

注：括号中数值为 z 值；***、** 和 * 分别表示在 1%、5% 和 10% 的显著水平下通过显著性检验。

表6显示，模型（1）、模型（2）、模型（3）列中的DID系数分别为0.9897、1.0669、1.1877，且均在1%的水平下显著为正，说明中国投资承建的铁路对非洲铁路沿线国家外商直接投资的发展产生积极影响。同时从签约模型到动工模型和通车模型，DID的系数逐渐增大，这表明中国投资承建的铁路对非洲铁路沿线国家的外商直接投资影响具有渐进性。例如被称为南部非洲“黄金线”的本格拉铁路，于2005年完成签约，2006年开始动工。但地质特征的复杂和治安环境的混乱，铁路建设初期困难重重，导致铁路在签约时期对铁路沿线国家外商直接投资的影响效果较小。经过近10年的建设，本格拉铁路于2015年建成通车，2017年开始全线运营，对铁路沿线国家外商直接投资的影响效果逐渐增强。世界银行的数据显示，安哥拉2015年的外商直接投资相比上年增加了174%，2017年的外商直接投资相比上年增加了22.5%。在外商直接投资的助推下，根据本格拉铁路局运营部门统计，铁路建成后，累计发送旅客近420万人次，货运量超过29万吨，增长幅度可观。[①]

比较“签约—动工”阶段和“动工—通车”阶段的实证结果，由DID系数的增长幅度可观察出，“签约—动工”阶段的增长幅度（0.0772）小于“动工—通车”阶段增长幅度（0.1208），说明中国投资承建的铁路在签约时对铁路沿线国家外商直接投资的影响相对较小，而在铁路动工后影响效果逐渐变大，通车后的影响效果更加明显。由此亦可得出中国投资承建的铁路对非洲铁路沿线国家外商直接投资水平的影响具有渐进性的结论。由于铁路建设是一项庞大繁杂的工程，前期签约属于铁路项目准备阶段，对非洲铁路沿线国家的外商直接投资影响相对较小。在铁路动工建设后，一定程度上会带来投资机会，对铁路沿线国家外商直接投资的影响逐渐凸显。例如2014年动工建设的蒙内铁路，不仅为肯尼亚民众日常出行提供便利，一定程度上也拉动了投资。报告显示，2015年肯尼亚吸收外商直接投资较2014年增长了8%，而其中，中国对肯尼亚投资的增长势头最为迅猛。来自中国的外商直接投资从2014年的139亿肯先

① 吴长伟、柳志：《中企承建本格拉铁路首次在非洲实现铁路连通两大洋》，新华社，2019年7月31日，https://baijiahao.baidu.com/s?id=1640549599760575352&wfr=spider&for=pchttps://baijiahao.baidu.com/s?id=1640549599760575352&wfr=spider&for=pc，最后访问日期：2020年12月13日。

令激增至2015年的418亿肯先令。[①] 另外随着中国投资承建的铁路的通车运营，不仅能够拉近铁路沿线国家之间的距离，也能够为其他国家进行贸易往来提供便捷，降低投资成本，提高投资效率，从而促进非洲铁路沿线国家的外商直接投资显著上升。

另外，从表6中其他控制变量分析结果来看，对非洲铁路沿线国家外商直接投资有显著影响的解释变量有居民消费水平、城镇化水平和产业结构。在模型（1）、模型（2）、模型（3）中，居民消费水平（CPI）和城镇化水平（Urban）的系数都为正，且均通过显著性检验，表明居民消费水平和城镇化水平都对非洲铁路沿线国家的外商直接投资有显著的正向影响。铁路政策的实施能促进居民消费水平的提高，有利于扩大内需，打开新的消费市场，从而增加外商直接投资的机会。城镇化水平作为国家经济发展程度的重要标志，无疑也是影响铁路沿线国家外商直接投资的重要因素。铁路的建设运营可加快城镇化进程，对铁路沿线国家外商直接投资也具有一定的促进作用。有效劳动和人口密度对外商直接投资的影响统计结果并不显著，说明铁路政策实施条件下，一定程度上增加有效劳动和提高人口密度并不能有效地提高非洲铁路沿线国家的外商直接投资水平。最后产业结构变量对非洲铁路沿线国家的外商直接投资具有负显著影响，这说明第三产业相比第二产业更能够吸引到外商直接投资。

（三）稳健性检验

本文采用补充变量法进行稳健性检验。由于在经济全球化和旅游国际化背景下，外商直接投资和国际旅游增长态势强劲，旅游收入与投资活动紧密相连，[②] 所以增加国际旅游收入ln（Ti）这一控制变量，并对其进行与之前相同的回归。从表7结果可以看出，在模型增加控制变量后，反映铁路政策效应的代理变量DID系数仍在1%的水平下显著为正，且铁路签约、动工和通车对铁路沿线国家外商直接投资的影响系数在逐渐增大，证明模型回归结果是稳健的。

---

① 李志伟：《中国成为肯尼亚最大的外商直接投资来源国》，《人民日报》2018年1月9日，第22版。

② 包富华、陈瑛、孙根年：《我国入境商务旅游与FDI的空间聚散及形成机制》，《经济管理》2015年第12期，第124—134页。

表 7 稳健性检验估计结果

控制变量/被解释变量/铁路政策	ln（FDI）		
	签约（2004）	动工（2005）	通车（2010）
DID	0.6312*** （3.09）	0.6878*** （3.25）	0.7798*** （3.24）
ln（Labor）	-1.1566 （-1.76）	-1.1539 （-1.75）	-1.2376 （-1.86）
ln（Cpi）	0.1067 （0.59）	0.0844 （0.47）	0.0404 （0.23）
ln（Urban）	1.0714*** （5.05）	1.0647*** （5.05）	1.0351*** （4.98）
ln（Pop）	-0.0915 -（1.07）	-0.0944 （-1.09）	-0.0762 （-0.87）
ln（Isv）	0.0712 （0.33）	0.2150 （0.25）	0.0628 （0.29）
Ln（Ti）	0.6645*** （8.88）	0.6591*** （8.79）	0.6597*** （8.94）
Constant	7.3623* （2.13）	7.6413* （2.20）	8.2389* （2.37）
N	462	462	462

注：括号中数值为 z 值；***、** 和 * 分别表示在 1%、5% 和 10% 的显著水平下通过显著性检验。

结论与对策建议

本文以 1998—2018 年中国在非洲投资承建的铁路的 11 个铁路沿线国家及其他 11 个非铁路沿线国家为样本，采用双重差分法实证分析中国投资承建的铁路签约、动工和通车对非洲铁路沿线国家外商直接投资的渐进性影响。

研究结论如下。(1) 总体上，引入中国投资承建的铁路对非洲铁路沿线国家的外商直接投资具有正向促进作用。同时中国投资承建的铁路对非洲铁路沿线国家外商直接投资的促进作用具有渐进性，具体表现为中国投资承建的铁路在签约时对非洲铁路沿线国家的外商直接投资有正向影响，但影响相对较小；在其动工后，影响效果开始逐渐变大；在铁路通车运行后，对非洲沿线国家外商直接投资的影响效果愈发明显。这一结论符合铁路建设的规律，铁路建设具有耗资大、周期长等特点，项目带来的收益往往需要较长时间才能体现出来。因此中国投资承建的铁路对非洲铁路沿线国家外商直接投资的影响效果在签约和动工阶段均有体现，但更明显的影响效果需要在正式通车后才显现。（2）就控制变量而言，实证研究结果和稳健性检验都表明，城镇化水平是促进非洲铁路沿线国家外商直接投资发展的重要因素。一方面，城镇化进程中大量农村人口转移到城镇以寻求更好的就业机会，在增加城市劳动力供给的同时拓宽了地区的消费市场，有助于吸引外商直接投资涌入。另一方面，城镇化水平的提高促进了资源要素的集聚，要素禀赋越好，非洲国家对于配套基础设施、公共服务以及高水平设施的投资建设需求越高，因此也有助于推动铁路沿线国家外商直接投资的发展。

基于以上结论，本文提出以下几点对策建议。

（1）从中国角度来看，首先应深入分析非洲各国基本现状和发展前景，循序渐进地推动中国铁路走进非洲。根据本文结论，中国投资承建的铁路对非洲铁路沿线国家外商直接投资的影响具有渐进性。而铁路项目往往涉及巨额的资金投入，同时其建设周期往往需要跨越几届政府。因此在决定承建铁路项目时应当对东道国的政治环境、融资环境、社会舆论环境等建立足够全面的认知，谨慎推进项目。当前，非洲各国经济发展仍不平衡，多国局势动荡，社会以及风俗习惯差异等使得铁路建设项目在初期可能会面临当地政府部门毁约、资金链断裂、缺少硬性设施等问题。如作为非洲首条电气化铁路的亚吉铁路，由于电力等配套设施难以跟上，在开通两年后才正式投入运营。由此可见，需要以科学谨慎的态度以及长远全局的眼光解决工程项目实施中存在的困难，循序渐进地推动中国铁路“走出去”。

其次应推动中国铁路标准的全产业链输出。中国铁路的发展已经较为成熟，其可靠性与安全性世界领先，在技术和工艺方面也已经完全具备了自主独立研发和建设的能力。由于多数非洲国家受原殖民地遗留影响，其原有铁路网络采用的是欧美铁路标准，因此中资铁路公司应当全方位参与非洲的铁路项目标准制定、项目融资、动工建设和通车后的运营和维护等各环节，以中国铁路标准为基础，实现全产业链“走出去”，发挥铁路项目的规模效应以及标准和技术之间的互补性资源优势。[①] 具体

① 路风：《冲破迷雾——揭开中国高铁技术进步之源》，《管理世界》2019 年第 9 期。

而言，中资铁路公司可以采用工程总承包（EPC）、“投资—设计—建设—移交”等项目管理模式，依托“一带一路”建设目标，推广中国铁路成套技术标准和承接铁路网络建设两条路径并行，保证铁路项目能够平稳顺利度过签约、动工、通车阶段，在发挥对当地外商直接投资乃至经济发展的促进作用的同时，力求给中资铁路企业带来经济效益。

（2）从非洲国家角度来看，铁路沿线国家如想获取更多的外商直接投资，需要完善城市发展整体规划，加快城镇化进程。位于铁路沿线的非洲国家具有较好的交通基础设施条件，进出口贸易和国际交流更加便利畅通，应结合本国实际情况，积极探索适合本国城市发展的战略与路径，创造稳定的投资环境，以促进更多外商直接投资的流入。具体到城市规划上，可以合理打造以铁路网络为中心的城市群和都市圈，提升城镇化速度，并积极参与共建“一带一路”，加大与铁路沿线国家的合作交流，实现区域协同发展和资源配置的优化，营造良好投资环境。

建议非铁路沿线国家进一步重视交通基础设施建设，与中方积极合作共同建设铁路项目，以完善城市交通体系，创造投资营商条件。不论是从实用性还是从经济性角度看，本文认为中资企业可在非洲前两大经济体（南非和尼日利亚）率先洽谈中国投资承建项目，如南非约翰内斯堡至开普敦线路，以及尼日利亚拉各斯至阿布贾线路。一方面，约翰内斯堡、开普敦作为南非第一、第二大城市，拉各斯、阿布贾作为尼日利亚的商业中心和行政首都，经济基础相对良好，具备建设铁路的条件。另一方面，上述城市独具特色，资源丰富，约翰内斯堡蕴藏丰富的矿藏资源，开普敦旅游业发达，拉各斯人口集中，阿布贾基础设施完备有序，这些城市都需要完善交通基础设施以提升交通便利，以促进外商直接投资和国民经济发展。

（3）从全球视角来看，“一带一路”贸易投资便利化与国际化的实现需要基础设施提供硬件保障，铁路建设是实现“五通”的重中之重。而资金短缺是限制铁路项目顺利实施的重要因素，受疫情影响，非洲国家政府财政用于机场、港口、铁路等交通基础设施建设的支出常常难以为继，同时非洲地区政治局势复杂，经济发展易受不利因素影响，由此导致债务问题恶化。面对融资困境，不仅可以利用中国政策性银行和商业银行提供的传统援外优惠贷款和出口买方信贷融资、EPC + F模式，还可以尝试利用公私合营（PPP）等模式为“一带一路”铁路项目建设提供资金支持，引入民间资本减轻非洲政府的财政负担，推动非洲政府与私营业主共同承担非洲公共服务和公共基础设施建设与营运，积极为业主解决项目融资款或协助业主获取融资，推动中国铁路深入走进非洲。

本文以“一带一路”倡议为政策背景，分签约、动工和通车三个不同阶段，采用DID实证分析中国投资承建的铁路对非洲铁路沿线国家外商直接投资的渐进性影响，一定程度上能够弥补现有研究的不足。然而，本文一些部分仍需要完善。其一，近些年来围绕全球性的统计数据出现不少争议，本文研究的主要数据分别来源于世界银行数据库、全球经济数据库（CEIC）、经济合作与发展组织（OECD）数据库、非洲开发银行、世界发展指标（WDI）等官方网站，各数据库的统计口径难免有所差异。其二，非洲各地区铁路的运营模式、条件不尽相同，本文尚未涉及对具体铁路展开细致研究，针对不同铁路进行具体案例研究是后续可以深入挖掘的内容。其三，中国在非洲承建的铁路项目通车运营的时间不长，导致本文的研究结论具有短期性，更准确的结论有待后续进一步的跟踪研究。

【责任编辑】张巧文

非洲研究　2022 年第 2 卷（总第 19 卷）
第 196—213 页

在非中资企业社会责任履行与国际化绩效关系的实证研究*

张巧文　胡华萱

【内容提要】 在“一带一路”倡议和中非合作论坛机制框架推动下，越来越多的中资企业“走出去”扎根非洲，但有的投资者在关注非洲国家传统风险的同时，往往忽视了将社会责任风险纳入决策范畴，引发合法性缺失从而导致项目受挫。作为合法性获取的重要途径，社会责任的履行为企业提升国际化绩效提供可能。本文以 108 家对非洲开展直接投资的中资制造型企业为样本，实证分析了社会责任履行与国际化绩效的关系，并检验制度距离对上述关系的调节作用。结果表明中资企业在非洲履行社会责任对国际化绩效提升具有显著正向作用。同时，制度距离正向调节企业社会责任履行与国际化绩效的关系。研究还发现企业在非投资年限以及进入模式在不同程度上对其国际化绩效产生影响。

【关键词】 非洲；直接投资；企业社会责任；国际化绩效；制度距离

【作者简介】 张巧文，博士，浙江师范大学经济与管理学院、中非国际商学院副教授，通讯作者（金华，321004）；胡华萱，云南财经大学经济学院硕士研究生，共同通讯（昆明，650221）。

---

* 本文系浙江省社科规划课题“‘污名化’视角下中国高新技术企业海外合法性困境及应对机制研究”（项目编号：21NDQN221YB）、浙江省自然科学基金项目“社会网络嵌入、国际知识与企业海外经营合法性溢出关联机制研究”（项目编号：LQ20G020012）的阶段性成果。

引 言

近几年，在“一带一路”倡议和中非合作论坛机制的推动下，中资企业对非投资持续增长，非洲已经是中国第二大海外承包工程市场和新兴投资目的地；截至 2020 年底，中国对非直接投资存量超过 434 亿美元，[①] 投资领域正从传统的能源矿产和基础设施建设领域，逐步向金融、农业、信息服务业、电子商务等诸多领域拓展。中资企业对非投资的最大共性特征之一就在于重视非洲经济社会包容性发展。[②] 突出表现为中资企业社会责任意识日益强化：2008 年中钢集团发布了中资企业在非洲国家的首份社会责任报告；2018 年《在南非中资企业履行社会责任报告》发布；2021 年中国在非企业社会责任联盟成立，1700 多家在非中资企业加入联盟。然而，中资企业在非洲履行社会责任的过程中仍存在社会责任理念不明确、活动无序、履责成本上升等问题。面对外部环境多变与内部制度环境复杂的非洲，探讨中资企业如何利用社会责任活动应对投资过程中社会责任风险以及提升投资绩效十分必要。

跨国公司社会责任是多重制度作用下的产物。[③] 制度环境所产生的强制性、规范性和模仿性压力驱动跨国公司履行适应当地价值观和信仰的社会责任实践来满足东道国利益相关者的期望。[④] 尤其在“污名化”和逆全球化浪潮暗涌的背景下，社会责任的履行对于跨国公司克服外来者劣势、获取合法性、应对社会责任风险至关重要。[⑤] 但有研究认为，企业履

① 中华人民共和国商务部：《2020 年度中国对外直接投资统计公报》，2021。

② 中非民间商会：《中国企业投资非洲——市场力量与民营角色》，2021 年 8 月 26 日，http://www.cabc.org.cn/detail.php?cid = 1&category_id = 1&id = 2690，最后访问日期：2021 年 10 月 30 日。

③ D. Matten and J. Moon, “‘Implicit’ and ‘Explicit’ CSR: A Conceptual Framework for a Comparative Understanding of Corporate Social Responsibility”, *Academy of Management Review*, 2008, 33 (2), pp. 404 - 424.

④ T. Kostova and S. Zaheer, “Organizational Legitimacy under Conditions of Complexity: The Case of the Multinational Enterprise”, *Academy of Management Review*, 1999, 24 (1), pp. 64 - 81.

⑤ B. Park and P. N. Ghauri, “Determinants Influencing CSR Practices in Small and Medium Sized MNE Subsidiaries: A Stakeholder Perspective”, *Journal of World Business*, 2015, 50 (1), pp. 192 - 204；崔新健、彭谞慧：《新冠疫情影响下跨国公司企业社会责任新趋势》，《国际贸易》2020 年第 9 期，第 14—21 页。

行社会责任会增加企业运营成本，实施不当还会落得“伪善”的名声，[①] 反而损害组织的合法性认同，[②] 不利于企业发展。这种关系的不确定性在一定程度上归结于母国和东道国制度环境的差异性（即，制度距离）。制度距离在国际投资中的重要性已经得到学术界关注，但相关学术讨论并不充分，以非洲为样本的研究更是落后于中非投资合作实践发展的需要。

基于现有研究的局限性，本文以 108 家开展对非直接投资的中资制造型企业为研究样本，试图探索中资企业在非洲国家履行社会责任对企业国际化绩效提升的作用；同时，引入制度距离作为调节变量，讨论在中非制度差异性背景下，跨国公司社会责任履行与国际化绩效提升关系的异质性，以期丰富企业海外社会责任相关研究，并为中资企业高质量、可持续开展对非投资提供有益建议。

一　理论基础与研究假设

（一）利益相关者理论

早期新古典经济学的社会责任观认为，企业社会责任就是在法律和道德约束下最大限度地创造利润。[③] 但此后不少学者认为企业的责任远不止经济责任，如卡罗尔（Carroll）指出企业社会责任是企业在创造利润、对股东和员工承担经济责任的同时，还需承担对政府、消费者、社区等利益相关者的责任。[④] 利益相关者理论应运而生，为分析企业社会责任的动因机制提供了有力的理论支持，也是目前企业社会责任研究中占主导的理论。该理论认为，每一个利益相关者群体存在不同的期望、需求和

---

① 骆紫薇、黄晓霞、陈斯允、卫海英、杨德峰：《企业为何履行社会责任却落得“伪善”名声？——企业社会责任类型和感知品牌伪善间的关系》，《心理科学进展》2017 年第 10 期，第 1642—1655 页。

② J. Lammers, D. A. Stapel and A. D. Galinsky, “Power Increases Hypocrisy: Moralizing in Reasoning, Immorality in Behavior”, *Psychological Science*, 2010, 21, pp. 737 – 744.

③ M. Friedman, “The Social Responsibility of Business Is to Increase Its Profits”, *New York Times*, 1970, 13, pp. 2 – 3.

④ A. B. Carroll, “A Three-dimensional Conceptual Model of Corporate Performance”, *Academy of Management Review*, 1979, 4 (4), pp. 497 – 505.

价值观，对组织目标的实现有着重要影响。[①] 就内部利益相关者而言，企业需合理利用资源，为股东创造最大限度的价值收入，[②] 提升管理者和员工的满意度以及切身利益的保护，这有助于保持企业内生增长活力，推动企业价值提升。[③] 与外部利益相关者的协调同样对企业可持续发展至关重要。如合规经营、缴纳税收以维持良好的政企关系有利于企业获取更多资源；向大众提供高质量产品，提升消费者满意度，有助于实现企业声誉价值等。[④] 实际上，利益相关者理论揭示了企业本质是其各利益相关者的相互联结。[⑤]

企业对利益相关者履行社会责任的同时也会有所回报。[⑥] 弗洛伊登莱赫（B. Freudenreich）等提出了利益相关者价值创造框架，强调了在共同价值创造过程中，利益相关者既是价值的接受者，又是价值的创造者。[⑦] 作为价值的接受者，利益相关者不仅可以检验企业社会责任的履行效果，更重要的是，企业价值提升对其形成的激励作用有助于企业进一步获得利益相关者的支持。而作为价值创造者，企业通过对利益相关者履行社会责任，充分发挥其特定作用，能给企业带来经济效益和社会效益。因此从利益相关者理论角度看，企业绩效是企业与其利益相关者的共同价值产生的结果，这种结果为后续共同价值的创造提供了具有激励作用的参考。[⑧]

---

① R. E. Freeman, "Strategic Management: A Stakeholder Approach", *Journal of Management Studies*, 1984, 29 (2), pp. 131 - 154.

② 王晓巍、陈慧：《基于利益相关者的企业社会责任与企业价值关系研究》，《管理科学》2011 年第 6 期，第 29—37 页。

③ X. Yang and C. Rivers, "Antecedents of CSR Practices in MNCs' Subsidiaries: A Stakeholder and Institutional Perspective", *Journal of Business Ethics*, 2009, 86, pp. 155 - 169.

④ 赵建梅：《利益相关者理论与企业社会责任研究——一种理论研究路径的分析与评价》，《科技进步与对策》2010 年第 24 期，第 12—15 页。

⑤ E. Freeman, "Managing for Stakeholders: Trade-offs or Value Creation", *Journal of Business Ethics*, 2010, 96, pp. 7 - 9.

⑥ T. Donaldson and L. E. Preston, "The Stakeholder Theory of the Corporation: Concepts, Evidence, and Implications", *The Academy of Management Review*, 1995, 20 (1), pp. 65 - 91.

⑦ B. Freudenreich, F. Lüdeke-Freund and S. Schaltegger, "A Stakeholder Theory Perspective on Business Models: Value Creation for Sustainability", *Journal of Business Ethics*, 2020, 166 (1), pp. 3 - 18.

⑧ H. Breuer and F. Lüdeke-Freund, "Values-based Network and Business Model Innovation", *International Journal of Innovation Management*, 2017, 21 (3), p. 1750029.

依据权衡假说，企业致力于寻找关键利益相关者，[①] 使社会责任的价值发挥更具有针对性。跨国公司为克服在东道国的外来者劣势、增加组织在海外子公司运营成功的可能性，需将当地关键利益相关者的需求和价值观纳入战略和运营决策中。[②] 现有研究已经阐明，跨国公司在特定关键领域采取社会责任战略，可同时使企业获得其他利益相关者的支持。[③] 关键利益相关者的投入以及所有利益相关者间的紧密联系，二者共同影响着跨国公司在企业和社会层面的可持续发展。[④] 由此，利益相关者理论为激励和评估跨国公司社会责任提供了一个重要框架。

（二）社会责任国际化与企业国际化绩效

随着企业社会责任国际化概念的提出，身处国际化环境下企业的社会责任行为如何发挥价值成为学术界高度关注的一个话题。在企业内部层面，跨国企业履行社会责任活动需要一个从母公司到子公司的转化过程。[⑤] 在外部环境层面，企业社会责任面临的制度环境由本国转向东道国。[⑥] 制度差异使企业在海外经营过程中面临“外来者劣势”，来自发展中国家的海外投资者同时还容易遭受“来源国劣势”，这些劣势很可能对国际化绩效产生负面影响。部分学者指出，从获取外部合法性、解决外

---

① R. K. Mitchell, B. R. Agle and D. J. Wood, “Toward a Theory of Stakeholder Identification and Salience: Defining the Principle of Who and What Really Counts”, *Academy of Management Review*, 1997, 22 (4), pp. 853 - 886.

② A. Hadjikhani, J. W. Lee and P. N. Ghauri, “Network of MNC’s Socio-political Behavior”, *Journal of Business Research*, 2008, 61, pp. 912 - 924.

③ G. Wood, V. Pereira, Y. Temouri and A. Wilkinson, “Exploring and Investigating Sustainable International Business Practices by MNEs in Emerging Markets”, *International Business Review*, 2021, 30 (5), p. 101899; F. Reimann, M. Ehrgott, L. Kaufmann and C. R. Carter, “Local Stakeholders and Local Legitimacy: MNEs’ Social Strategies in Emerging Economies”, *Journal of International Management*, 2012, 18 (1), pp. 1 - 17.

④ M. Demirbag, G. Wood, D. Makhmadshoev and O. Rymkevich, “Varieties of CSR: Institutions and Socially Responsible Behaviour”, *International Business Review*, 2017, 26 (6), pp. 1064 - 1074.

⑤ O. G. Gutierrez-Huerter, J. Moon, S. Gold and W. Chapple, “Micro-processes of Translation in the Transfer of Practices from MNE Headquarters to Foreign Subsidiaries: The Role of Subsidiary Translators”, *Journal of International Business Studies*, 2019, 51, pp. 389 - 413.

⑥ A. G. Scherer and G. Palazzo, “World: A Review of a New Perspective on CSR and Its Implications for the Firm, Governance, and Democracy”, *Journal of Management Studies*, 2011, 48 (4), pp. 899 - 931.

部信誉赤字角度入手，实施外部同构战略可以有效改善国际化绩效。[①] 而企业社会责任通常被视作获取合法性的一种工具或策略，以扩大企业市场竞争力，提高其财务绩效。[②] 然而，海外经营活动中的社会责任行为对绩效作用并不总是积极的。邓秀媛等以 239 起中资企业海外并购事件为样本，实证得出企业社会责任表现更好的企业在海外并购中并不占据优势，它们并购成功率更低，且需要花更长的时间完成并购活动。[③]

随着中国对非洲投资规模的迅速增长，在非中资企业的社会责任活动受到广泛关注。学者基于中国在非洲的投资与合作实践，认识到在非洲履行社会责任，应抓住劳工保护、社区救助、教育投资、环境治理，关注人权问题等，树立中国负责任的国家形象。众多研究从社会资本整合角度，阐述了中资企业在非洲履行社会责任的价值。如，林成华、张巧文认为企业可通过关注与当地利益相关者的合作，构建起企业外部社会关系网络，积累丰富的外部社会资本，从而利于企业在非洲的经营。[④] 再如，徐秀丽等研究表明，中资涉农企业在非的社会责任领域注重社区救助、教育投资等，这不仅有利于企业获取并整合当地社会资本，更有助于获取当地利益相关者的支持和信任。而加大对社会责任的投入可以增加这些资本的生产力，使之源源不断产生新资源。[⑤] 正如马吉斯（Magis）指出的，新资源如金融资本、环境资本和政治资本，作为纽带联系东道国与母国，对于企业和当地社区的可持续性都非常重要。企业发挥的社会责任价值在于，当地社区居民利用这些资源，创造属于他们自己的

① 魏江、王丁、刘洋：《来源国劣势与合法化战略——新兴经济企业跨国并购的案例研究》，《管理世界》2020 年第 3 期，第 101—120 页；陈立敏、刘静雅、张世蕾：《模仿同构对企业国际化—绩效关系的影响——基于制度理论正当性视角的实证研究》，《中国工业经济》2016 年第 9 期，第 127—143 页。

② M. Kim and J. Kim, "Corporate Social Responsibility, Employee Engagement, Well-being and the Task Performance of Frontline Employees", *Management Decision*, 2021, 59 (8), pp. 2040 – 2056.

③ 邓秀媛、傅超、傅代国：《企业社会责任对海外并购影响的实证研究》，《中国软科学》2018 年第 1 期，第 110—126 页。

④ 林成华、张巧文：《我国民营企业在非社会资本积累途径研究——基于企业社会责任视角》，《科技进步与对策》2012 年第 8 期，第 70—74 页。

⑤ 徐秀丽、李小云、齐顾波：《中国涉农企业在非履行 CSR 的三大特点》，《WTO 经济导刊》2014 年第 10 期，第 57—58 页。

生产生活。[①]

总体来说，中资企业在非洲履行社会责任除满足政府规制和道德标准外，可以作为重要战略决策，通过获取各利益相关者的有力支持、整合社会资本、利用持续性社会资源获取国际化绩效的提升。基于上述，本文提出如下假设。

H1：中资企业子公司在非洲履行社会责任对其国际化绩效的提升具有显著正向作用。

（三）制度距离的调节作用

一个国家或组织的有序活动需依靠制度约束。诺斯（North）指出，制度是一种人为设计的“游戏规则”，包括正式的法律法规和非正式的惯例和行为准则。[②] 国家间存在的这种制度环境的差异称为制度距离。埃斯特林（Estrin）等则根据制度理论，将制度距离二分为正式制度距离和非正式制度距离。正式制度距离指国家间在法律、规制条款上的差异；而非正式制度距离指国家之间的文化以及价值观差异。[③] 随着企业向海外扩张，它们会面临大小不一的监管压力，包括与企业社会责任合规性相关，如在环境和劳工实践方面的要求。[④] 这种正式制度压力对企业社会责任的创收绩效往往会产生影响。[⑤] 传统制度理论观点认为，制度环境直接影响企业的交易成本，进而决定了经济活动的风险和收益。较大的制度差异形成的天然壁垒，显然增加了跨国企业承担社会责任的风险和成本。[⑥] 然

---

① K. Magis, “Community Resilience: An Indicator of Social Sustainability”, *Society and Natural Resources* 2010, 23 (5), pp. 401 - 416.

② D. C. North, *Institutions, Institutional Change, and Economic Performance*, Cambridge University Press, 1990, pp. 151 - 155.

③ S. Estrin, D. Baghdasaryan and K. E. Meyer, “The Impact of Institutional and Human Resource Distance on International Entry Strategies”, *Journal of Management Studies*, 2009, 46 (7), pp. 1171 - 1196.

④ D. Matten and J. Moon, “ ‘Implicit’ and ‘Explicit’ CSR: A Conceptual Framework for a Comparative Understanding of Corporate Social Responsibility”, *Academy of Management Review*, 2008, 33 (2), pp. 404 - 424.

⑤ J. L. Campbell, “Why Would Corporations Behave in Socially Responsible Ways? An Institutional Theory of Corporate Social Responsibility”, *Academy of Management Review*, 2007, 32 (3), pp. 946 - 967.

⑥ 丁世豪、张纯威：《制度距离抑制了中国对“一带一路”沿线国家投资吗?》，《国际经贸探索》2019 年第 11 期，第 66—81 页。

而，多项研究发现制度距离带来的负面影响恰好被企业社会责任的正面效应所抵消，甚至在较大的制度距离背景下，企业社会责任对企业价值的提升效应更加显著。一方面，由于东道国的规制限制，企业进入初期面临许多不可控因素，这种“外来者劣势”随制度距离的增大而扩大。积极履行社会责任作为一种战略，可提高企业在当地可控程度，而且更容易被当地利益相关者接受和广为宣传，有助于进一步提升企业国际化绩效。[①] 另一方面，良好的企业社会责任可以作为重要的无形资产，通过提高外部声誉和合法性来帮助企业实现国际化。尤其，对于投资制度距离较大的东道国，履行社会责任已经成为应对外来者劣势和来源国劣势时常用的方法。同时，良好的社会表现可能会反馈为更好的财务表现。[②] 研究指出，发展中国家由于财政实力有限和公共服务稀缺，对企业社会责任的需求很高。[③] 因而，发达国家投资者在发展中国家的社会责任做法以及结果不同于在其制度邻近国家，社会责任实践创造的价值不论对当地还是对企业自身都更为积极而显著。[④]

大多非洲东道国政府治理能力较弱，社会法治化程度较低。加之非洲局势长期动荡，中资企业无疑面临着制度鸿沟与投资风险的双重障碍。但同时，中资企业承担社会责任的反馈机制也体现在两方面。一方面，企业社会责任表现较好的公司更有可能规避政治风险，企业社会责任绩效具有显著的积极“制度调节”效应。[⑤] 另一方面，社会责任具有弥合制度鸿沟的作用。苏杭在其研究中强调，提升中资企业在非洲的社会责任实践水平，可以增加与当地经济的关联度，如与非洲当地有实力的企业集团合作，间接获取东道国市场环境和商业规则的相关知识以及丰富资

① 张宇婷、唐美林、孙换：《考虑制度环境的企业社会责任与外来者劣势——基于模糊集的定性比较分析》，《重庆工商大学学报》（社会科学版）2020 年第 6 期，第 73—82 页。

② M. Orlitzky, F. Schmidt and S. Rynes, “Corporate Social and Financial Performance: A Meta-analysis”, *Organization Studies*, 2003, 24 (3), pp. 403 – 441.

③ C. Egri and D. Ralston, “Corporate Responsibility: A Review of International Management Research from 1998 to 2007”, *Journal of International Management*, 2008, 14 (4), pp. 319 – 339.

④ S. Zyglidopoulos , P. Williamson and P. Symeou, “The Corporate Social Performance of Developing Country Multinationals”, *Business Ethics Quarterly*, 2016, 26 (3), pp. 379 – 406.

⑤ A. Lg, B. Gy and Z. C. Rui, “Dual Liability and the Moderating Effect of Corporate Social Responsibility-Evidence from Belt & Road Investment of Chinese Firms”, *Emerging Markets Review*, 2021, 4, p. 100833.

源，从而推动中非新型战略伙伴关系框架下中非合作的可持续发展。①

综上，非洲国家自身对社会责任有较大需求，以及中资企业承担社会责任的积极能动作用，二者驱动中资企业在制度背景迥异下的非洲国家履行的社会责任，可能推动企业整体国际化绩效的显著提升。因此，本文提出如下假设：

H2：制度距离正向调节中资企业子公司在非洲社会责任与其国际化绩效的关系，即中国与非洲国家间制度距离越大，企业社会责任对国际化绩效的正面促进效应越强。

二 研究设计

（一）研究样本

根据《中国对外投资合作发展报告》和《中国企业投资非洲报告》，中国对非洲地区直接投资存量最集中的行业领域中，制造业位列前三且制造业企业的数量位列第一。近年来，非洲国家大力发展制造业，同时随着共建“一带一路”不断深入，中非产能合作进一步提质升级，2015 年提出中非工业化合作计划，2018 年提出产业促进行动计划，非洲正成为吸引中国制造业投资的沃土。因此，作为社会责任风险高发的领域，制造业被选取为本文的讨论范畴具有一定代表性。问卷共分为三个部分，包括企业基本情况、企业社会责任和企业国际化绩效，量表部分均采用李克特五点式计分法（非常不符合、不符合、不确定、符合、非常符合），其中 1 分为“非常不符合”，5 分为“非常符合”。在正式调研前，笔者邀请了 12 位 MBA 学员进行预调研，并根据反馈对问卷进行了调整。正式调研时间为 2019 年 10—12 月，主要通过走访各大国际商务展会、投资论坛等涉外活动，在明确受访企业以及受访者符合本研究要求的基础上，邀请受访者填写问卷。由于不少企业在非洲多个国家开展了直接投资，为确保信息的准确性以及问卷的质量，要求受访者在问卷填写时以参与的最近一次投资作为填写依据。本次调研共发放问卷 200 份，回收问

---

① 苏杭：《“巧”投资：中国对非洲直接投资的新思维》，《国际贸易》2014 年第 3 期，第 26—29 页。

卷147份，剔除无效问卷39份，共回收有效问卷108份。本文以这108个对非投资制造型企业为样本开展有关分析。企业投资区域主要分布在南非、尼日利亚、埃塞俄比亚、肯尼亚、安哥拉、喀麦隆、加纳、坦桑尼亚、津巴布韦、莫桑比克、赞比亚、刚果（布）、布隆迪、埃及等非洲国家，在非洲子公司成立年限集中在1—5年。

（二）变量测量

1. 解释变量：企业海外社会责任（*csr*）

关于企业社会责任的衡量，本文采用最常见的直接方式，即根据企业社会责任概念构建指标体系。赵（Zhao）等嵌入利益相关者理论，建立了由九个维度30个题项组成的企业社会责任指标框架，包括雇员、股东、客户、供应商和合作伙伴、政府和非政府机构、当地社区、竞争对手以及公益组织等九大利益相关方。[①] 基于不同情境和研究对象，企业社会责任指标框架不具有统一性。非洲本土企业社会责任自20世纪80年代受到启蒙后逐步得到发展，各国政府陆续颁布社会责任相关法律法规，社会责任国际标准ISO 26000在非洲各国逐渐转化为本土标准。根据相关机构和非洲本土企业披露的社会责任报告，殷格非分析得出，非洲企业社会责任议题主要集中在人权、教育、健康和社区公益项目等方面。[②] 以坦桑尼亚为例，韩振国等认为中国在非农业企业通过与当地工会积极合作，来改善劳资关系，减少罢工等突发事件；张晓颖、王小林发现坦桑尼亚民众对非政府组织开展的社区发展项目认可度极高等。[③] 另外，安春英通过分析赞比亚当地的企业社会责任实践，认为遵守当地政府法律、与当地原住民沟通协商、提高当地社区医疗和教育水平、保障企业员工权益，以及对当地供应商诚实守信是赞比亚当地利益相关的企业社会责

① Z. Y. Zhao, X. J. Zhao, K. Davidson and Z. Jian, "A Corporate Social Responsibility Indicator System for Construction Enterprises", *Journal of Cleaner Production*, 2012, 29 (30), pp. 277 - 289.

② 殷格非：《非洲企业社会责任发展历程和特点》，《WTO经济导刊》2016年第11期，第17—26页。

③ 韩振国、刘靖、王伊欢：《社会责任与在非中国农业企业本土化策略分析——对坦桑尼亚某中资农场的工商人类学研究》，《青海民族研究》2017年第3期，第108—112页；张晓颖、王小林：《坦桑尼亚中资企业履行企业社会责任评估》，《国际展望》2016年第2期，第113—131、156—157页。

任关切点。[①] 可以看出，非洲的企业对于劳工保护（包括员工福利与技能提升等）、社区公益、商业诚信等社会责任给予了更多重视。

基于全球社会责任共识内容及非洲实际，本文以赵（Zhao）等设计的量表为基础，选择从当地雇员（*emp*）、政府（*gov*）、客户（*cus*）、商业伙伴（*par*）和社区（*com*）五类利益相关者出发，设计14个题项来度量中资企业在非履行社会责任情况，包括聘用员工有无歧视、产品与服务的安全与质量保障、是否遵守东道国相关法规、是否在当地实施社区公益项目、在当地同业商业伙伴中的信誉水平，等等。

2. 被解释变量：企业国际化绩效（*per*）

企业国际化绩效主要指企业开展海外业务取得的成绩。目前，企业国际化绩效评价方式尚未统一。但由于数据可得性的问题，很多学者逐渐使用结构化的指标，尝试使用量表来主观性评价企业国际化绩效。[②] 大多采用对公司的财务指标、成长绩效二者的满意程度进行评价衡量。如企业海外市场投资回报率、海外销售额增长。[③] 黄中伟、游锡火指出，采用主观评价测度可以避免因公司规模或行业导致带来的财务绩效指标差异。[④] 结合黄中伟、游锡火和周立新、靳丽遥的做法，本文采用海外销售收入、海外销售利润增长率、投资回报率和海外市场份额四个方面的主观满意程度，作为衡量企业国际化绩效的指标。

3. 调节变量：制度距离（*INS*）

制度距离定义为两个国家在规则、规范和认知等层面的相似程度或差异程度。要测量制度距离，首先需要对每个国家的制度质量进行衡量。目前，学术界在衡量制度质量上有多种指标体系，使用最为广泛的为世

---

① 安春英：《中国在非企业社会责任案例研究——以赞中经贸合作区为例》，《亚非纵横》2014年第2期，第92—100页。

② 李卫宁、邹俐爱：《天生国际企业创业导向与国际绩效的关系研究》，《管理学报》2010年第6期，第819—824页；M. F. Ahammad, S. Basu, S. Munjal, J. Clegg and O. B. Shoham, "Strategic Agility, Environmental Uncertainties and International Performance: The Perspective of Indian Firms", *Journal of World Business*, 2021, 56 (4), p. 101218。

③ 周立新、靳丽遥：《家族企业网络强度、国际市场知识与国际化绩效——基于"一带一路"沿线省份家族企业的实证分析》，《华东经济管理》2019年第2期，第141—147页；汪涛、陆雨心、金珞欣：《动态能力视角下组织结构有机性对逆向国际化绩效的影响研究》，《管理学报》2018年第2期，第174—182页。

④ 黄中伟、游锡火：《社会网络、组织合法与中国企业国际化绩效——来自122家中国企业海外子公司的实证》，《经济管理》2010年第8期，第38—48页。

界银行开发的全球治理指数（Worldwide Governance Indicators，WGI）。① WGI 包括六个维度，即话语权和问责制、政治稳定和无暴力程度、政府效能、监管质量、法治水平和腐败控制。本文根据科格特（Kogut）和辛格（Singh）② 开发的计算方法，计算中国与非洲东道国之间的制度距离，公式如下。

$$INS = \frac{1}{6}\sum_{i=1}^{6} (I_{ij} - I_{ic})^2 / V_i \tag{1}$$

其中，INS 为非洲东道国 j 与中国的制度距离，I_{ij} 和 I_{ic} 分别是 j 国与中国在第 i 个制度维度上的得分，V_i 为所有样本国家在第 i 个制度维度上分数的方差。

4. 控制变量

参照已有研究，③ 本文选取中资跨国企业在非洲子公司规模（*size*）、投资年限（*year*）、进入模式（*mod*）作为控制变量。其中，子公司规模由雇员人数的自然对数项表示；投资年限取子公司在当地经营年限的自然对数项；进入模式分为合资进入以及独资进入，分别用 0 和 1 表示。

（三）信度与效度检验

本文运用方差最大正交旋转的主成分分析法对量表进行效度检验。在结构效度方面，本文对样本进行 KMO 检验以及 Bartlett 检验来验证判断变量是否可以进行因子分析。由表 1 可得，企业社会责任、国际化绩效的 KMO 值都远大于 0.5，且 Sig. 为 0.000，说明上述维度适合做因子分析。在收敛效度方面，根据表 2 可得，各维度的测量题项的因子载荷均

---

① D. Kaufmann, A. Kraay and M. Mastruzzi, "The Worldwide Governance Indicators: Methodology and Analytical Issues", *Hague Journal on the Rule of Law*, 2011, 3 (2), pp. 220 – 246.

② B. Kogut and H. Singh, "The Effect of National Culture on the Choice of Entry Mode", *Journal of International Business Studies*, 1988, 19 (2), pp. 411 – 432.

③ N. Hashai, C. G. Asmussen, G. G Benito and B. Petersen, "Technological Knowledge Intensity and Entry Mode Diversity", *Management International Review*, 2010, 50, pp. 659 – 681; S. Banerjee and S. Venaik, "The Effect of Corporate Political Activity on MNC Subsidiary Legitimacy: An Institutional Perspective", *Management International Review*, 2018, 58, pp. 813 – 844; S. J. Ko, "The Differing Foreign Entry Mode Choices for Sales and Production Subsidiaries of Multinational Corporations in the Manufacturing Industry", *Sustainability*, 2019, 11, p. 4089.

大于 0.7 的标准值，AVE 均大于 0.5 的标准值，说明了测量量表具有较好的收敛效度。

表 1　各维度 KMO 和 Bartlett 检验结果

<table>
<tr><th colspan="2"></th><th>企业社会责任（csr）</th><th>国际化绩效（per）</th></tr>
<tr><td colspan="2">取样足够度的 KMO 度量</td><td>0.753</td><td>0.795</td></tr>
<tr><td rowspan="3">Bartlett 检验</td><td>近似卡方</td><td>629.338</td><td>147.004</td></tr>
<tr><td>df</td><td>91</td><td>6</td></tr>
<tr><td>Sig.</td><td>0.000</td><td>0.000</td></tr>
</table>

本文采用 Cronbach's Alpha 系数以及组合信度（CR）对问卷进行信度分析。如表 2 所示，各变量的维度量表的 Cronbach's Alpha 都大于或接近 0.7，组合信度 CR 值均大于 0.8，说明量表具有较高的信度。

表 2　量表的信度和效度

<table>
<tr><th colspan="2">变量</th><th>题项</th><th>因子载荷</th><th>Cronbach's Alpha</th><th>CR</th><th>AVE</th></tr>
<tr><td rowspan="10">csr</td><td rowspan="5">emp</td><td>在招聘和晋升过程中，我们没有歧视当地员工的现象</td><td>0.870</td><td rowspan="5">0.896</td><td rowspan="5">0.906</td><td rowspan="5">0.708</td></tr>
<tr><td>我们十分注重当地员工生活和工作的平衡</td><td>0.868</td></tr>
<tr><td>我们努力改善员工工作环境</td><td>0.835</td></tr>
<tr><td>我们为当地员工提供同行业具有竞争力的薪酬福利</td><td>0.790</td></tr>
<tr><td>我们支持和鼓励当地员工获得更好的教育和培训</td><td>0.752</td></tr>
<tr><td rowspan="3">cus</td><td>我们的产品或服务的安全与质量水平在同行业处于领先地位</td><td>0.866</td><td rowspan="3">0.809</td><td rowspan="3">0.862</td><td rowspan="3">0.675</td></tr>
<tr><td>我们能迅速对客户提出的要求做出反应，令客户满意</td><td>0.831</td></tr>
<tr><td>我们对客户信息实行严格的保密</td><td>0.765</td></tr>
<tr><td rowspan="2">gov</td><td>我们在东道国遵守当地相关法规</td><td>0.962</td><td rowspan="2">0.826</td><td rowspan="2">0.908</td><td rowspan="2">0.832</td></tr>
<tr><td>我们从未因违法而受到当地的行政处罚或司法诉讼</td><td>0.859</td></tr>
</table>

续表

<table>
<tr><th colspan="2">变量</th><th>题项</th><th>因子载荷</th><th>Cronbach's Alpha</th><th>CR</th><th>AVE</th></tr>
<tr><td rowspan="4">csr</td><td rowspan="2">com</td><td>我们积极参与慈善公益事业</td><td>0.860</td><td rowspan="2">0.705</td><td rowspan="2">0.848</td><td rowspan="2">0.736</td></tr>
<tr><td>我们能够为当地提供稳定的就业</td><td>0.856</td></tr>
<tr><td rowspan="2">par</td><td>我们在债权人或当地商业伙伴中拥有良好的信用</td><td>0.914</td><td rowspan="2">0.672</td><td rowspan="2">0.820</td><td rowspan="2">0.697</td></tr>
<tr><td>我们能够完全履行与当地商业伙伴之间的合同</td><td>0.748</td></tr>
<tr><td colspan="2" rowspan="4">per</td><td>我们对投资回报率非常满意</td><td>0.821</td><td rowspan="4">0.752</td><td rowspan="4">0.884</td><td rowspan="4">0.657</td></tr>
<tr><td>我们对海外市场份额非常满意</td><td>0.813</td></tr>
<tr><td>我们对海外销售收入非常满意</td><td>0.809</td></tr>
<tr><td>我们对海外销售利润增长率非常满意</td><td>0.798</td></tr>
</table>

问卷调查采用匿名方式进行，在一定程度上减少了部分社会期许效应。但由于调研问卷的信息由同一受访者提供，因此分析结果可能仍会存在同源方差的影响。本文一方面采用不同来源的数据，即社会责任和国际化绩效来自问卷调查，制度距离来自世界银行 WGI 数据库；另一方面采用 Harman 的单因素检验方法，将所有测量问项进行探索因子分析，分析结果表明，所提取的第一个因子累计解释方差小于 50% 的门槛值。因此，本文不存在潜在的同源方差问题。

三 实证分析与结果

（一）相关性分析

本文相关性分析结果如表 3 所示。结果显示企业海外社会责任履行与国际化绩效提升显著正相关（$r = 0.315$，$p < 0.001$）。因变量和控制变量之间没有显著的相关性，在一定程度上说明了不存在显著的共线性问题。同时，中国与非洲国家的制度差距与国际化绩效不显著相关，说明了该制度距离变量符合理想调节变量的条件。

表3 相关性分析结果

	1	2	3	4	5	6
1. *size*	1.000					
2. *year*	0.117	1.000				
3. *mod*	-0.045	0.106	1.000			
4. *csr*	-0.147	0.050	-0.166	1.000		
5. *ins*	0.068	-0.195*	0.019	0.082	1.000	
6. *per*	-0.043	0.196*	-0.199**	0.315***	-0.004	1.000

N=108，*、**和***分别表示 $p<0.1$，$p<0.05$ 和 $p<0.01$。

（二）假设检验与讨论

根据研究假设，本文运用“Bootstrap”对整体模型进行检验，分析结果见表4。

表4 回归分析结果

	Coefficient	SE	t	LLCI	ULCI
csr	0.583***	0.215	2.712	0.156	1.010
ins	0.158	0.095	1.661	-0.031	0.347
csr * *ins*	0.569**	0.243	2.345	0.087	1.050
size	-0.097	0.090	-1.080	-0.276	0.082
year	0.278***	0.104	2.691	0.073	0.484
mod	-0.336***	0.089	-3.779	-0.513	-0.159
常数项	0.103	0.087	1.178	-0.071	0.275
R^2（%）	0.356				
F	5.001				
N	108				

N=108，*，**和***分别表示 $p<0.1$，$p<0.05$ 和 $p<0.01$。

对于企业社会责任履行对国际化绩效的直接效应，由表4可知，在考虑控制变量的基础上，在非投资企业的社会责任履行对国际化绩效具有显著正向影响（$\beta=0.583$，$p<0.001$），95%置信区间为［0.156，1.010］，不包含0，假设H1得到数据支持。由此可得，企业社会责任的履行有助于在非洲开展直接投资的制造型企业获取合法性，且具备合法

性的企业更可能取得理想的国际化绩效。

对于制度距离的调节效应，首先对分析用变量进行去中心化，然后构建企业社会责任与制度距离的交互项；结果表明，企业社会责任与制度距离的交互项对国际化绩效提升具有显著正向影响（$\beta = 0.569$，$p < 0.05$），95%置信区间为［0.087，1.050］，不包含0。由此可得，在对非直接投资过程中，制度距离强化了企业社会责任对国际化绩效的正向效应，假设H2得到数据支持。中国与非洲东道国之间制度的差异对中资企业海外社会责任实践提出了不同要求，照搬国内的社会责任逻辑不一定符合非洲利益相关者的关切，但在那些与中国制度差距大、治理体系不健全的非洲国家，由于社会责任相关制度法规的不健全，反而为合法性获取提供了更大的可能，从而推动了国际化绩效的发展。但同时必须认识到，随着中国在非企业社会责任联盟等系列举措的推行以及对非投资社会责任风险频发带来的经验教训，越来越多的中资企业有意识地加大对社会责任的关注，以克服外来者劣势，弥补制度距离带来的负面影响。因此在制度距离越大的非洲国家，社会责任履行带来的正向效应越显著。

为了进一步了解制度距离在企业社会责任履行和国际化绩效的调节效应的型态，参考艾肯（Aiken）和韦斯持（West）的做法，本文分别取制度距离加减一个标准差的值代入模型，绘制了简单斜率图（见图1）。从图1可得，与低制度距离相比，在较大的制度距离情境下，社会责任履行与国际化绩效之间的正向关联性较强（简单斜率为1.153，$p < 0.01$）；相比较而言，在低制度距离条件下，社会责任履行和国际化绩效之间的正向关联性较弱（简单斜率为0.014，p = n. s.），因此假设H2得到进一步支持。

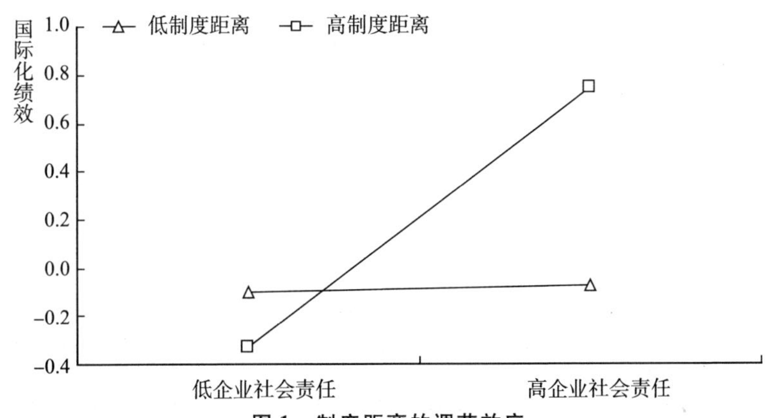

图1　制度距离的调节效应

同时，通过表 4 可得，在非洲东道国投资的年限（*year*）以及进入模式（*mod*）在不同程度上对企业国际化绩效有显著影响，而子公司的投资规模（*size*）与企业国际化绩效呈负相关，但这一关系并不显著。具体而言，投资年限的增长有助于中资企业积累当地的知识以加强对当地法律法规、文化习惯等的了解。[①] 以合资模式进入的中资企业可以利用非洲当地合作伙伴所拥有的当地资源和网络，与自带资源形成嫁接，开拓新市场，不仅有利于企业自身发展，而且更容易被非洲东道国所接受。[②]

结论与启示

在“一带一路”倡议和中非合作论坛机制框架推动下，越来越多的中资企业“走出去”扎根非洲。为探究企业社会责任履行的效益推动情况，本文对 108 家中资对非投资的制造型企业开展问卷调查，研究结果表明中资企业在非洲履行社会责任能有效地提升其国际化绩效，同时中国与非洲东道国间的制度距离能够强化这种作用。研究还发现以合资方式进入非洲东道国，经营年限越长越有助于取得满意的绩效。鉴于众多中资企业（特别是民营企业）尚未建立完善的海外社会责任体系，缺乏战略性思维和方式方法，社会责任风险应对能力不足，以及社会责任履行结果事倍功半等问题，本文结合研究结论提出如下几点建议。

第一，中资企业应全面深入分析非洲东道国营商环境，预设投资过程中可能遇到的社会责任风险，及时寻求投资顾问或专业中介机构的支持和帮助。非洲注重社会层面的责任实践，慈善与社区帮扶是非洲企业社会责任的重要关注点。中资企业因此在面对非洲市场时需要更多地关注社会效益，明确关键利益相关者，在合规经营的同时进一步提升利益相关者赋予的合法性水平。

第二，中资企业应在开展投资活动时充分考虑东道国制度环境，重视制度距离所带来的社会责任势能，特别是在一些与中国制度差异大的

① Q. Zheng, Y. Luo and V. Maksimov, “Achieving Legitimacy through Corporate Social Responsibility: The Case of Emerging Economy Firms”, *Journal of World Business*, 2015, 50 (3), pp. 389 – 403.

② T. J. Chen, “Liability of Foreignness and Entry Mode Choice: Taiwanese Firms in Europe”, *Journal of Business Research*, 2006, 59, pp. 288 – 294.

非洲国家，合理设计符合当地需求的社会责任活动，减少外来者劣势带来的负面效应。同时视社会责任投入为一种长期投资，实现跨国企业内外部环境相协调以及其海外子公司的可持续经营，从而促进国际化绩效提升。

第三，中资跨国企业应合理选择东道国进入模式，以合资方式进入非洲有助于借助非洲东道国当地合作伙伴更全面了解当地的政治经济、法律法规、产业政策、贸易投资政策、文化习俗等信息，以及搭建本地社会网络来获取当地商务信息和必要的资源。同时，企业应不断开展组织学习，积累海外知识，从而优化提升企业的产品或服务，强化当地利益相关者的关系网络，推动企业可持续发展、高质量发展。

【责任编辑】李雪冬

书　评

非洲研究　2022 年第 2 卷（总第 19 卷）
第 217—220 页

运用唯物史观来认识非洲非殖民化

——《战后英国英属撒哈拉以南非洲政策研究（1945—1980）》述评

甄小东*

研究第二次世界大战结束后非洲非殖民化问题具有双重意义。其一，有利于更好地理解世界现代史。发生在 20 世纪下半叶的非殖民化是世界现代史上的重大进程。英帝国作为现代世界最大的殖民帝国，它的历史是世界现代史的重要组成部分，研究其在最后的大陆级殖民地域即非洲的瓦解，可以管窥世界非殖民化进程，进而更好地理解现代世界历史。其二，英帝国曾在撒哈拉以南非洲占据了众多人口稠密地区，南非、尼日利亚和肯尼亚等地区大国至今仍受殖民经历的影响，研读非殖民化时期的历史有助于更好地理解非洲现代史。

杭聪新著《战后英国英属撒哈拉以南非洲政策研究（1945—1980）》（中国社会科学出版社，2021）聚焦于第二次世界大战后的撒哈拉以南非洲，但所涉地区不限于非洲、所研时段不限于战后，其以撒哈拉以南非洲经济、社会变化为切入点，以大量档案文献资料为基础，在充分借鉴既有研究成果的基础上，分析英国历届政府对非政策的异同以及不同地区在宪制改革模式、经济开发模式、社会管控模式等方面的差异，并尝

* 甄小东，中国石油大学（北京）马克思主义学院讲师。

试将之同资本主义世界体系变迁联系起来加以考察。

该书具有两大特点。

第一，坚持和应用唯物史观阐述历史进程。

首先，该书坚持唯物史观关于殖民主义的理论。该书前言中开宗明义，强调该书受马克思“双重使命论”和列宁“帝国主义论”的指导，并在分析中综合运用马克思主义“阶级分析法”和“社会合力论”，分析宗主国和殖民地各种力量在具体问题上的不同态度以及如何形成历史合力。

其次，在坚持唯物史观的前提下，该书尝试进行理论探索。作者提出自 15 世纪经济全球化发端的南北矛盾成为连接世界历史纵向和横向发展的关键一环，南北方力量对比的不断变化昭示着世界横向联系的发展方向，反过来又影响着世界历史纵向发展的步伐。非殖民化是在特定时空背景下横向发展影响纵向发展的一个例证。阶级矛盾驱动南北矛盾的激化，从而成为非殖民化的动力来源。

最后，该书认为非殖民化是新老殖民主义交替的进程，同资本主义的发展阶段相联系。第二次世界大战后，殖民宗主国不甘失败，开启了新殖民主义时代，这是帝国主义的最后阶段。如同原有殖民主义一样，新殖民主义形成了一个体系。新殖民主义控制体系扭曲全球化、阻碍非洲工业化发展主要表现为：新殖民主义延续了殖民主义扭曲市场关系的国际秩序；殖民时期形成的以农矿业单一产品出口为主的产业结构继续得以维系；大陆内部彼此隔绝的贸易方式得以延续；以西方国家金融市场为中心的资金流通方式仍然存在；非洲工业化进程不仅受挫于上述条件，更由于国有经济被扼杀而陷入困顿；进入新殖民时期后，一方面非洲发展需要引入大量外部技术人员，以满足以工业为代表的产业发展需求，另一方面非洲本土人员大量流失海外。要结束以上种种状况，唯有终结造成全球南北矛盾的资本主义制度。

第二，以实证方式系统考察英国政策，批驳错误观点。

通过对英国档案材料的分析，该书简明而系统地考察了英国的非殖民化政策。

首先，厘清英国政府制定非殖民化政策的逻辑起点。作者认为英国政策制定基于四个维度：国际压力、殖民地动员、资本主义经济需求和英国军政因素。在这一框架下，作者通过梳理国内外研究成果，概括出英国政府总体的非殖民政策，分析了英帝国瓦解的原因。作者在书中提出的很多观点值得关注，例如作者认为英国政府决策中经济考虑是基本依据，政治或防务考虑起到加速或延缓政策实施时间和具体决定政策实施方式的作用。作者还强调，英国政府的决策是在国际压力、殖民地压力和国内压力的逼迫下制定的，三种压力在不同地区和时间段发挥的作用大小不一。

其次，该书强调英国殖民撤退的被动性。英国从殖民地的撤退是被迫的，无论是工党政府还是随后上台的保守党政府都竭力保有剩余的殖民地。第二次世界大战结束后，英国政府加强了对非洲的开发，试图建立以非洲大陆为核心的新帝国。然而，由于殖民地民众的反抗和国际形势的变化，英国政府对撒哈拉以南非洲的宏观帝国政策不断调整，经历了从“固守”为主，到“固守”和“撤退”结合，再到以“撤退”为主三个阶段。

再次，侧重以经济和社会变化为切入点思考殖民统治的终结。作者从政治、军事、经济、社会四个维度阐述英国对撒哈拉以南非洲的非殖民政策，其中从经济与社会角度阐述非殖民化政策是该书的一大特色。作者认为：在整个非殖民化过程中，英国政府都在实行干预措施，尽可能地保留英国的经济利益。英国政府并没有主动放弃英镑区和英联邦特惠制，作为帝国经济支柱的西方公司和白人移民受到英国政府保护，提供援助更是英国政府维持依附性经济结构的重要手段。第二次世界大战之后，英国社会政策如工会和教育政策的目标都是培养新的“合作者”，实质是遏制新生的社会力量，结果事与愿违。教育计划和工会政策体现出，战后英国的策略是改良对殖民地的政治控制和经济剥削方式。

最后，驳斥了西方流行的荒谬观点，如“文明使命完成说”“殖民互利说”等。“文明使命完成说”认为，英帝国解体是英国完成“文明传播使命”之后，“自愿放弃”帝国的行为。该书作者从权力转移的非计划性、殖民统治具有虚伪性和严重破坏殖民地文明进程三个角度批驳了上述观点。“殖民互利说”认为，英国的殖民统治推动了以印度为代表的亚非国家历史的发展，帝国内部宗主国同殖民地之间存在经济互相依存的关系。作者从殖民统治给非洲带来恶果、阻碍良性经济全球化、具有剥削性和阻碍性等角度批驳了“殖民互利说”。

无可否认，该书也存在一些欠缺之处，尤其是对于非洲社会与殖民政权的互动关系挖掘得不够。尽管该书已经创新性地从这方面进行了观察和分析，但与全书整体篇幅相比，这方面分析还较为薄弱，仍然可以进一步深化。现实意义也可再挖掘。但瑕不掩瑜，该书秉持马克思主义唯物史观，运用大量一手档案材料，在世界历史发展的进程中探讨 1945—1980 年英国在撒哈拉沙漠以南非洲的非殖民化政策，并分析不同阶段政策的特征及其影响因素，进而旗帜鲜明地驳斥了英美学界流行的错误观念。因此，该书值得推荐给广大的专业研究者和对此段历史感兴趣的学生。

Contents

Abstract: Civil-military relations is a classic proposition in political science. Concordance theory is a key issue in this proposition. Concordance theory focuses on examining dialogues, compromises and common values among the military, the political elites and the citizenry, and considers that three partners should embrace a cooperative relationship in order to avoid military intervention. In the case of Algeria, the failure of interaction and cooperation among the military, the political elites and the citizenry are the main reason for the military interventions in the country. Concordance theory effectively explains the logic behind the escalating civil-military relations in Algeria. In the future, under the unified leadership of the popular government (or the civil government), the military remains moderate independence and limited intervention capacity, which will still be the normal state of civil-military game in Algeria.

Keywords: Concordance Theory; Algeria; Civil-Military Relations; Military; Government

Abstract: Britain's development assistance to Rwanda is regarded by both sides as a successful case and is set as a model of international aid. The Department for International Development of UK described the Rwanda scheme as a "model", an "attempt" and an "innovation", which has "pioneering" and "ground-breaking" significance. UK has changed the way of assistance from project aid to budget support, which is a "transformational prototype". The most symbolic effect of British development assistance to Rwanda is that Rwanda joined the Commonwealth in 2009. The Rwandan government also added English as the main official language. In the basic education curriculum system, both English and Kinyarwanda are used as the basic teaching languages of primary and secondary schools. English gradually replaced French as the common teaching language in Rwanda. This has expanded Britain's influence on Africa from traditional Commonwealth countries to other African countries.

Keywords: UK; Rwanda; Development Assistance; Aid Strategy

The Analysis on the Application of East African Community Law among Member States

Wang Ting / 38

Abstract: The effectiveness of economic integration depends largely on the manner and extent to which community law regulating economic integration relations is accepted and implemented in member states. Ensuring the effective implementation of Community law in member states is one of the legal challenges faced by African regional economic organizations in achieving their economic integration agendas. As a legal system to adjust the internal and external relations of the EAC, the implementation effect of it in the member states is not successful, mainly because of the absence of provisions in the legal text to identify the supremacy, direct applicability and direct effectiveness of the EAC law. In practice, African member states assert that constitutionalism is above the EAC law, which leads to inconsistency and ineffectiveness in the application of it. This is not conducive to the creation of a stable and equitable framework for a regional community legal system that promotes economic and trade growth.

Keywords: EAC Law; Legal Application; Legal Challenges; Economic Integration

New Features of African Industrial Development: Performance, Causes and Trends

Liang Yijian / 57

Abstract: After 2000, many African countries restarted the industrialization process, achieving rapid growth of industrial added value and showing some new features, such as no longer relying too much on the guidance of Western development theories, promoting the construction of industrial parks through large-scale infrastructure, using new technologies to upgrade traditional industries and developing emerging industries and actively learning from the successful experiences of emerging industrial countries. The reasons for the emergence of these new features mainly include the long-term negative impacts of Western development theories on African industry, the rise of emerging economies bringing new opportunities to Africa, the wide application of new technologies in Africa, and the serious impacts of global climate change and ecological and environmental problems on Africa. In the 21st century, Africa is facing the "Double Windows" development opportunities of the demographic dividend "opportunity window" and the technological revolution "opportunity window". African industry will continue to expand the scale of labor-intensive industries, catch up with the fourth industrial revolution to achieve leapfrog development, promote the construction of "Digital Africa" and "Innovative Africa", promote the synergy of industrial growth and green development, and strive to achieve the goal of inclusive and sustainable industrial development.

Keywords: African Industrialization; Green Development; Leapfrog Development

The Historical Background, Main Driver and Challenges of the Monetary Policy Reform of ECOWAS

You Tao, *Wang Zhan* / 74

Abstract: From the colonial period, the support and control in the early post-independence period, to the development and checks and balances during the Cold War, from the forced devaluation of the CFA franc to the announcement of the renaming of the West African CFA franc to the ECO, the changes in Economic Community of West African States (ECOWAS) monetary policy have continued to evolve. France's monetary policy towards the ECOWAS has made various adaptive adjustments based on changes in the situation. The internal logic of the currency reform in West Africa is that the French speaking countries intend to master their own country's independence, sovereignty and development rights, and get rid of the French control of the West African countries' economy. However, there are still many challenges or uncertainties in the currency reform of West African CFA franc and ECOWAS. The influence of France on the reform of West African franc may be transferred to the new currency mechanism in a more secret way, resulting in a discount on the currency reform of West Africa. Prospects for currency change in West Africa will be difficult and uncertain.

Keywords: ECOWAS; West African CFA franc; Monetary Policy Reform

Collective Land or Private Land? The Evolutionof Land Tenure System and the Choice of the Reform Path in Ghana

Feng Lida, *Yang Chongsheng* / 92

Abstract: The pendulum of Ghana's land system has swung between the promotion of private property rights and the protection of customary land since the establishment of British colonial rule in the late 19th century. In the early days of colonial rule, the colonial government implemented a policy of privatization of land, and turned to seek to maintain the customary land system after being resisted. After independence, Ghana experienced a brief period of land nationalization, and in the late 1960s, the customary land system under the control of the Chiefs was quickly restored, and eventually, marked by the 1992 constitution, Ghana developed a reform programme based on the customary land system to promote the registration of property rights of land users. This change shows that the evolution of land system is a multi-threaded historical event, which on the one hand reflects the historical dynamics of globalization and the form of international division of production organization, on the other hand, it is also influenced by the interaction between different social strata in Ghana. The government makes policy choices after combining domestic and international pressure and balancing many factors.

Keywords: Ghana; Land Tenure System; Property Right; Chieftaincy

On African Union's Science, Technology Education and Innovation Policy: Based on the Analysis of Policy Texts

Zhang Yanjun, Jiang Huibei, Zhou Yu, Lao Jinghua and Shen Yan / 115

Abstract: In order to cope with challenges and improve competitiveness, countries around the world are focusing more on advancing science and technology education and innovation. In recent years, the African Union has issued and implemented many important strategies such as "Agenda 2063: the Africa We Want", "Science, Technology and Innovation Strategy for Africa 2024, STISA-2024", "Continental Education Strategy for Africa, 2016 – 2025" and "Continental Strategy for Technical and Vocational Educational and Training", putting forward clear missions and objectives of science, technology and education innovation, and has constantly taken relevant measures. The characteristics and trends of African Union's strategies on science and technology education and innovation are as follows. Paying attention to the close combination of scientific and technological innovation and education and training, emphasizing the simultaneous development of financial investment and system reform, focusing on resource integration, and encouraging women and girls to participate in science, technology and education. These policies not only provided institutional support for the innovation and development of science and technology and education in Africa, but also offered new ideas and methods for China-Africa cooperation in science and education.

Keywords: African Union; Technological and Educational Innovation; Policy Teots

French-language Drama in Sub-Saharan Africa: Origins, Development and Trends

Liu Tiannan / 133

Abstract: Drama is the earliest French literary genre in sub-Saharan Africa. The development of French drama in sub-Saharan Africa has been tortuous. From the perspective of artistic techniques of drama creation, it began by imitating Western classical drama, developing into early popular folk drama, then into Westernized drama and local drama. During the 1990s, it developed into contemporary drama. The creative techniques of French drama in sub-Saharan Africa are full of diversity. While Westernized drama is based on traditional western drama techniques, local drama is an innovative product of traditional African aesthetics which modernize African drama. Few attempts of such drama have succeeded. However, contemporary African drama did get rid of the shackles of "Africa" as the main source of its creation, and integrated more other comprehensive elements for creation. As a result of this, the language of contemporary drama is more poetic, there is more emphasis on the aesthetic functions, and the content embodies humanism as well as the themes of identity and violence.

Keywords: Sub-Saharan Africa; French-language Drama; African Drama

Analysis of South Africa High School Geography Curriculum Mapping Based on OECD "Learning Framework 2030"

Zhang Jianzhen, Li Xinyao and Ge Jiahao / 148

Abstract: In order to understand how geography content themes and competencies based on the OECD Learning Framework 2030 are reflected in the South African high school geography curriculum, this study adopted the method of qualitative text analysis to develop a curriculum map of South African high school geography, analyzing three dimensions: the overall alignment of the South African high school geography curriculum standards with the OECD goals, the level of embodiment of the competencies by content themes, and the development of each competency literacy. The study found that the South African geography curriculum focuses on practical skills and human rights equality; it meets the needs of society and advocates critical learning. However, in the South African geography curriculum, the concept of human-land harmony needs to be deepened and the ethics of geography is not reflected enough; interdisciplinary skills need to be improved and adaptability to unknown challenges needs to be enhanced. In response to the defects of the South African high school geography curriculum, this paper proposes to strengthen the concept of human-land harmony and give full play to the nurturing value of the geography curriculum; to promote the development of students'transformative competencies, pointing to a better future of African; to impart "powerful knowledge" and focus on interdisciplinary thematic learning; to enrich the geography teaching mode and to develop outdoor education practice courses.

Keywords: South African High School Geography Curriculum; Geography Curriculum Standards; OECD "Learning Framework 2030"; Curriculum Mapping

China-Africa Community with A Shared Future in the New Era: Building Logic, Meaning of Value and the Key Path

Abstract: China-Africa community with a shared future is a bilateral relations strategic ideas and specific goals and objectives in the new era. It embodies the important connotation of China and Africa in refreshing and gathering energy, enhancing trust, deepening cooperation and innovative development, which can provide an effective "prescription" for solving the dilemma of global governance and establishing a new international order, as well as make the relation between China and Africa closer from the aspect of regional development and governance. It has provided important support for China and Africa to work together for win-win future development and set an example of a community with a shared future for mankind. To build an even closer China-Africa community with a shared future. We should promote from the five aspects of "concept first, development based, people's livelihood oriented, safety priority and ecological continuation". In particular, we should focus on building a community of shared interests and development between China and Africa, consolidating the foundation for extensive consultation, joint construction and shared development, strengthening the relationship of mutual benefit and mutual assistance in China-Africa cooperation, and thus to creatively push China-Africa relations to a new level in the new era.

Keywords: New Era; China-Africa Community with a Shared Future; Building Logic; Meaning of Value; Key Path

The Gradual Influence of Chinese Railway Entering Africa on FDI of Countries along the Route

Jin Shuiying, Zhou Fengkai and Gu Xiaoxu / 179

Abstract: In recent years, with the assistance of railway "going out" and the implementation of "the Belt and Road" initiative, China's railway industry has entered Africa, promoting the construction and development of Africa. Based on the panel data of 22 African countries from 1998 to 2018, this paper adopts the Difference-in-Differences Model to empirically analyze the impact of China's railway "entering Africa" on foreign direct investment (FDI) of African countries along the route. The research results show that the introduction of Chinese railway into Africa has a significant gradual impact on the FDI of countries along the route. In the stage of railway contract, construction and opening in Africa, the influence of railway on FDI of countries along the route is increasing. In addition, both household consumption level and urbanization level are important factors to promote the FDI of the countries along the route, while industrial structure has a significantly negative influence on FDI of countries along the route.

Keywords: "The Belt and Road"; China's Railway; Foreign Direct Investment; Difference-in-Differences Model

Abstract: Under the framework of "the Belt and Road" initiative and the "Forum on China-Africa Cooperation" mechanism, more and more Chinese enterprises are "going out" and their footprints are found around Africa. However, Chinese investors currently often neglect to include social responsibility risks in their investment decision making while paying more attention to the traditional risks of African countries, which leads to the lack of legitimacy as well as investment projects getting troubled. As an important way to obtain legitimacy, corporate social responsibility provides the possibility for enterprises to improve their international performance. This paper takes 108 Chinese manufacturing multinational companies that have investment projects in Africa as a sample, to explore the relationship between CSR engagement in Africa and its international performance, as well as examine the moderating effect of institutional distance on the above relationship. We find that the fulfillment of CSR in Africa by Chinese multinationals' subsidiary has a significant and positive effect on the improvement of their international performance. Meanwhile, the greater the institutional distance between China and African countries, the stronger the positive effect of CSR on international performance. We also find that both the operation years in host countries and entry mode of joint venture play important roles in promoting international performance.

Keywords: Africa; Foreign Direct Investment; Corporate Social Responsibility; International Performance; Institutional Distance

本刊宗旨与投稿体例

《非洲研究》创刊于 2010 年，由浙江师范大学非洲研究院主办，是刊发非洲研究成果、探讨非洲问题的综合性学术刊物。本刊 2015 年入编中国知网、中国学术期刊网络出版总库辑刊，2021 年入选中文社会科学引文索引（CSSCI）来源集刊、《中国学术期刊影响因子年报》统计源期刊，2023 年入选 AMI（集刊）核心集刊。

本刊秉持浙江师范大学非洲研究院“非洲情怀、中国特色、全球视野”之治学精神，坚持“求真创新、平等对话、沟通交流”之办刊方针，致力于搭建开放的非洲学术交流平台，致力于打造独具非洲特色的人文社会科学期刊，汇粹学术思想与观念之精华，努力推动中国非洲研究事业的进步。本刊设有“政治与国际关系”“经济与发展”“社会文化与教育”“中非合作”等固定栏目以及“非洲研究书评”“海外来稿”等特色栏目。我们热忱欢迎国内外不同学科领域的学者从各自学科的角度对非洲问题进行研究，并踊跃向本刊投稿、交流观点。《非洲研究》编辑部将严格按照学术规范流程进行稿件审核，择优录用，作者投稿时应将稿件电子版发送至：fzyjbjb2016@126.com。

一　稿件基本要求

1. 来稿应注重学术规范，严禁剽窃、抄袭，反对一稿多投。

2. 来稿正文字数控制在 13000 字以内。

3. 来稿应包含以下信息：中英文标题、内容提要、关键词；作者简介、正文、脚注。中文简介不少于 200 字，英文简介不少于 150 字；关键词 3—5 个；作者简介包含姓名、单位、主要研究领域、通信地址、电话和电子邮件地址，如为外籍学者需注明国别。

4. 本刊采用脚注形式，用“①②③”等符号标注，每页重新编号。

5. 如有基金项目，请注明基金项目名称、编号。

二 引文注释规范

1. 期刊：作者，篇名，期刊名，年月，期数，页码。如：

纪宝成：《当前高等教育发展中的五大困境》，《中国高教研究》2013年第5期，第6页。

Joas Wagemakers, "A Purist Jihadi-Salafi: The Ideology of Abu Muhammad al-Maqdisi", *British Journal of Middle Eastern Studies*, August 2009, 36 (2), p. 281.

2. 著作文献：作者，书名，出版社，年月，页码。如：

刘鸿武：《尼日利亚建国百年史（1914—2014）》，浙江人民出版社，2014，第163页。

C. A. 贝利：《现代世界的诞生》，于展、何美兰译，商务印书馆，2013。

Stig Jarle Hansen, *Al-Shabaab in Somalia—The History and Ideology of a Militant Islamist Group*, 2005 - 2012, London: Hurst & Company, 2013, p. 9.

3. 纸质报纸：作者，文章名称，报纸名称，年月，所在版面。如：

杨晔：《第二届中非民间论坛在苏州闭幕》，《人民日报》2012年7月12日，第3版。

Rick Atkinson and Gary Lee, "Soviet Army Coming apart at the Seams", *Washington Post*, November 18, 1990.

4. 文集析出文献：作者，文章名，文集编者，文集名，出版社，出版时间，页码。如：

杜威·佛克马：《走向新世界主义》，载王宁、薛晓源编《全球化与后殖民批评》，中央编译出版社，1999，第247—266页。

R. S. Schfield, "The Impact of Scarcity and Plenty on Population Change in England", in R. I. Rotberg and T. K. Rabb, eds., *Hunger and History: The Impact of Changing Food Production and Consumption Pattern on Society*, Cambridge, Mass: Cambridge University Press, 1983, p. 79.

5. 学位论文：作者，论文名称，所在院校、年份，页码。如：

方明东：《罗隆基政治思想研究（1913—1949）》，博士学位论文，北京师范大学历史系，2000，第67页。

Lidwien Kapteijns, *African Historiography Written by Africans, 1955 - 1973: The Nigerian Case*, PhD diss., University of Amsterdam, 1977, p. 35.

6. 研究报告：作者，报告名称，出版社，出版日期，页码，如：

世界银行，《2012年世界发展报告——性别平等与发展》，清华大学出版社，2012，第25页。

Rob Wise，“Al-Shabaab”，Center for Strategic International Studies，July 2011，p. 3，http://csis. org/files/publication/110715_Wise_AlShabaab_AQAM%20Futures%20Case%20Study_WEB. pdf.

7. 网络资源：作者，文章名，网络名称，时间，网址，上网时间。如：

中华人民共和国外交部，《外交部副部长翟隽在第七届“蓝厅论坛”上的讲话》，中华人民共和国外交部，2012年7月12日，http://www. mfa. gov. cn/chn/gxh/tyb/zyxw/t950390. htm，最后访问日期：2015年12月25日。

Tomi Oladipo，“Al-Shabab Wants IS to Back off in East Africa”，BBC News，November 24，2015，http://www. bbc. co. uk/news/world-africa-34868114. Accessed 2015-12-25.

《非洲研究》编辑部

2018年6月

图书在版编目(CIP)数据

非洲研究. 2022 年. 第 2 卷 : 总第 19 卷 / 刘鸿武, 周倩主编; 单敏执行主编. -- 北京 : 社会科学文献出版社, 2023.6

ISBN 978 - 7 - 5228 - 1485 - 8

Ⅰ. ①非… Ⅱ. ①刘… ②周… ③单… Ⅲ. ①非洲 - 研究 - 丛刊 Ⅳ. ①D74 - 55

中国国家版本馆 CIP 数据核字(2023)第 040764 号

非洲研究 2022 年第 2 卷(总第 19 卷)

主　　办 / 浙江师范大学非洲研究院
主　　编 / 刘鸿武　周　倩
执行主编 / 单　敏

出 版 人 / 王利民
责任编辑 / 宋浩敏
责任印制 / 王京美

出　　版 / 社会科学文献出版社 · 国别区域分社 (010) 59367078
地址: 北京市北三环中路甲 29 号院华龙大厦　邮编: 100029
网址: www.ssap.com.cn
发　　行 / 社会科学文献出版社 (010) 59367028
印　　装 / 三河市龙林印务有限公司

规　　格 / 开 本: 787mm × 1092mm　1/16
印 张: 14.75　字 数: 242 千字
版　　次 / 2023 年 6 月第 1 版　2023 年 6 月第 1 次印刷
书　　号 / ISBN 978 - 7 - 5228 - 1485 - 8
定　　价 / 98.00 元

读者服务电话: 4008918866